Salvados por Gracia

Un estudio de los cinco puntos del calvinismo

Reformed Free Publishing Association

Salvados por Gracia

Un estudio de los cinco puntos del calvinismo

Por
Ronald Cammenga
Ronald Hanko

Traducido por Jorge Carbajal

Diseño del libro por José L Leyva y Román de la Rosa

Reformed Free Publishing Association
1894 Georgetown Center Dr.
Jenison, MI 49428
Teléfono: (616) 457-5970
Sitio web: www.rfpa.org
E-mail: mail@rfpa.org

ISBN 978-1-936054-71-8

Dedicatoria

Al difunto Profesor Homer C. Hoeksema, quien en su enseñanza, predicación y escritura no solo defendió hábilmente los cinco puntos del calvinismo, sino que también hizo quererlas a los estudiantes, miembros de la iglesia y lectores por igual.

Contenido

		Pag.
Prólogo		xv
Prefacio a la primera edición en inglés		xvii
Prefacio a la segunda edición en Inglés		xix

CAPÍTULO I

La soberanía de Dios — 1

A. **La doctrina** — 3

B. **Pruebas bíblicas** — 5

1. La soberanía de Dios afirmada — 5
2. La soberanía de Dios sobre toda la creación — 9
3. La soberanía de Dios sobre los hombres y los asuntos de la vida de los hombres — 11
4. La soberanía de Dios sobre los males y adversidades de la vida terrenal — 12
5. La soberanía de Dios sobre el pecado y el pecador — 14
6. La soberanía de Dios en la salvación — 16

C. **Objeciones** — 19

1. "Si Dios es soberano, Él es el autor del pecado" — 19
2. "Si Dios es soberano, el hombre no es responsable por su pecado" — 21

D. **Negaciones de la soberanía de Dios** — 22

1. Totalitarismo comunista, fascismo, y socialismo — 22
2. Evolucionismo — 23
3. Pelagianismo, semi-pelagianismo, arminianismo, la libre oferta del evangelio, y el libre albedrío — 23

vii

4. Humanismo 24
5. Deísmo 25
6. Feminismo 27
7. La práctica de los creyentes 27
E. Importancia práctica 28
1. La soberanía de Dios y la adoración 28
2. La soberanía de Dios y la gloria de Dios 29
3. La soberanía de Dios y la historia 30
4. La soberanía de Dios y la seguridad 30
5. La soberanía de Dios y nuestra preservación 31
F. Relación con los cinco puntos 31

CAPITULO II
Depravación total 33
A. La doctrina 34
1. Depravación 34
2. Depravación total 36
B. Pruebas bíblicas 38
1. Referencias a la depravación total 38
2. Referencias al pecado original 46
C. Pasajes difíciles 48
D. Objeciones 52
1. "La depravación total es una doctrina 52
deprimente"
2. "La depravación total contradice nuestra 53
experiencia"
E. Negaciones de la depravación total 54
1. Pelagianismo 54
2. Semi-pelagianismo 56
3. Arminianismo 57
4. Gracia común 58

5. La libre oferta del evangelio 59
6. Libre albedrío 60
7. Depravación absoluta 61
F. **Importancia práctica** 62
1. Depravación total y arrepentimiento 62
2. Depravación total y disciplina paterna 62
3. Depravación total y el evangelio 63
4. Depravación total y la antítesis 64
G. **Relación con los otros cuatro puntos** 64

CAPÍTULO III
Elección incondicional 67
A. **La doctrina de la elección** 70
1. Decretiva 71
2. Personal 71
3. Eterna 71
4. Para salvación 72
5. Misericordiosa 72
6. Incondicional 73
7. En Jesucristo 74
B. **La doctrina de la reprobación** 75
C. **Pruebas bíblicas de la elección** 77
1. El Antiguo Testamento 77
2. El Nuevo Testamento 78
3. La elección como definitiva y particular 81
4. La elección como decreto eterno 83
5. La elección para salvación 83
6. La elección como misericordiosa e incondicional 84
7. La elección como causa de arrepentimiento, fe, y buenas obras 86

8. La elección en Jesucristo   89
D. Pruebas bíblicas de la reprobación   90
E. Pasajes difíciles   92
F. Objeciones a la predestinación   95
1. "La predestinación es una negación del   95
   amor de Dios"
2. "La predestinación es una negación de la   97
   justicia de Dios"
3. "La predestinación es una negación de la   98
   responsabilidad del hombre"
4. "La predestinación es una negación de las   100
   misiones"
G. Negaciones de la predestinación   101
1. Fatalismo   101
2. Libre albedrío   102
3. Gracia común   103
4. La libre oferta del evangelio   104
H. Importancia práctica de la predestinación   106
1. La predestinación y la antítesis   106
2. La predestinación y la predicación del   107
   evangelio
3. La predestinación y la humildad   109
4. La predestinación y la seguridad   109
5. La predestinación y la gloria de Dios   110
I. Relación de la elección incondicional con los   111
   otros cuatro puntos

CAPÍTULO IV
Expiación limitada   113
A. La doctrina   114
1. Expiación   114

2. Limitada 115
3. ¿Posibilidad o garantía? 116
B. Pruebas bíblicas 117
1. Referencias primarias 117
2. Pasajes que muestran que Cristo salva 122
   totalmente a aquellos por quienes Él murió
C. Pasajes difíciles 124
1. "Todos" en los pasajes 125
2. "Mundo" en los pasajes 127
3. 1 Timoteo 4:10 y 2 Pedro 2:1 128
D. Objeciones 131
1. "La expiación limitada devalúa la muerte de 131
   Cristo"
2. "La expiación limitada impide las misiones" 132
3. "La expiación limitada destruye la 132
   seguridad"
E. Negaciones de la expiación limitada 133
1. Universalismo 133
2. Catolicismo romano 134
3. Arminianismo 134
4. La libre oferta del evangelio 135
5. Modernismo 136
6. Suficiencia y eficiencia 137
7. El amor de Dios por todos los hombres 137
F. Importancia práctica 138
1. La expiación limitada y la predicación 138
2. La expiación limitada y las misiones 140
3. La expiación limitada y el testimonio 141
4. La expiación limitada y la seguridad de la 141
   salvación
5. La expiación limitada y la gloria de Dios 142

G. Relación con los otros cuatro puntos   143

CAPÍTULO V
Gracia irresistible   145
A. La doctrina   146
1. La salvación se debe al poder de la sola gracia   146
   de Dios
2. La gracia *irresistible* de la salvación   148
B. Pruebas bíblicas   150
1. La salvación sólo por gracia   150
2. La salvación *no* es por las obras del hombre   151
3. Arrepentirse y creer por la gracia de Dios   152
4. Gracia *irresistible*   153
5. La salvación como renacimiento, recreación,   154
   resurrección
6. La soberanía de la voluntad de Dios   157
C. Pasajes difíciles   158
D. Objeciones   160
1. "La gracia irresistible significa que el hombre   160
   es salvado contra su voluntad"
2. "La gracia irresistible hace innecesaria la   161
   predicación y los otros medios de gracia"
E. Negaciones de la gracia irresistible   163
1. El libre albedrío   163
2. Sinergismo   165
3. La gracia común   165
4. La libre oferta del evangelio   166
F. Importancia práctica   166
1. La gracia irresistible y la salvación por gracia   167
2. La gracia irresistible y la seguridad de la   167
   salvación

3. La gracia irresistible y la oración intercesora   167
G. Relación con los otros cuatro puntos   168

CAPÍTULO VI
La perseverancia de los santos   171
A. El nombre   171
1. La perseverancia de los santos   171
2. La preservación de los santos   172
3. La seguridad eterna   172
B. La doctrina   172
1. Santos   173
2. Preservación   174
3. Perseverancia   174
4. Caer, mas no apostatar   175
C. Pruebas bíblicas   176
1. Pasajes que hablan de la preservación   176
2. Pasajes que hablan de la perseverancia   185
D. Pasajes difíciles   188
E. Objeciones   194
F. Negaciones de la perseverancia de los santos   196
1. Catolicismo romano   196
2. Arminianismo   197
3. Libre albedrío   198
4. Antinomianismo   198
5. La enseñanza del "cristiano carnal"   199
6. La negación del "señorío" en la salvación   200
7. Perfeccionismo   200
G. Importancia práctica   201
1. La perseverancia y la oración   202
2. La perseverancia y la predicación del evangelio   203
3. La perseverancia y la santidad   203

4. La perseverancia y la paz   204
H. Relación con los otros cuatro puntos   205

Notas   207

Apéndices
Apéndice I: Lecturas recomendadas   209
Apéndice II: Arminianismo y Calvinismo   213
comparados (gráfico)
Apéndice III: Citas de los credos   215

Índices
Índice de citas de los credos   299
Índice de referencias bíblicas en capítulos 1 - 6   301

Prólogo

Este no es un tratado estándar sobre los "cinco puntos del calvinismo" o, como también estas grandes verdades son llamadas, "las doctrinas de la gracia".

Existe la explicación clara y bíblica de las doctrinas recordadas por el acróstico *"TULIP"* (por sus siglas en inglés) que uno podría encontrar en otros lugares.

Sino que este trabajo es una exposición *consistente* de la soberanía de Dios en la salvación misericordiosa de los pecadores. No sufre de la confusión, contradicción y compromiso que caracterizan a muchos esfuerzos similares: Dios eligió a algunos, pero quiere salvar a todos; el hombre natural es totalmente depravado, pero realiza muchas obras buenas; Cristo murió solo por los elegidos, pero "su muerte" es para todos los que escuchan el evangelio; la salvación real de los pecadores es por gracia irresistible, pero debe realizarse por una "oferta bien intencionada" hecha por igual a todos.

Salvados por Gracia es una exposición *completa* de la verdad de la salvación solo por gracia. No ignora ni suaviza los aspectos especialmente ofensivos de los cinco puntos: la maldad de *todas* las obras de los no regenerados, la reprobación eterna de algunas personas, la exclusión de algunos de la expiación de Cristo y de todos sus beneficios, la voluntad de Dios con la predicación del evangelio que endurece a algunos de los que lo escuchan.

Aquí encontrará una defensa *audaz* del evangelio de la gracia. El libro responde a las objeciones. Expone y destruye a los enemigos (dentro de la esfera de los calvinistas profesantes, así como fuera de ella). Enarbola el estandarte del calvinismo pleno y consistente sin ningún rastro de vergüenza.

La razón al final es simplemente el conocimiento vivo del Dios trino como fue revelado en Jesucristo como realmente soberano.

Tal exposición de las doctrinas que componen el evangelio es la necesidad de nuestro tiempo, y de cualquier otro tiempo.

DAVID J. ENGELSMA
Profesor Protestant Reformed Seminary
Grandville, Míchigan

Prefacio a la primera edición en inglés

Este es un libro sobre el calvinismo. Específicamente es un libro sobre lo que se conoce como los cinco puntos del calvinismo, comúnmente referidos como las doctrinas de la gracia. El lector no debe cometer el error de identificar el calvinismo con los "cinco puntos". El calvinismo es más que simplemente cinco puntos de doctrina. El calvinismo es todo un sistema, un arreglo ordenado de todas las verdades cardinales de la Palabra de Dios. Más que eso, es una visión del mundo y la vida que concierne a todas las áreas de la vida terrenal: el matrimonio y la familia, la educación y el trabajo, la iglesia y la sociedad, el entretenimiento y el ocio, y mucho más. Sin embargo, los "cinco puntos" llegan al corazón de lo que es el calvinismo.

El calvinismo recibe su nombre del reformador Protestante del siglo XVI Juan Calvino. Más que cualquier otro antes que él, Calvino desarrolló y sistematizó estas verdades, especialmente en su conocida obra Institutos de la Religión Cristiana. Por esta razón, aunque el calvinismo de ninguna manera se originó con Calvino, el sistema lleva su nombre.

Históricamente, la defensa más eminente del calvinismo fue llevada a cabo por el famoso Sínodo de Dordrecht, 1618 - 1619. Este sínodo, con representantes de las iglesias Reformadas de todo el mundo, condenó las enseñanzas de los arminianos o remonstrantes y reafirmó las preciosas verdades del calvinismo. Dado que los arminianos habían expresado su posición doctrinal en cinco declaraciones claves, las decisiones del sínodo se organizaron de una manera quíntuple. De ahí los "cinco puntos" del calvinismo.

Actualmente sigue existiendo mucho antagonismo hacia el calvinismo. Muchos, incluso en las iglesias Reformadas y Presbiterianas ignoran los cinco puntos del calvinismo, su propia herencia eclesiástica. En nuestra era de analfabetismo espiritual, también abundan los malentendidos y los conceptos erróneos.

Este libro es un esfuerzo por corregir esta triste situación. Hemos intentado exponer los cinco puntos del calvinismo de una manera directa y fácil de entender. El libro está escrito pensando en el cristiano "ordinario". Con el fin de convencer a los no convencidos, el libro está saturado de textos de prueba. Hemos hecho todos los esfuerzos para dejar que las escrituras (y Dios a través de ellas) hablen. También confiamos en que el libro fomentará una apreciación más profunda de las verdades del calvinismo entre aquellos que ya se consideran calvinistas.

Este es nuestro primer intento de escribir un libro. Rogamos la comprensión de nuestros lectores. Nuestra oración es que el Señor bendiga nuestros débiles esfuerzos por la causa del avance de Su verdad, porque "Si Jehová no edificare la casa, En vano trabajan los que la edifican" (Sal. 127:1).

RONALD L. CAMMENGA
RONALD H. HANKO

Prefacio a la segunda edición en inglés

Cuando se publicó la primera edición de *Salvados por Gracia*, no podíamos esperar que en pocos años nuestra editorial vendiera todos los libros que fueron impresos, pero para nuestra sorpresa, esto es lo que sucedió. Nosotros realmente estamos complacidos por la respuesta a su publicación y por la necesidad de una segunda edición.

Especialmente gratificante ha sido el amplio uso que se le ha dado al libro. Los pastores lo han utilizado para la instrucción de los jóvenes. Las sociedades de estudio bíblico lo han discutido. Aquellos nuevos en la fe Reformada han sido llevados a una comprensión más clara de las doctrinas de la gracia. Los calvinistas de muchos años han expresado su agradecimiento porque el libro profundizó su entendimiento y convicciones.

La necesidad de volver a publicarlo nos ha dado la oportunidad de revisarlo. El índice del contenido ahora ofrece subtítulos temáticos. Aunque el contenido principal del libro permanece sin cambios, se ha hecho cierta reorganización, algunas adiciones a los capítulos, y ediciones menores del texto. Al final del libro se ha añadido una tabla que compara el arminianismo con el calvinismo y un índice de citas de los credos. Esperamos que estos cambios hagan de *Salvados por Gracia* un recurso continuo tanto para maestros como para estudiantes.

RONALD L. CAMMENGA
RONALD H. HANKO

CAPÍTULO I
La soberanía de Dios

Una verdad bíblica distingue a lo que es conocido como la fe reformada o calvinismo. Esa verdad es la soberanía de Dios. Muchas personas suponen que el corazón del calvinismo es su enseñanza de la predestinación. Cuando oyen hablar del calvinismo o de que alguien es calvinista, pueden pensar inmediatamente en la elección y la reprobación.

Es cierto que la doctrina de la predestinación tiene un lugar importante en la enseñanza del calvinismo, como lo fue en la enseñanza del mismo Juan Calvino. Sin embargo, la predestinación no es la verdad central de la fe Reformada. El corazón del calvinismo no es la doctrina de la predestinación, ni tampoco ninguno de los otros cinco puntos del calvinismo. La verdad central proclamada por el calvinismo—el calvinismo que es fiel a su herencia— *es la soberanía absoluta de Dios.* Calvino vio el lugar esencial que tiene la confesión de la soberanía de Dios en relación con todo el cuerpo de la verdad bíblica: "A menos que creamos totalmente esto [la soberanía de Dios], el mismo principio de nuestra fe está en peligro, por el cual profesamos creer en Dios TODOPODEROSO".[1]

La característica distintiva de la fe Reformada es, sin duda, su concepto de Dios. *Lo que creemos acerca de Dios es lo más importante.* Todo lo demás que creemos está conectado y se ve afectado por lo que creemos acerca de Dios. La pregunta más importante a la que se enfrenta cualquier hombre es: "¿Quién es Dios?" Es cierto, como escribe Calvino en el párrafo inicial de su *Institución de la Religión Cristiana,* que toda ". . . la verdadera y sana sabiduría consta de dos partes: el conocimiento de Dios y el conocimiento de nosotros mismos".[2] Pero, como continúa diciendo, "Es cierto que el hombre nunca alcanza un claro conocimiento de sí mismo, a menos que primero haya mirado el rostro de Dios, y luego de contemplarlo descienda para escudriñarse a sí mismo".[3] Este conocimiento de Dios no es simplemente de gran importancia; es el fin principal del hombre. La pregunta inicial del Catecismo Menor de Westminster dice: "¿Cuál es el fin principal del hombre?" La respuesta es: "El fin principal del hombre es el de glorificar a Dios y gozar de él para siempre". Pero el hombre no puede glorificar a Dios ni gozar de Él si no *conoce* a Dios. El fin y llamado principal del hombre, por lo tanto, es conocer a Dios.

No solo el conocimiento de Dios es el llamado más alto del hombre, sino también es su mayor bien. Jesús enseña eso en Juan 17:3: "Y esta es la vida eterna: que te conozcan a ti, el único Dios verdadero, y a Jesucristo, a quien has enviado". La salvación misma consiste en conocer a Dios. Aquellos que tienen vida eterna poseen *un conocimiento correcto y salvador de Dios.*

El conocimiento de Dios comienza con la afirmación de fe de que Dios es y que Dios es soberano. Puesto que Dios es, Él debe ser soberano. Si Dios no es soberano, la implicación ineludible es que Él no es Dios.

La soberanía de Dios es el gran tema que divide a la religión verdadera de la religión falsa. Este es el gran problema que separa a la verdadera iglesia de Jesucristo en el mundo de la iglesia falsa y apóstata. Este es el tema que distingue la fe de la incredulidad.

La confesión de la soberanía de Dios es hecha con mucho gusto y agradecidamente por cada creyente. Es la enseñanza acerca de Dios que está establecida de manera infalible en las escrituras, la fuente de nuestro conocimiento acerca de Dios. Y esta es la verdad confesada acerca de Dios por los cristianos reformados (o calvinistas).

A. La doctrina

La soberanía de Dios es Su absoluta autoridad y gobierno sobre todas las cosas. Decir que Dios es soberano es decir que Dios es Dios. Porque Él es Dios, Él hace lo que Él quiere, solo lo que Él quiere, y siempre lo que Él quiere. Que Dios es soberano significa que Él es el Señor, el Gobernante, el Amo, el Rey. El que confiesa la soberanía de Dios confiesa que Dios es todopoderoso, omnipotente y el único que ejerce todo poder en el cielo y en la tierra. Confesar la soberanía de Dios es confesar que nada está fuera del control de Dios, sino que todas las cosas suceden de acuerdo a Su voluntad y designación.

Dos verdades fundamentales están en la base de la soberanía de Dios. El primero es la unicidad de Dios. Solo Dios es Dios. No hay otro dios que el Señor Dios. Obviamente, dos no pueden ser todopoderosos. Dos no pueden ser omnipotentes. Dos no pueden ser soberanos. Dios es soberano porque Él, y solo Él, es Dios.

Segundo, la soberanía de Dios descansa en la verdad de que Él es el Creador. Dios ha hecho todo lo que existe. Por su poder omnipotente, hizo que todo existiera en el principio, llamando "a las cosas que no son, como si fuesen" (Rom. 4:17). El universo entero debe su existencia a Dios. En virtud del hecho de que Él es el Creador, Dios es soberano sobre todas las cosas.

Los padres tienen derecho a gobernar sobre sus hijos. Dios les da ese derecho porque los hijos son sus hijos. En la providencia de Dios, los padres los han concebido y los han traído al mundo, dándoles así su vida y existencia. Si esto es cierto de los padres terrenales en relación con sus hijos, ¡cuánto mas no es esto cierto de Dios en relación con el universo!

La soberanía de Dios es una soberanía absoluta. Con esto queremos decir que la soberanía de Dios está sobre todo y sobre todos. *Nada* está excluido del control soberano de Dios. Dios gobierna en el ámbito de lo natural, ejerciendo Su poder sobre las criaturas inanimadas, así como sobre toda la creación. Dios gobierna sobre los hombres y los ángeles, el tiempo y la historia, el mundo y la iglesia. El gobierno de Dios se extiende no solo a aquellas circunstancias que consideramos buenas, sino también a las malas: enfermedades, hambrunas, tornados, inundaciones, huracanes y terremotos. Más allá de esto, Dios es soberano incluso sobre el pecado y los pecadores, el diablo y los demonios del infierno. Ellos no hacen nada fuera de Su voluntad soberana.

Dios no solo es absolutamente soberano en el ámbito de lo natural, sino que Él debe ser y es soberano también en la salvación. La soberanía de Dios en la salvación significa que Dios salva a quien Él quiere salvar, y no hay poder capaz de frustrar el poder soberano de Dios obrando en la salvación del pecador: ni la obstinación natural del pecador mismo, ni el poder del diablo (por muy formidable que sea), ni la oposición del mundo malvado (por muy intensa que sea), son capaces de interponerse en el camino de la soberanía de Dios. Ninguno de ellos puede frustrar el poder soberano de Dios en la salvación, sino que bajo Su soberanía en realidad sirven a la salvación final del pueblo de Dios.

B. Pruebas bíblicas

1. La soberanía de Dios afirmada

a. Job 42:2: *"Yo conozco que todo lo puedes, y que no hay pensamiento que se esconda de ti".*

Job reconoce que Dios puede hacer todo—en otras palabras, que Dios es soberano—. Él continúa afirmando las implicaciones de esto, a saber, que nadie puede "retener" o impedir que se realice ningún pensamiento en la mente de Dios. Lo que Dios quiere y planea, Él siempre es capaz de llevarlo a cabo.

b. Salmos 115:3: *"Nuestro Dios está en los cielos; todo lo que quiso ha hecho".*

La soberanía de Dios es afirmada por la declaración del salmista de que Dios está "en los cielos". Él no es una criatura terrenal, finita y limitada. Esta afirmación se fortalece cuando agrega, "todo lo que quiso ha hecho". Lo que Dios quiere, es decir, lo que Su voluntad quiere, Él lo hace. Entre nosotros los hombres es diferente. Es muy posible que determinemos algo, pero no seamos capaces de hacerlo. Nos enfrentamos con esta frustración a diario. Quiero conducir a algún lugar, pero si mi automóvil se ha averiado, se me impide llevar a cabo lo que deseo o quiero hacer. Lo que Dios quiere, Él es capaz de lograrlo. Nada puede frustrar Su voluntad, porque Él es soberano.

    c. Isaías 14:24, 27: *"Jehová de los ejércitos juró diciendo: Ciertamente se hará de la manera que lo he pensado, y será confirmado como lo he determinado. . . Porque Jehová de los ejércitos lo ha determinado, ¿y quién lo impedirá? Y su mano extendida, ¿quién la hará retroceder?"*

Lo que Dios piensa llega a suceder; lo que Él propone permanece. Nada puede contravenir la soberanía de Dios. Cuando Isaías pregunta: "¿Quién lo impedirá?" la respuesta obvia es, "¡Nadie!" Y cuando pregunta: "¿Quién la hará retroceder?" la respuesta implícita es de nuevo, "¡Nadie!"

    d. Isaías 46:9, 10: *"Acordaos de las cosas pasadas desde los tiempos antiguos; porque yo soy Dios, y no hay otro Dios, y nada hay semejante a mí, que anuncio lo por venir desde el principio, y desde la antigüedad lo que aún no era hecho; que digo: Mi consejo permanecerá, y haré todo lo que quiero".*

El consejo de Dios permanece, es decir, se cumple tal como Él lo ha querido. Dios hace todo lo que le place, todo lo que le agrada. Esto sucede porque "No hay otro Dios, . . . nada hay semejante a mí".

    e. Daniel 4:34, 35: *"Mas al fin del tiempo yo Nabucodonosor alcé mis ojos al cielo, y mi razón me fue devuelta; y bendije al Altísimo, y alabé y glorifiqué al que vive para siempre, cuyo dominio es sempiterno, y su reino por todas las edades. Todos los habitantes de la tierra son considerados como nada; y él hace según su voluntad en el ejército del cie-*

lo, y en los habitantes de la tierra, y no hay quien detenga su mano, y le diga: ¿Qué haces?"

En Su soberanía, Dios hace lo que Él quiere en el ejército del cielo, y en los habitantes de la tierra. El cielo y la tierra — todas las cosas — están incluidas en Su control soberano. Lo que hace de esto una confesión tan sorprendente de la soberanía de Dios es que es una confesión hecha por un hombre incrédulo —el Rey Nabucodonosor—. Incluso un hombre tan malvado se ve obligado no solo a ver, sino también a reconocer, la soberanía de Dios.

Nabucodonosor había experimentado esa soberanía de Dios en su propia vida, porque Dios le había quitado el reino a Nabucodonosor y había humillado a ese orgulloso rey convirtiéndolo en una bestia del campo. Nabucodonosor se había gloriado en su propio poder y se creía dueño de su propio destino: "¿No es esta la gran Babilonia que yo edifiqué para casa real con la fuerza de mi poder, y para gloria de mi majestad?" (Dn. 4:30). Él había negado y desafiado la soberanía de Dios. Entonces Dios había demostrado Su soberanía a Nabucodonosor, demostrándola a él de tal manera que él no lo olvidaría pronto. ¡Aquellos que niegan las prerrogativas soberanas de Dios están sujetos a lecciones similares!

    f. Efesios 1:11: *"En él asimismo tuvimos herencia, habiendo sido predestinados conforme al propósito del que hace todas las cosas según el designio de su voluntad".*

Este texto está hablando de Jesucristo, el Hijo de Dios. Como el Hijo de Dios, Él obra todas las cosas según Su voluntad.

g. 1 Timoteo 6:15: *"La cual a su tiempo mostrará el bienaventurado y solo Soberano, Rey de reyes, y Señor de señores".*

Dios es el Rey de reyes y el Señor de señores. Él es exaltado sobre los gobernantes de este mundo. Y si Dios gobierna sobre los más altos dignatarios terrenales, Él gobierna sobre todo en este mundo.

h. Apocalipsis 11:16, 17: *"Y los veinticuatro ancianos que estaban sentados delante de Dios en sus tronos, se postraron sobre sus rostros, y adoraron a Dios, diciendo: Te damos gracias, Señor Dios Todopoderoso, el que eres y que eras y que has de venir, porque has tomado tu gran poder, y has reinado".*

En este pasaje se enseña la soberanía de Dios de dos maneras. Primero, Él es llamado "Señor Dios Todopoderoso". Que Dios es Señor y que Él es Todopoderoso indican Su soberanía. Segundo, se dice acerca de él que Él ha tomado para sí mismo "gran poder, y ha reinado". Que Dios tome para si un "gran" poder—el mayor poder—y que Él reine—reine solo y reine a pesar del desafío de Sus enemigos —significa que Él es soberano.

i. Isaías 42:8: *"Yo Jehová; este es mi nombre; y a otro no daré mi gloria, ni mi alabanza a esculturas".*

2. La soberanía de Dios sobre toda la creación

a. Génesis 1, 2: el relato de la creación
Porque Dios es absolutamente soberano. Él es soberano sobre toda la creación. Cuando Dios dijo: "Hágase la luz", hubo luz. Cuando Dios dijo: "Hágase el firmamento", apareció el firmamento. Cuando Dios llamó a los animales, no comenzaron un largo desarrollo evolutivo de varios millones de años, sino que salieron a la existencia. Y así fue con toda la creación.

b. Milagros como el diluvio (Gn. 7), las diez plagas enviadas por Dios sobre Egipto (Ex. 8-12), el cruce de Israel del Mar Rojo (Ex. 14), el envío del maná (Ex. 16), la detención del sol (Jos. 10), la calma de la tormenta (Lc. 8), la alimentación de los 4,000 (Mt. 15), y muchos otros apuntan a la soberanía de Dios sobre la creación y sobre cada criatura en la creación. Es por eso que es necesario para la iglesia de hoy defender los milagros que están registrados en las sagradas escrituras. Negar los milagros no es solo negar la infalibilidad de la Biblia, sino también la soberanía de Dios. Debido a que el cristiano cree en la soberanía de Dios, él no tiene dificultad en aceptar los milagros enseñados en la Biblia. Debido a que él cree en la soberanía de Dios, el cristiano espera ansiosamente los milagros profetizados en la Biblia: la segunda venida de Jesucristo, la resurrección de nuestros cuerpos muertos, y la creación de cielos nuevos y una tierra nueva en la cual habitará la justicia.

c. Salmos 103:19: *"Jehová estableció en los cielos su trono, su reino domina sobre todos"*.

Dado que el trono de Dios (el símbolo del poder) está en los cielos (sobre la tierra), y Su reino domina sobre todos, toda la creación está sujeta a Su control soberano.

> d. Salmos 135:6, 7: "*Todo lo que Jehová quiere, lo hace, en los cielos y en la tierra, en los mares y en todos los abismos. Hace subir las nubes de los extremos de la tierra; hace los relámpagos para la lluvia; saca de sus depósitos los vientos*".

La soberanía de Dios, según este pasaje, se extiende al cielo, la tierra, los mares y a todos los abismos. El rocío, el relámpago, la lluvia y el viento están bajo la mano controladora de Dios. "No llueve"; Dios causa la lluvia. "No sopla"; Dios envía el viento. Que llueva, dónde llueva, cuánto llueve —todo está determinado por Dios—.

> e. Mateo 10:29, 30: "*¿No se venden dos pajarillos por un cuarto? Con todo, ni uno de ellos cae a tierra sin vuestro Padre. Pues aun vuestros cabellos están todos contados*".

El gobierno soberano de Dios se extiende a lo que llamaríamos pajarillos "insignificantes", e incluso a (¡quién pensaría en ello!) los cabellos de nuestras cabezas. Si los pajarillos y los cabellos están bajo la soberanía de Dios, es seguro concluir que todo está bajo Su gobierno soberano.

3. La soberanía de Dios sobre los hombres y los asuntos de la vida de los hombres

a. Proverbios 16:9: *"El corazón del hombre piensa su camino; mas Jehová endereza sus pasos"*.

El hombre puede establecer metas y hacer planes, pero Dios "dirige" el curso de la vida del hombre. Lo que un hombre hace, a dónde va, lo que logra, están determinados por el Dios soberano.

b. Proverbios 16:33: *"La suerte se echa en el regazo; Mas de Jehová es la decisión de ella"*.

En tiempos bíblicos, los asuntos a menudo se decidían, o se elegían a las personas, por medio del reparto de suertes. Por ejemplo, cuando los hijos de Israel entraron en la tierra de Canaán, cada tribu recibió su porción específica de la tierra de Canaán por medio del sorteo: "Pero la tierra será repartida por suerte; y por los nombres de las tribus de sus padres heredarán. Conforme a la suerte será repartida su heredad entre el grande y el pequeño" (Núm. 26:55, 56). El resultado de echar suertes puede parecer aleatorio, puramente arbitrario, pero Salomón dice en Proverbios 16:33 que ese no es el caso. La "decisión", es decir, el resultado de echar suertes en el regazo está bajo el control de Dios. Claramente, Dios gobierna sobre los hombres y la actividad de los hombres.

c. Proverbios 21:1: *"Como los repartimientos de las aguas, así está el corazón del rey en la mano de Jehová; a todo lo que quiere lo inclina"*.

No solo las acciones del rey, sino el propio corazón del rey está en la mano de Dios. En las escrituras el corazón es el centro y el asiento de toda la vida del hombre. Si Dios controla el corazón del rey, Él controla al rey. Y si Dios controla al rey, el más grande de los hombres, Él controla a todos los que están bajo el rey. En otras palabras, todos los hombres, altos y bajos, grandes y pequeños, poderosos e insignificantes, están sujetos a la voluntad soberana de un Dios todopoderoso.

> d. Jeremías 10:23: *"Conozco, oh Jehová, que el hombre no es señor de su camino, ni del hombre que camina es el ordenar sus pasos".*

El hombre, dice Jeremías, no dirige el curso de sus propios pasos. Su camino en la vida no está "en él mismo". Él vive una vida activa en el mundo, pero en última instancia es Dios quien dirige el curso de la vida de cada hombre.

4. La soberanía de Dios sobre los males y adversidades de la vida terrenal

Hay una idea errónea popular hoy en día, de que solo el bien viene de la mano de Dios y, por lo tanto, está bajo Su control. Las cosas malas, los problemas de la vida y las angustias terrenales, se supone, son obra del diablo. Así, la salud y la prosperidad vienen de Dios, mientras que la muerte repentina de una madre joven o el desastre causado por un terremoto son del diablo. La Biblia nos enseña de manera muy diferente.

a. Génesis 50:20: *"Vosotros pensasteis mal contra mí, mas Dios lo encaminó a bien, para hacer lo que vemos hoy, para mantener en vida a mucho pueblo".*

Gran calamidad había caído sobre José. Había sido arrojado a un pozo, vendido como esclavo y llevado a Egipto, separado de su familia y amigos e incluso encarcelado por un tiempo. En sus aflicciones, José nunca perdió de vista la verdad de la soberanía de Dios. Dios, dice él, fue quien hizo que sucedieran todas esas calamidades. Y Dios lo hizo para bien. José no solo confesó la soberanía de Dios, sino que está claro que disfrutó de su consuelo.

b. Job 1:21: *"Y [Job] dijo: Desnudo salí del vientre de mi madre, y desnudo volveré allá. Jehová dio, y Jehová quitó; sea el nombre de Jehová bendito".*

c. Job 2:10: *"Y él [Job] le dijo: Como suele hablar cualquiera de las mujeres fatuas, has hablado. ¿Qué? ¿Recibiremos de Dios el bien, y el mal no lo recibiremos? En todo esto no pecó Job con sus labios".*

Job pronunció estas palabras en un momento de su vida en el que estaba soportando un sufrimiento extremo. Había perdido todas sus posesiones terrenales, su ganado, sus siervos e incluso sus diez hijos. Satanás y los enemigos de Job habían sido los instrumentos para traer estas aflicciones a su vida. Pero Job entendió la verdad de la soberanía de Dios. Detrás de Satanás y de los malvados sabeos y caldeos, Job vio la poderosa mano de Dios. Él no dice: "Jehová dio, y el diablo y mis enemigos ahora lo han quitado todo" ¡Oh, no! "Jehová dio, y

Jehová quitó". Job no solo había recibido el bien de la mano de Dios (riquezas, ganado, siervos e hijos), sino que también había recibido el mal (la pérdida de todas estas cosas) de la mano de Dios.

5. La soberanía de Dios sobre el pecado y el pecador

    a. Génesis 45:7, 8: *"Y Dios me envió delante de vosotros, para preservaros posteridad sobre la tierra, y para daros vida por medio de gran liberación. Así, pues, no me enviasteis acá vosotros, sino Dios, que me ha puesto por padre de Faraón y por señor de toda su casa, y por gobernador en toda la tierra de Egipto".*

José fue vendido como esclavo en Egipto por la pecaminosidad de sus hermanos, sin embargo, fue capaz de ver la soberanía de Dios gobernando incluso sobre las acciones pecaminosas de sus hermanos. En realidad, fueron los hermanos quienes habían enviado a José a Egipto. Pero José, porque comprendió la verdad de la soberanía de Dios, enseña que fue Dios quien lo envió a Egipto.

    b. 2 Samuel 16:10: *"Y el rey [David] respondió: ¿Qué tengo yo con vosotros, hijos de Sarvia? Si él [Simei] así maldice, es porque Jehová le ha dicho que maldiga a David. ¿Quién, pues, le dirá: Por qué lo haces así?"*

En el momento en que David pronunció estas palabras, estaba huyendo de su propio hijo Absalón, quien había usurpado el trono de David. Sumado a su sufrimiento de tener que huir de su propio hijo para salvar su vida, también sufrió el reproche y la blasfemia del malvado Simei. Dos de los capitanes de David, los hermanos Joab y Abisai, querían matar a Simei por su infame reproche a David. Pero David se los prohibió porque "Jehová le ha dicho: que maldiga a David". Detrás del acto pecaminoso de Simei, David vio la mano soberana de Dios. David estaba contento de que el Dios soberano vengaría el pecado de Simei en Su propio tiempo y a Su propia manera.

    c. Isaías 45:7: *"Que formo la luz y creo las tinieblas, que hago la paz y creo la adversidad. Yo Jehová soy el que hago todo esto".*

En este pasaje el Señor mismo está hablando. Afirma su soberanía sobre el mal: "Yo . . . creo la adversidad". Si el Señor crea la adversidad, ciertamente Él es soberano sobre el mal.

    d. Amós 3:6: *"¿Se tocará la trompeta en la ciudad, y no se alborotará el pueblo? ¿Habrá algún mal en la ciudad, el cual Jehová no haya hecho?"*

Tan ciertamente como el toque de la trompeta de advertencia hace que los habitantes de una ciudad temieran el ataque del enemigo; así ciertamente cuando hay mal en una ciudad, ese mal es traído por Jehová. De esta manera se nos enseña que el Señor designa, trae y controla el mal.

    e. Lucas 22:22: *"A la verdad el Hijo del Hombre va, según lo que está determinado; pero ¡ay de aquel hombre por quien es entregado!"*

f. Hechos 2:23: *"A este [Cristo], entregado por el determinado consejo y anticipado conocimiento de Dios, prendisteis y matasteis por manos de inicuos, crucificándole"*.

Ambos textos enseñan la soberanía de Dios sobre el peor pecado jamás cometido —la crucifixión de Jesucristo—. Hombres malvados lo crucificaron y fueron culpables, sin duda, por su acto pecaminoso. Pero incluso la crucifixión de Cristo tuvo lugar de acuerdo con la designación soberana y bajo el control todopoderoso de Dios. Si Dios fue soberano sobre el peor pecado, ciertamente Él es soberano sobre todo pecado.

6. La soberanía de Dios en la salvación

a. Mateo 11:25, 26: *"En aquel tiempo, respondiendo Jesús, dijo: Te alabo, Padre, Señor del cielo y de la tierra, porque escondiste estas cosas de los sabios y de los entendidos, y las revelaste a los niños. Sí, Padre, porque así te agradó"*.

Con estas palabras, Jesús enseña claramente la soberanía de Dios en la salvación. Dios esconde las cosas del reino de los cielos a ciertos hombres con el resultado de que no sean salvos. Dios revela las cosas del reino a otros hombres con el resultado de que sean salvos. Tanto la ocultación como la revelación tienen lugar de acuerdo con la voluntad soberana de Dios: "porque así te agradó".

b. Hechos 16:14: *"Entonces una mujer llamada Lidia, vendedora de púrpura, de la ciudad de Tiatira, que adoraba a Dios, estaba oyendo; y el Señor abrió el corazón de ella para que estuviese atenta a lo que Pablo decía"*.

Lidia fue salvada. Aunque ella fue salvada por medio de la predicación del apóstol Pablo, no fue Pablo quien la salvó. Lidia creyó en la predicación de Pablo, pero no se salvó a sí misma por el poder de su propia voluntad. La salvación de Lidia se debió a esto: el Señor abrió su corazón, como lo hace con el corazón de cada pecador que se salva.

    c. Romanos 9:18: *"De manera que de quien quiere, tiene misericordia, y al que quiere endurecer, endurece"*.

El apóstol Pablo enseña que Dios muestra misericordia a aquellos hombres y mujeres a quienes Él quiere mostrar misericordia. Dado que la misericordia de Dios es la causa de nuestra salvación, podemos entender que Pablo está enseñando que Dios salva a quien Él quiere salvar. No solo eso, sino que aquellos que no son salvos, no son salvos porque Dios los endurece en su pecado e incredulidad: "y al que quiere endurecer, endurece".

La soberanía de Dios en la salvación también se enseña claramente en una multitud de pasajes de las escrituras que hablan de Dios salvando eficazmente a los pecadores. Dios no trata simplemente de salvar a los pecadores, dependiendo en todo momento de sus voluntades para ser salvados. Él no intenta salvarlos y luego se queda impotente cuando ellos no cooperan con Él, usando ellos su libre albedrío para ser salvados. Él no hace todo Su mejor esfuerzo para salvar a los pecadores, enfrentando siempre la posibilidad real de que lo mejor de Él no sea lo suficientemente bueno y que el pecador pueda resistir efectivamente Su esfuerzo para salvarlo. No, Dios no ofrece salvación a los pecadores. ¡Él salva a los pecadores —

soberanamente, eficazmente e irresistiblemente!—. Así es siempre como las escrituras describen la salvación.

d. Mateo 1:21: *"Y dará a luz un hijo, y llamarás su nombre JESÚS, porque él salvará a su pueblo de sus pecados".*

e. 1 Corintios 1:21: *"Pues ya que en la sabiduría de Dios, el mundo no conoció a Dios mediante la sabiduría, agradó a Dios salvar a los creyentes por la locura de la predicación".*

f. Efesios 2:4, 5: *"Pero Dios, que es rico en misericordia, por su gran amor con que nos amó, aun estando nosotros muertos en pecados, nos dio vida juntamente con Cristo (por gracia sois salvos)".*

g. 2 Timoteo 1:9: *"Quien nos salvó y llamó con llamamiento santo, no conforme a nuestras obras, sino según el propósito suyo y la gracia que nos fue dada en Cristo Jesús antes de los tiempos de los siglos".*

h. 2 Timoteo 1:12: *"Por lo cual asimismo padezco esto; pero no me avergüenzo, porque yo sé a quién he creído, y estoy seguro que es poderoso para guardar mi depósito para aquel día".*

Lo que Pablo ha confiado a Dios es la salvación de su alma, la cual Él está seguro de que Dios es capaz de guardarlo. ¿Qué explica la confianza de Pablo? ¿Cómo puede estar seguro de que se mantendrá en la salvación a pesar del diablo, del mundo inicuo y de su propia carne pecaminosa? Él puede tener esa confianza solo por su creencia en la soberanía de Dios. Debido a que Dios soberanamente lo trajo a la salvación, él puede estar seguro de que Dios también lo preservará soberanamente en la salvación.

C. Objeciones

Históricamente, se han presentado dos objeciones contra la enseñanza bíblica Reformada de la soberanía de Dios. Primero, se ha acusado que la enseñanza de la soberanía de Dios hace a Dios el autor del pecado. Segundo, se ha acusado que enseñar la soberanía de Dios es negar la responsabilidad del hombre.

1. "Si Dios es soberano, Él es el autor del pecado"

Esta es la afirmación de los enemigos de la fe Reformada. El argumento es que si Dios ha querido y por Su poder todopoderoso producir el mal, entonces Dios es el culpable del mal en el mundo. Puesto que Dios es perfecto, completamente sin pecado, y dado que el mal existe, Dios, por lo tanto, no puede ser soberano.

Hay algunos que han intentado reconciliar esta aparente contradicción al enseñar que Dios en Su soberanía solo "permite" el pecado. Aunque Él quiere activamente el bien, Él solo permite pasivamente que el mal tenga lugar. Esta es una explicación insatisfactoria. Por un lado, no resuelve el problema. Si yo permito que alguien sea atropellado por un camión cuando podría haberle advertido a esa persona o haberle evitado que fuera atropellado, soy tan responsable de su lesión como si yo mismo lo hubiera atropellado deliberadamente. El punto es que si Dios permite el pecado cuando Él podría evitarlo, se puede presentar la misma acusación de que Dios es responsable por el pecado.

Además de no resolver la dificultad, hablar de Dios solo permitiendo el pecado y el mal, no hace justicia a la enseñanza de las escrituras con respecto a la soberanía de Dios. Dios no permitió simplemente que el diablo afligiera a Job, sino que a través de Job dice: "Jehová dio, y Jehová quitó". Dios no permitió simplemente la crucifixión de Jesucristo; la crucifixión de Cristo tuvo lugar según el "determinado consejo y anticipado conocimiento de Dios" (Hch. 2:23).

Nuestra respuesta a la primera objeción es que las escrituras son verdad —Dios es soberano, soberano incluso sobre el pecado y el mal, pero de tal manera que Él no es el autor del pecado, ni puede ser acusado por los pecados que cometen los hombres malvados. (Ez. 18:25-30; Hch. 2:23, 24; Rom. 9:10-18)—. Aunque Dios es soberano sobre el pecado, el pecador peca voluntariamente, desea pecar, se deleita en el pecado, y activamente comete el pecado. El pecador no es obligado a pecar contra su voluntad. Él no es forzado a pecar aunque no quiera pecar. Dios efectúa el mal de tal manera que Satanás y los hombres malvados lo realizan voluntariamente. Como dice Santiago en Santiago 1:13, 14: "Cuando alguno es tentado, no diga que es tentado de parte de Dios; porque Dios no puede ser tentado por el mal, ni él tienta a nadie; sino que cada uno es tentado, cuando de su propia concupiscencia es atraído y seducido".

Que Dios no puede ser acusado de ser el autor del pecado es más evidente por *Su propósito al decretar el pecado*. A diferencia de Satanás y los hombres malvados, el propósito de Dios con el pecado es un buen propósito. Su propósito es Su propia gloria a través de la demostración de las gloriosas perfecciones de Su Ser. Su propósito es la demostración de Su poder que es capaz de hacer que incluso el pecado y el pecador se sometan a Su voluntad. Su propósito es la demostración de Su justicia, que demanda y logra la satisfacción por el pecado. Su propósito es la demostración de Su gracia gratuita que salva no a "buenas personas" sino a pecadores indignos en la cruz de Cristo. El propósito de Dios al decretar el pecado es la revelación de Sí mismo en Su Hijo Jesucristo, el Salvador del pecado.

2. "Si Dios es soberano, el hombre no es responsable por su pecado"

Esta es la segunda objeción que a menudo se hace contra la enseñanza de la soberanía de Dios. El argumento es que si Dios soberanamente permite y produce el pecado y el mal, ¿qué más puede hacer un hombre sino pecar? Por lo tanto, el hombre no puede hacerse responsable por el mal que hace.

El apóstol Pablo trata con esta objeción a la soberanía divina en Romanos 9. La objeción se presenta en el versículo 19: "Pero me dirás: ¿Por qué, pues, [Dios] inculpa? porque ¿quién ha resistido a su voluntad?" ¿Cuál es la respuesta de Pablo a esta objeción? ¿Concede la objeción? Para nada. Escuche: "Mas antes, oh hombre, ¿quién eres tú, para que alterques con Dios? ¿Dirá el vaso de barro al que lo formó: Por qué me has hecho así?" (v.20).

Dios es soberano, incluso sobre el pecado y el pecador, pero Dios es soberano sobre el pecado y el pecador de tal manera que el pecador mismo siempre permanece responsable ante Dios por su pecado. Sí, el Hijo del Hombre va a la cruz como fue determinado por Dios: "Pero ¡ay de aquel hombre por quien es entregado!" (Lc. 22:22). Sin duda, Cristo es entregado por el determinado consejo y anticipado conocimiento de Dios, pero también es cierto que las "manos inicuas" son responsables de que Él sea crucificado y asesinado (Hch. 2:23).

Tampoco es esta verdad un problema real para el pecador. En nuestra vida cotidiana no experimentamos ninguna tensión entre la soberanía de Dios y nuestra propia responsabilidad. Aunque creemos que todas las cosas están bajo el control soberano de Dios, sabemos que cuando hacemos algo malo, somos responsables del mal que hemos hecho. Sentimos la culpa y también debemos afrontar las consecuencias. De una manera que supera nuestra capacidad de comprenderlo, *Dios es absolutamente soberano y el hombre es responsable por su pecado.*

D. Negaciones de la soberanía de Dios

La negación de la verdad de la soberanía de Dios toma muchas formas. Hay negaciones teológicas y otras más prácticas.

1. Totalitarismo comunista, fascismo, y socialismo

Según la teoría comunista, y la de sus primos hermanos, el fascismo y el socialismo, el estado y la idea de estado es soberano. El estado es dueño de todo. El estado controla todas las áreas de la vida. Los intereses del estado son los únicos intereses que tienen alguna importancia. Este es un ataque fundamental a la soberanía de Dios. Es dar al estado aquellas cosas que pertenecen solo a Dios. Dada esta enseñanza del comunismo, no es sorprendente que los estados comunistas se hayan mostrado hostiles al cristianismo. El comunismo es, de hecho, inherentemente anti-Dios y anti-cristiano.

2. Evolucionismo

La enseñanza de la evolución es que el mundo llegó a existir por simple casualidad. La existencia continuada del mundo se debe al funcionamiento de las leyes naturales establecidas y al destino incierto. La evolución no solo es un rechazo del relato bíblico de la creación (Gn. 1-3), sino que la evolución es también una negación fundamental de la soberanía de Dios. Niega Su poder soberano en la creación de los cielos y la tierra. También niega la soberanía de Dios en la defensa del universo y la dirección del curso de la historia del mundo. No puede haber acuerdos entre la fe Reformada y la evolución. El dios de la evolución (el hombre) no es el Dios soberano de la Biblia. Aquellos que hoy están tratando de comprometer a estos dos son culpables de atacar el corazón mismo de la fe bíblica Reformada —la soberanía de Dios—. Si se hacen concesiones a la teoría de la evolución, la verdad de la soberanía de Dios es intercambiada por un plato de guiso humanista.

3. Pelagianismo, semi-pelagianismo, arminianismo, la libre oferta del evangelio, y el libre albedrío

Todas estas falsas enseñanzas, que serán discutidas con más detalle en los siguientes capítulos, tienen en común la negación de la soberanía de Dios, particularmente Su soberanía en la salvación de los pecadores perdidos. De acuerdo con todos estos puntos de vista, aunque Dios desea sinceramente la salvación de todos los hombres, Él es realmente incapaz de lograr la salvación de alguien. Aunque Dios quiere salvar a un hombre, ese hombre es en sí mismo lo suficientemente poderoso como para resistir la gracia salvadora de Dios y frustrar la intención de Dios de salvarlo. Incluso después de que Dios ha comenzado a salvar a un hombre, lo ha regenerado, le ha dado Su Espíritu Santo y el don de la fe, es posible que el hombre se aleje de la gracia y la salvación —una caída que Dios no puede evitar—. Esta es una negación flagrante de la soberanía de Dios en la salvación. No es de extrañar que donde estas falsedades han sido aceptadas, la afirmación de la soberanía absoluta de Dios ya no se escuche.

4. Humanismo

El Renacimiento —el resurgimiento del conocimiento y el redescubrimiento de los antiguos escritores griegos y romanos que comenzó en el siglo catorce y continuó hasta el siglo dieciséis— dio origen al humanismo. Los pensadores del Renacimiento promovieron una seguridad en la naturaleza humana, una confianza en las habilidades naturales del hombre y una visión optimista del potencial del hombre. Fue esta visión del hombre la que se conoció como humanismo.

En el pensamiento del humanista, el hombre es el centro de todas las cosas. El hombre es el dueño de su propio destino. La voluntad del hombre es decisiva y determinante. La mente del hombre es el árbitro final de la verdad. Y el hombre mismo es el juez de lo que está bien y lo que está mal.

El humanismo religioso se desarrolló a partir del humanismo secular del Renacimiento. Hombres como Erasmo, Socinio y Arminio promovieron en la iglesia lo que era básicamente una visión humanista del hombre. En nuestros tiempos, gran parte del cristianismo evangélico ha adoptado muchos de los principales principios del humanismo.

Pero el humanismo es un asalto directo a la soberanía de Dios. El humanismo no es más que la mentira original del diablo: "Seréis como dioses" (Gn. 3:5). El humanismo es el rechazo de la soberanía absoluta de Dios y la exaltación del hombre al trono del universo. Será la filosofía del humanismo la que impulsará el motor del venidero reino anticristiano. El número del Anticristo, según Apocalipsis 13:18, será el número de hombre. Pero precisamente porque solo Dios es soberano, el reino del Anticristo no durará, sino que está condenado a la destrucción. Por eso, "El que mora en los cielos se reirá; el Señor se burlará de ellos" (Sal. 2:4).

5. Deísmo

Esta enseñanza, más filosófica que religiosa, surgió en la época de la Revolución Americana, especialmente en Francia. El Deísmo enseñó que, aunque Dios existe y que Él ha creado el mundo, en la actualidad Él no tiene ninguna relación con el mundo. En otras palabras, el deísmo niega que Dios esté presente en todas partes en la creación y que Él es el Dios de la providencia, sosteniendo y gobernando todas las cosas en la creación por Su poder todopoderoso. Contra la verdad de la soberanía de Dios, los deístas enseñan que, aunque Dios sea soberano, Su soberanía no tiene ningún significado en el tiempo y la historia y, por lo tanto, no tiene significado para la vida del hombre. Más bien, todas las cosas se desarrollan de acuerdo con las leyes naturales, y le corresponde al hombre determinar su propio destino.

Esta negación de la soberanía de Dios necesita ser mencionada, porque fue la "religión" de muchos de los hombres que fueron líderes de la Revolución Americana y que escribieron la Declaración de Independencia y la Constitución Americana, hombres como Thomas Jefferson, Benjamin Franklin y James Madison. Por lo tanto, la Constitución Americana y otros documentos relacionados con la historia de los Estados Unidos de América están fundados en principios deístas en lugar de la enseñanza bíblica de la soberanía de Dios.

Esto es especialmente claro en el segundo párrafo de la Declaración de Independencia: "Sostenemos que estas verdades son evidentes: que todos los hombres son creados iguales; que están dotados por su Creador de ciertos derechos inalienables; que entre estos están la vida, la libertad y la búsqueda de la felicidad. Que para asegurar estos derechos se instituyen gobiernos entre los hombres, derivando sus justos poderes *del consentimiento de los gobernados"*.

Una negación de la soberanía de Dios también se encuentra en la base de la orgullosa declaración con la que comienza el Preámbulo de la Constitución Americana: "Nosotros, el pueblo... ".

Aparte del hecho de que no es cierto ni bíblico que todos los hombres son creados iguales y tienen ciertos derechos inalienables (Dt. 7:6; Dn. 2:21; Lc. 1:52; 1 Cor. 1:26), es una negación flagrante de la soberanía de Dios enseñar que el gobierno deriva su poder del consentimiento de los gobernados y no de Dios (Rom. 13:1-7). Y, como la Declaración continúa diciendo, "Es derecho del pueblo alterarlo y abolirlo [el gobierno], e instituir un nuevo gobierno" como mejor les parezca (párrafo 13).

La idea tan común hoy en día de que la Constitución Americana y la Declaración de Independencia son documentos "Cristianos" es completamente falsa, y el simple hecho de que se menciona a Dios en ellos no debe engañar a la gente.

En estas mismas líneas, debemos condenar toda forma de rebelión y resistencia contra el gobierno instituido por Dios como una negación del poder soberano y el derecho de Dios como se describe en la primera parte de Romanos 13.

6.   Feminismo

La herejía del feminismo, que se ha extendido tanto en la sociedad humana como en la iglesia, es también una negación de la soberanía de Dios. Este niega no solo el liderazgo del hombre sobre la mujer, sino el liderazgo de Dios, que se refleja en el liderazgo del hombre sobre la mujer y que es el fundamento de su liderazgo. Tampoco es de extrañar que el feminismo se haya afianzado tanto en la iglesia visible cuando la iglesia, en su mayor parte, ya no cree en la soberanía de Dios.

Que el feminismo es una negación del liderazgo de Dios y, por lo tanto, también de su soberanía, se desprende claramente de aquellos pasajes que muestran que la mujer, al someterse al liderazgo del hombre, se somete también a Dios en Cristo (1 Cor. 11:3; Ef. 5:22, 24; Col. 3:18).

7. La práctica de los creyentes

Incluso los creyentes, desde un punto de vista práctico, están tentados a negar la soberanía de Dios. Una cosa es confesar esta verdad intelectualmente y abstractamente; otra muy distinta es reconocer esta verdad cuando la soberanía de Dios toca personalmente nuestras propias vidas. Una cosa es confesar que Dios gobierna soberanamente sobre todo, de modo que nada ocurre por casualidad, sino de acuerdo con Su designación; otra cosa es confesar la soberanía de Dios cuando nuestras cosechas han sido devastadas, nuestra casa destruida o hemos perdido nuestro trabajo. Una cosa es confesar que los males de esta vida están incluidos en la soberanía de Dios; otra cosa es confesar la soberanía de Dios junto a la tumba de un ser querido. Una cosa es confesar la soberanía de Dios en la salvación; otra muy distinta es confesar la soberanía de Dios cuando vemos que Su soberanía en la elección y la reprobación se lleva a cabo en nuestra propia congregación, en nuestras propias familias e incluso entre nuestros propios hijos.

Se necesita la gracia de Dios para confesar y someterse a la soberanía de Dios. Se necesita gracia para confesar que todas las cosas, y también nuestras propias vidas, están bajo Su control y sujetas a Su voluntad. Se necesita gracia para confesar: "Jehová dio, y Jehová quitó; sea el nombre de Jehová bendito". Separado de la gracia soberana, ningún hombre jamás confesará la soberanía de Dios. Que un hombre confiese esto se debe a la soberanía de Dios.

E. Importancia práctica

La importancia práctica de la verdad de la soberanía de Dios no se puede dejar de enfatizar.

1. La soberanía de Dios y la adoración

La creencia en la soberanía de Dios es la base de la verdadera adoración a Dios. En el primer mandamiento de la ley de Dios somos confrontados con la verdad de la soberanía de Dios. Puesto que Dios es el único Dios, Él debe ser adorado por nosotros. Dado que solo Dios es soberano, solo Él debe ser adorado. Si nuestra adoración ha de ser una adoración adecuada —una adoración que exalte Su grandeza y reconozca nuestra indignidad e incapacidad— en el centro de ella, debe estar la confesión de la soberanía de Dios.

La soberanía de Dios no solo exige que Dios sea adorado, sino que también determina la forma en que debemos adorarlo. Si Dios es soberano, Él no debe ni puede ser representado por imágenes tontas que no pueden pensar, hablar o realizar una acción. Si Dios es soberano, nuestra adoración a Él no debe ser de la manera que nosotros escojamos, sino en armonía con Su voluntad. Si Dios es soberano, el todopoderoso "YO SOY el que SOY", nuestra adoración a Él debe ser reverente. La falta de reverencia en gran parte de lo que hoy pasa por adoración "cristiana" en las iglesias, es sintomática de la pérdida de la doctrina (la verdad) de la soberanía de Dios.

2. La soberanía de Dios y la gloria de Dios

Ciertamente, la importancia de la verdad de la soberanía de Dios es que esta glorifica a Dios. Si el poder todopoderoso de Dios está detrás de todo lo que sucede en el mundo y además es la causa de la salvación, Dios debe ser glorificado. Nada de la gloria pertenece al hombre ni a ninguna otra criatura. ¡Gloria a Dios solamente! Este es el gran llamado del hombre. ¿Por qué ha sido puesto en esta tierra? ¿Por qué Dios lo ha salvado? ¿Por qué Dios le ha dado todo lo que tiene? Para que glorifique a Dios. Y Dios merece plenamente esa gloria porque Él es soberano, el todopoderoso "YO SOY el que SOY".

3. La soberanía de Dios y la historia

Una comprensión de la verdad de la soberanía de Dios es necesaria para una visión correcta de la historia, y por eso es de gran importancia para la educación cristiana. La historia solo se entiende apropiadamente y se enseña correctamente cuando se la ve como el resultado del consejo soberano de Dios. Dios está en control, y Dios está ejecutando Su voluntad. Dios establece reyes y los derriba de sus tronos. Dios lleva a las naciones al poder y causa su derrocamiento. Dios levantó al Faraón, lo usó para Su propio propósito, y cuando terminó, lo ahogó en el Mar Rojo. De manera similar, Dios llevó a Hitler al poder, fue soberano sobre el derramamiento de sangre y la devastación que perpetró, y al final, después de que Hitler había servido al propósito de Dios, llevó a su Tercer Reich a la ruina. En el verdadero sentido de la palabra, la historia es Su historia.

4. La soberanía de Dios y la seguridad

La verdad de la soberanía de Dios es el fundamento del consuelo del pueblo de Dios. Solo si sabemos que Dios tiene el control —nuestro Dios que es nuestro Padre por causa de Jesús— podemos tener la seguridad de que todo está bien. Si hay algún otro poder en este mundo además del poder todopoderoso de nuestro Dios, algún poder sobre el cual Dios no tiene control, debemos vivir con temor. Pero no existe tal otro poder. Dios es absolutamente soberano, incluso sobre el pecado y el mal, el diablo y los hombres malvados. Eso nos da la seguridad de que "todas las cosas [nos] ayudan a bien" (Rom. 8:28). Entonces podemos estar "seguros de que ni la muerte, ni la vida, ni ángeles, ni principados, ni potestades, ni lo pre-sente, ni lo por venir, ni lo alto, ni lo profundo, ni ninguna otra cosa creada nos podrá separar del amor de Dios, que es en Cristo Jesús Señor nuestro" (Rom. 8:38, 39).

5. La soberanía de Dios y nuestra preservación

La creencia en la soberanía de Dios es necesaria para la se-guridad de la preservación de cada cristiano en la salvación y para la seguridad de la salvación final de la iglesia en su tota-lidad. Si Dios no es soberano, siempre debemos dudar de nuestra salvación personal, así como de la salvación de toda la iglesia. De hecho, si Dios no es soberano, la salvación incluso de un hijo de Dios es imposible, porque nacimos odiando a Dios, totalmente depravados y bajo la esclavitud del pecado. Solo el poder soberano de Dios es capaz de defender al cris-tiano del poder del diablo, del mundo y de su propia carne pecaminosa. Debido a que Dios es soberano, absolutamente soberano, la salvación de la iglesia está segura. La soberanía de Dios le da al creyente la seguridad de que "El que comenzó en vosotros la buena obra, la perfeccionará hasta el día de Je-sucristo" (Fil. 1:6).

F. Relación con los cinco puntos

Hay una relación íntima y necesaria entre la soberanía de Dios y su enunciado en los cinco puntos. Confesar los cinco puntos del calvinismo es confesar la soberanía de Dios. Al mismo tiempo, no puede haber creencia en los cinco puntos sin una fuerte creencia en la soberanía de Dios.

Esto puede verse fácilmente por el uso del acrónimo *TU-LIP*, derivado de la primera letra [en inglés] de cada uno de los cinco puntos: Depravación total, Elección incondicional, Expiación limitada, Gracia irresistible y Perseverancia de los santos. Debido a que el hombre es totalmente depravado, solo el poder soberano de Dios puede salvarlo. Debido a que Dios es soberano, Él escoge salvar a quien Él quiere salvar, y no hay condiciones ni obras que los hombres cumplan para ganar su propia salvación. Debido a que Dios es soberano, la expiación (redención) lograda por la muerte de Cristo fue eficaz, salvando realmente a aquellos a quienes se pretendía salvar. Debido a que Dios es soberano, Sus operaciones de gracia en la salvación de los hombres son irresistibles. Debido a que Dios es soberano, los santos personalmente, y la iglesia en su conjunto, serán preservados, y como resultado de esa preservación, perseverarán hasta el fin.

CAPÍTULO II
Depravación total

La doctrina de la depravación total es el primero de los cinco puntos del calvinismo y está representada por la letra *T* como ayuda mnemotécnica del acróstico en ingles *TULIP*.

En los Cánones de Dordt, los cinco puntos originales del calvinismo, la depravación total no es el primer punto. La elección incondicional, representada por la letra U de *TULIP*, es el primero. La razón de esto es histórica. En el momento en que se escribieron los cánones, era la doctrina de la elección incondicional la que estaba siendo atacada más que cualquier otra doctrina y, por lo tanto, fue esa doctrina la que fue defendida primero.

Hay buenas razones para poner la depravación total en primer lugar. Debido a que la doctrina de la depravación total describe la pecaminosidad y la condición miserable del hombre, muestra la *necesidad* de la gracia de Dios descrita en los otros cuatro puntos. Nosotros *debemos* ver nuestra necesidad antes de que podamos apreciar la gracia de Dios que trae salvación. En otras palabras, debemos tener un diagnóstico correcto de la condición espiritual del hombre, como lo hacemos en el primero de los cinco puntos, para ver que el remedio prescrito por los otros cuatro puntos es el remedio correcto. Especialmente por esta razón, es mejor comenzar con la depravación total y no con la elección incondicional.

A. La doctrina

1. Depravación

Esta doctrina es a veces llamada "incapacidad total", enfatizando correctamente la incapacidad del hombre pecador para hacer el bien. Esta etiqueta, sin embargo, es deficiente en un aspecto. Describe la maldad del hombre solo como una falta de bien, olvidando que lo contrario también es cierto. El hombre pecador no solo carece del bien, sino que es activo y voluntariamente malo. Dado que la palabra "depravación" enfatiza esto, la depravación total es el mejor nombre.

Cuando describimos la pecaminosidad del hombre como *depravación*, no solo estamos diciendo que es malo o malvado, sino que es rebelde y deliberadamente malo, que ama y se deleita en la maldad de todo tipo. El no solo es vencido pasivamente por el pecado, sino que usa activamente y voluntariamente su fuerza, capacidad y dones para pecar.

La verdad, entonces, es que los hombres son muy malvados, mucho más malvados de lo que ellos mismos jamás admitirían. Tampoco está maldad es incidental, sino que está profundamente arraigada en lo que el hombre es, lo que llamamos su "naturaleza". En otras palabras, su depravación no es algo que haya aprendido o que sea el resultado de su entorno, sino que es por naturaleza malvado. El no solo hace el mal, sino que es malo. Él es concebido y nacido pecador.

La explicación de esto es el pecado original. Nos referimos al pecado del hombre en Adán y a la responsabilidad de cada hombre por el pecado que Adán cometió. Adán no estaba en el paraíso como un individuo particular, cuyos actos tenían consecuencias para él solo, sino también como cabeza y representante de todos nosotros. Él era el rey de la creación terrenal. Siendo un rey, lo que hizo afectó a todos aquellos sobre quienes era rey. El resultado fue que cuando Adán pecó, nosotros pecamos. Su pecado fue contado por Dios como nuestro pecado. Esta es la clara enseñanza de Romanos 5:12: "Por tanto, como el pecado entró en el mundo por un hombre, y por el pecado la muerte, así la muerte pasó a todos los hombres, por cuanto todos pecaron". (Ver también 1 Cor. 15:22).

El resultado fue que el castigo del pecado de Adán fue aplicado por Dios sobre todos los hombres. Todos los hombres han pecado en Adán, y todos los hombres comparten el castigo de ese pecado. Ese castigo fue la muerte. La amenaza de Dios fue: "Porque el día que de él comieres, ciertamente morirás" (Gn. 2:17). Dios llevó a cabo esa amenaza. El hombre murió —Dios lo mató—. Un aspecto de esa muerte es lo que la Biblia llama como muerte espiritual, la pérdida de la vida *espiritual* del hombre, su depravación total. Dios castigó el pecado con el pecado.

Tan pecaminoso es el hombre por naturaleza que está *muerto* en pecado: "Y él os dio vida a vosotros, cuando estabais muertos en vuestros delitos y pecados" (Ef. 2:1). El hombre no está simplemente enfermo, muy enfermo, incluso críticamente enfermo. Está muerto. No hay vida espiritual en él en absoluto. Al estar muerto, no tiene la capacidad para elevarse a la vida espiritual, para cooperar en su resurrección espiritual, o incluso para desearla. Desde un punto de vista humano, su condición es desesperada.

2. Depravación total

Hablar de depravación *total*, entonces, es un poco redundante. Sin embargo, usamos este lenguaje para enfatizar que el hombre es tan malvado que carece de todo bien, incluso de la capacidad de hacer el bien o del deseo de hacer lo que es bueno. Este énfasis es necesario debido a las muchas formas en que se niega la doctrina de la depravación total.

Por lo general, tres cosas se entienden por la palabra "total".

a. Depravación *Total* significa, en primer lugar, que la *totalidad de la raza humana* es depravada. No hay nadie, ni siquiera un recién nacido, que no sea corrupto y malvado. Tampoco hay ningún pueblo primitivo que todavía viva en algún tipo de inocencia. Todos son depravados.

b. Depravación *Total* significa también que *cada parte de la existencia del hombre* está lleno de maldad. En otras palabras, no solo sus acciones son malvadas, sino que su discurso, sus pensamientos, sus motivos, sus deseos, su mente, su alma, su espíritu — todo lo que es y hace, interiormente y exteriormente — son malvados. No puede hacer, desear o incluso entender lo que es bueno.

c. Depravación *Total* también significa que cada parte de la existencia del hombre es *totalmente* malvada. Es decir, su mente no es en parte mala y en parte buena, sino completamente malvada. Lo mismo es cierto de cualquier otra parte de su existencia, especialmente de su voluntad. Su voluntad también está en esclavitud, de modo que ni siquiera puede querer lo que es bueno, ni hay ningún deseo de que el bien se encuentre en su vida y pensamientos.

Esto no significa que cada hombre muestre la maldad de su naturaleza pecaminosa tanto como sea posible y en todo momento. No todos tienen la oportunidad o los medios para hacerlo, o incluso el tiempo en este breve periodo de vida. Además, Dios mismo pone varias restricciones sobre los hombres para evitar que hagan toda la maldad que hay en sus corazones. Entre estas restricciones están el miedo al castigo, el deseo de la aprobación de los demás y las restricciones del gobierno y la ley civil. Pero debe enfatizarse que estas restricciones son solo restricciones externas, algo así como un bozal en las mandíbulas de un perro rabioso. De ninguna manera disminuyen la maldad real del hombre o cambian su corazón malvado o le permiten hacer el bien. El hombre es, por lo tanto, tan malo como puede ser, aunque no siempre lo muestra y a menudo lo oculta.

Debe recordarse que este no es un juicio que ningún hombre haría o querría hacer de sí mismo o de los demás. Tampoco es este, un juicio que pueda hacerse por observación. La razón de esto también se encuentra en la depravación del hombre. Así como un ciego no puede entender completamente su propia ceguera porque nunca ha sido capaz de ver, así el pecador no puede comprender su propia pecaminosidad y siempre piensa bien de sí mismo (Jer. 17:9). El juicio correcto del estado espiritual del hombre solo puede ser hecho por Dios mismo. Dios hace ese juicio en Su Palabra y lo hace comparando a los hombres con el estándar de Su propia santidad, no con ningún estándar social o con otros hombres. De hecho, la santidad y la perfección de Dios son el único estándar contra el cual la doctrina de la depravación total puede ser verdadera, y debemos aprender la verdad de la depravación total de la Biblia y no de nuestras propias observaciones de nosotros mismos o de los demás.

B. Pruebas bíblicas

1. Referencias a la depravación total

   a. Génesis 6:5: *"Y vio Jehová que la maldad de los hombres era mucha en la tierra, y que todo designio de los pensamientos del corazón de ellos era de continuo solamente el mal".*

   Note el énfasis en la totalidad de la depravación del hombre. Cuando la Escritura dice que la maldad de los hombres era "mucha", explica que esto significa "total" (*"todo designio . . . era de continuo solamente el mal"*). Este es el propio juicio de Dios sobre la condición del hombre (*"Jehová vio"*). Puede que no sea nuestro juicio, y puede que no estemos de acuerdo con él, pero eso no hace ninguna diferencia.

   b. Génesis 8:21: *"Y percibió Jehová olor grato; y dijo Jehová en su corazón: No volveré más a maldecir la tierra por causa del hombre; porque el intento del corazón del hombre **es malo desde su juventud**; ni volveré más a destruir todo ser viviente, como he hecho".*

La Escritura registra una vez más el juicio de Dios sobre la condición espiritual del hombre y esta vez muestra que la depravación del hombre no es simplemente algo que pertenece a su madurez, sino que caracteriza su vida desde el principio.

   c. Job 15:14-16: *"¿Qué cosa es el hombre para que sea limpio, y para que se justifique el nacido de mujer? He aquí, en sus santos no confía, y ni aun los cielos son limpios delante de sus ojos; ¿Cuánto menos el hombre abominable y vil, que bebe la iniquidad como agua?"*

En este texto la Palabra de Dios nos recuerda que la maldad del hombre es tan natural para él, y tan parte de su vida, como beber agua. El énfasis está en Dios como el estándar por el cual el hombre es juzgado, incluso cuando el hombre a sus propios ojos puede estar limpio.

   d. Salmos 14:1-3: *"Dice el necio en su corazón: No hay Dios. Se han corrompido, hacen obras abominables; no hay **quien** haga el bien. Jehová miró desde los cielos sobre los hijos de los hombres, para ver si había algún entendido, que buscara a Dios. **Todos** se desviaron, a una se **han** corrompido; no hay **quien** haga lo bueno, no hay **ni siquiera uno"**.*

La depravación se describe aquí como algo que caracteriza a toda la raza humana. En ese sentido también es *total*. Nótese el énfasis quíntuple en el hecho de que *nadie* hace nada bueno. Este es el juicio de Dios cuando desprecia a la raza humana. Nuestro pensamiento debe, entonces, ser moldeado por esta Palabra de Dios y no por lo que nosotros mismos o cualquier otra persona pueda pensar.

e. Jeremías 4:22: *"Porque mi pueblo es necio, no me conocieron; son hijos ignorantes y no son entendidos; sabios para hacer el mal, pero hacer el bien no supieron"*.

La depravación, según este pasaje, es tan grande que incluso el pueblo de Dios por sí mismo no sabe cómo hacer el bien. Es grande también en que el hombre es depravado no solo en sus acciones, sino incluso en su mente, conocimiento y entendimiento.

f. Jeremías 13:23: *"¿Mudará el etíope su piel, y el leopardo sus manchas? Así también, ¿podréis vosotros hacer bien, estando habituados a hacer mal?"*.

Es tan imposible para el hombre, en sus propias fuerzas, hacer algún bien como lo es para él cambiar el color de su piel. Esa es la verdad de la depravación total—no solo que el hombre no hace el bien, sino que *no puede.*— Así, el pasaje nos enseña que la depravación del hombre es *natural* para él. Él nace depravado de la misma manera que nace un leopardo manchado, y un etíope negro.

g. Jeremías 17:9, 10: *"Engañoso es el corazón más que todas las cosas, y perverso; ¿quién lo conocerá? Yo Jehová, que escudriño la mente, que pruebo el corazón, para dar a cada uno según su camino, según el fruto de sus obras"*.

Con estas palabras Dios afirma Su derecho como juez y da Su juicio, diciéndonos que nuestra depravación no consiste simplemente en malas acciones externas, sino que es un asunto de nuestros corazones. Debido a que nuestros corazones son la fuente de toda nuestra vida (Prv. 4:23), y debido a que esa fuente misma es impura, es imposible que de ella salga algo limpio o bueno. Debido a que el corazón de un hombre es "desesperadamente perverso", sus "caminos" y sus "frutos" también serán encontrados perversos.

h. Juan 3:3, 5: *"Respondió Jesús y le dijo [a Nicodemo]: De cierto, de cierto te digo, que el que no naciere de nuevo, no puede ver el reino de Dios . . . De cierto, de cierto te digo, que el que no naciere de agua y del Espíritu, no puede entrar en el reino de Dios".*

Jesús le dice a Nicodemo y a nosotros que ni siquiera podemos ver (entender) el reino de Dios excepto por un milagro. Ese debe ser el milagro de una vida completamente nueva. En lo que respecta a la vida que vivimos ahora, no hay esperanza. Esto, por supuesto, es la *aplicación* de la doctrina de la depravación total que debe hacerse. No es solo una doctrina, sino también una descripción de nuestra condición desesperada.

i. Juan 6:44: *"Ninguno puede venir a mí, si el Padre que me envió no le trajere; y yo le resucitaré en el día postrero".*

Este versículo tiene que ver con la fe, descrita aquí como venir a Jesús. Este venir a Jesús, o creer, Jesús dice, es imposible excepto por el poder de Dios. Ningún hombre tiene ese poder en sí mismo. Esto es especialmente importante porque muchos cristianos tienen la idea errónea de que creer es la única buena acción que el hombre pecador puede hacer. La Palabra de Dios dice que esto no es así.

j. Juan 12:37-40: *"Pero a pesar de que había hecho tantas se-*
ñales delante de ellos, no creían en él, para que se cumplie-
se la palabra del profeta Isaías, que dijo: Señor, ¿quién ha
creído a nuestro anuncio? ¿Y a quién se ha revelado el bra-
zo del Señor? Por esto no podían creer, porque también dijo
Isaías: Cegó los ojos de ellos, y endureció su corazón; para
que no vean con los ojos, y entiendan con el corazón, y se
conviertan, y yo los sane".

Una vez más, el énfasis de la Escritura está en la incapacidad total del hombre para creer sin la gracia de Dios, sino
también encontramos que esta depravación del hombre es el
resultado directo del juicio de Dios sobre el hombre y no es
algo que solo le haya acontecido. Su depravación es, como
hemos visto, la muerte espiritual que Dios le infligió en el
principio. (Gn. 2:17).

k. Romanos 1:28-32: *"Y como ellos no aprobaron tener en*
cuenta a Dios, Dios los entregó a una mente reprobada,
para hacer cosas que no convienen; estando atestados de
toda *injusticia, fornicación, perversidad, avaricia, maldad;*
llenos de envidia, homicidios, contiendas, engaños y malig-
nidades; murmuradores, detractores, **aborrecedores de**
Dios, *injuriosos, soberbios, altivos, inventores de males,*
desobedientes a los padres, necios, desleales, sin afecto na-
tural, implacables, sin misericordia; quienes habiendo en-
tendido el juicio de Dios, que los que practican tales cosas
son dignos de muerte, no solo las hacen, sino que también
se complacen con los que las practican".

De nuevo, la Palabra de Dios establece el hecho de que la voluntad del hombre no está en absoluto inclinada hacia Dios ("no aprobaron tener en cuenta a Dios"), sino hacia el mal. De hecho, leemos aquí que los hombres no solo hacen el mal, sino que se deleitan en él, a pesar de que conocen el juicio de Dios. El contexto anterior apoya esto totalmente al mostrar que la adoración de los paganos no es una búsqueda de Dios o un anhelo por él, sino un cambio de la verdad de Dios en una mentira.

1. Romanos 3:9-19: *"¿Qué, pues? ¿Somos nosotros mejores que ellos? En ninguna manera; pues ya hemos acusado a judíos y a gentiles, que **todos están bajo pecado**. Como está escrito: **No hay** justo, ni aun uno; No hay quien entienda, No hay quien busque a Dios. Todos se desviaron, a una se hicieron inútiles; **No hay** quien haga lo bueno, no hay **ni siquiera uno**. Sepulcro abierto es su garganta; Con su lengua engañan. Veneno de áspides hay debajo de sus labios; Su boca está llena de maldición y de amargura. Sus pies se apresuran para derramar sangre; Quebranto y desventura hay en sus caminos; Y no conocieron camino de paz. No hay temor de Dios delante de sus ojos. Pero sabemos que todo lo que la ley dice, lo dice a los que están bajo la ley, para que toda boca se cierre y **todo el mundo quede bajo el juicio** de Dios; ya que por las obras de la ley ningún ser humano será justificado delante de él; porque por medio de la ley es el conocimiento del pecado".*

El apóstol Pablo está citando aquí *ocho* pasajes diferentes del Antiguo Testamento para probar la depravación del hombre. Eso, en sí mismo, es un poderoso testimonio del hecho de que todas las Escrituras enseñan esta doctrina. Pero él muestra especialmente que todos están bajo pecado y que esto se debe al hecho de que todos son culpables ante Dios. Él también muestra a partir de las Escrituras que, tanto en relación con Dios como con los hombres, en entendimiento, palabra y obras, el hombre es malvado. El texto, por lo tanto, prueba tanto el primer como el tercer aspecto de la *depravación total* de la que hablamos antes.

> m. Romanos 6:16-19: *"¿No sabéis que si os sometéis a alguien como esclavos para obedecerle, sois esclavos de aquel a quien obedecéis, sea del pecado para muerte, o sea de la obediencia para justicia? Pero gracias a Dios, que aunque erais esclavos del pecado, habéis obedecido de corazón a aquella forma de doctrina a la cual fuisteis entregados; y libertados del pecado, vinisteis a ser siervos de la justicia. Hablo como humano, por vuestra humana debilidad; que así como para iniquidad presentasteis vuestros miembros para servir a la inmundicia y a la iniquidad, así ahora para santificación presentad vuestros miembros para servir a la justicia".*

Pablo describe ahora la incapacidad del hombre para hacer el bien como una esclavitud espiritual, que de hecho lo es, ya que en el pecado no solo nos negamos a tener a Dios como nuestro Maestro, sino que entregamos nuestros miembros, es decir, nuestros cuerpos, al servicio del pecado y de Satanás. Hecho esto, ya no podemos servir a Dios.

> n. Romanos 8:7, 8: *"Por cuanto los designios de la carne son enemistad contra Dios; porque no se sujetan a la ley de*

Dios, ni tampoco pueden; y los que viven según la carne no pueden agradar a Dios".

Así, la Escritura muestra que el hombre no solo hace el mal, quizás sin siquiera pretenderlo, sino que él es malo y que su maldad es siempre consciente, una activa rebelión ("enemistad") contra Dios. No solo no está sujeto a Dios y no agrada a Dios, sino que *no puede* serlo. No tiene capacidad para hacer lo bueno.

o. Gálatas 3:22: *"Mas la Escritura lo encerró **todo** bajo pecado, para que la promesa que es por la fe en Jesucristo fuese dada a los creyentes".*

Esta es la prueba del Nuevo Testamento de que el pecado es esclavitud, que la depravación es total en el sentido de que es verdad para todos los hombres, y que este no es nuestro juicio sobre nosotros mismos y de los demás, sino el juicio de las Escrituras.

p. Efesios 2:1, 5: *"Y él os dio vida a vosotros, cuando estabais **muertos** en vuestros delitos y pecados; . . . aun estando nosotros **muertos** en pecados, nos dio vida juntamente con Cristo (por gracia sois salvos)".*

Esta vez nuestra depravación es descrita como una muerte espiritual para ayudarnos a entender que, así como un muerto no puede pensar, querer, entender, hablar o actuar, tampoco nosotros sin la gracia y salvación podemos pensar, querer, entender, hablar o actuar de una manera que agrade a Dios.

Este pasaje es una prueba, por lo tanto, de que la depravación total y la muerte espiritual son una y la misma.

> q. Colosenses 2:13: *"Y a vosotros, estando **muertos** en pecados y en la incircuncisión de vuestra carne, os dio vida juntamente con él, perdonándoos todos los pecados".*

Este versículo reproduce Efesios 2:1 y 5 casi palabra por palabra, pero debemos notar el énfasis en la palabra "vosotros" en ambos pasajes. Pablo nos está recordando que la depravación total no se aplica solo a los paganos o a los salvajes, sino también a los miembros civilizados y educados de la iglesia, como estos Colosenses y a nosotros mismos.

> r. Tito 3:3: *"Porque nosotros también éramos en otro tiempo insensatos, rebeldes, extraviados, esclavos de concupiscencias y deleites diversos, viviendo en malicia y envidia, aborrecibles, y aborreciéndonos unos a otros".*

Una vez más, el énfasis recae en el hecho de que debemos confesar la verdad de la depravación total no solo de los hombres en general, o de otros hombres, sino de nosotros mismos. De lo contrario, la depravación no es una depravación total.

2. Referencias al pecado original

> a. Génesis 5:3: *"Y vivió Adán ciento treinta años, y engendró un hijo a su semejanza, conforme a su imagen, y llamó su nombre Set".*

¡Qué testimonio es este contra el hombre que fue creado a la imagen de Dios pero que ahora engendra hijos, no a la imagen de Dios, sino a imagen suya! Hemos visto en los pasajes anteriores cómo es esa imagen.

b. Job 14:4: *"¿Quién hará limpio a lo inmundo? Nadie"*.

Este texto no solo enseña que es imposible para un pecador producir algo bueno con sus propias palabras, pensamientos y acciones, sino que también muestra que ni siquiera puede producir una descendencia que sea diferente de él mismo. Como dicen los Cánones de Dordt, "Una estirpe corrupta produjo una descendencia corrupta" (III/IV, 2).

c. Salmos 51:5: *"He aquí, en maldad he sido formado, y en pecado me concibió mi madre"*.

Aquí vemos la verdad de que la maldad no es algo aprendido, sino hereditario y original, que se adhiere al infante todavía dentro del útero. Debemos notar, sin embargo, que "en pecado" no significa que el acto de procreación sea pecaminoso, sino que somos concebidos y nacidos completamente pecadores, esclavos de Satanás. Toda nuestra vida está "en pecado".

d. Salmos 58:3: *"Se apartaron los impíos desde la matriz; se descarriaron hablando mentira desde que nacieron"*.

Este texto prueba que incluso la depravación de los infantes no es solo una falta de bien, sino una inclinación a la mala acción. Uno solo tiene que observar a los niños pequeños para ver que ellos saben de manera natural cómo decir mentiras y desviarse de Dios. De hecho, se les puede enseñar a hablar la verdad y a seguir a Dios solo con gran esfuerzo coronado por la gracia de Dios.

>   e. Romanos 5:12: *"Por tanto, como el pecado entró en el mundo por un hombre, y por el pecado la muerte, así la muerte pasó a todos los hombres, por cuanto todos pecaron".*

En este importante versículo, las Escrituras enseñan no solo que la muerte espiritual o la depravación es hereditaria, sino que es hereditaria porque todos los hombres han pecado y, por lo tanto, son culpables en Adán. Esa es la doctrina del pecado original y un recordatorio de que el hombre no puede estar en peor condición de lo que está ahora ante Dios.

Hay, por supuesto, muchos otros pasajes que podrían ser citados, pero estos son los principales, y muestran que cualquier cosa que la gente pueda pensar de la doctrina de la depravación total, es inequívocamente la enseñanza de las Escrituras.

C. Pasajes difíciles

Un número de pasajes de las Escrituras son usados en contra de la doctrina de la depravación total. Deberíamos mirar algunos de ellos y ver lo que realmente enseñan. Así, veremos claramente que las Escrituras no se contradicen ni enseñan otra cosa que la depravación total del hombre.

1. Deuteronomio 30:19: *"A los cielos y a la tierra llamo por testigos hoy contra vosotros, que os he puesto delante la vida y la muerte, la bendición y la maldición; escoge, pues, la vida, para que vivas tú y tu descendencia".*

   Este versículo parecería enseñar que el hombre natural (hombre no salvo) tiene libre albedrío, es decir, que puede escoger si quiere o no, la vida o la muerte, la bendición o la maldición, aunque no pueda obtener estas cosas por su propia fuerza. Si él puede elegirlos, él puede hacer un verdadero bien, pues hay pocas cosas tan agradables a Dios como elegir la vida y la bendición.

   El error que se comete, sin embargo, es concluir que la *orden* de escoger entre la vida y la muerte implica que los hombres tienen el *poder* de obedecerla. Eso no es cierto. El hombre natural *no puede* obedecer nada de lo que Dios ordena, pero Dios continúa ordenándole y juzgándolo por su desobediencia. Tampoco es injusto que Dios ordene lo que el hombre no puede hacer, porque fue el hombre quien voluntariamente escogió su propia condición cuando cayó en pecado en el principio.

2. Josué 24:15, 20: *"Y si mal os parece servir a Jehová, escogeos hoy a quién sirváis; si a los dioses a quienes sirvieron vuestros padres, cuando estuvieron al otro lado del río, o a los dioses de los amorreos en cuya tierra habitáis; pero yo y mi casa serviremos a Jehová . . . Si dejareis a Jehová y sirviereis a dioses ajenos, él se volverá y os hará mal, y os consumirá, después que os ha hecho bien".*

Este es otro pasaje que parecería enseñar que las personas no solo tienen la *oportunidad* de escoger entre el servicio a Dios o la idolatría, sino que son realmente capaces de elegir por sí mismos el servicio a Dios. Si es cierto que los hombres pueden elegir el servir a Dios por el poder de sus propias voluntades (elegir es la actividad de la voluntad), entonces son capaces de hacer algo bueno y no se puede decir que estén *totalmente* depravados.

La solución a esto debe encontrarse en el contexto, especialmente en el versículo 19, donde Josué le dice al pueblo que *no pueden* servir a Jehová. El texto no significa, sin embargo, que el pueblo de Dios, aquellos que son salvos por la gracia de Dios, no puedan *elegir* el servir a Dios. Lo hacen, y no solo eligen servirle, sino que *realmente* le sirven, aunque nunca sin pecado. Pueden hacer el bien, pero solo porque Dios mismo ha obrado en ellos tanto el querer como el hacer, por Su buena voluntad (Fil. 2:13). Aparte de la gracia de Dios, las palabras de Josué siguen siendo siempre ciertas: "*No podréis* servir a Jehová".

3. 2 Reyes 10:28, 30: *"Así exterminó Jehú a Baal de Israel . . . Y Jehová dijo a Jehú: Por cuanto has hecho bien ejecutando lo recto delante de mis ojos, e hiciste a la casa de Acab conforme a todo lo que estaba en mi corazón, tus hijos se sentarán sobre el trono de Israel hasta la cuarta generación".*

El argumento es que Jehú, aunque él mismo era un hombre malvado, sin embargo, fue capaz de hacer el bien haciendo lo que Dios había ordenado cuando destruyó a toda la familia del malvado Acab. Es muy claro, sin embargo, que Jehú no hizo esto por amor a Dios, ya que él mismo restableció la adoración de los becerros de oro, que Jeroboam había establecido originalmente para mantener al pueblo alejado de la adoración a Dios en Jerusalén (1 Rey. 12:26-30). En cambio, hizo lo que Dios ordenó solo para sí mismo y para asegurar el reino para sí mismo. La Biblia nos enseña que todo lo que no se hace para la gloria de Dios, aunque sea lo que Dios ordena, no es ni obediencia ni bueno a los ojos de Dios (Mt. 22:37-38; Mt. 23:25-28; Rom. 14:23; 1 Cor. 10:31).

4. Hechos 2:40: *"Y con otras muchas palabras testificaba y les exhortaba, diciendo: Sed salvos de esta perversa generación"*.

El mandato a las personas reunidas en Pentecostés para salvarse a sí mismas no implica que tengan la capacidad de hacerlo. De hecho, la Palabra de Dios deja muy claro que ningún hombre tiene ese poder en sí mismo (Ef. 2:8-10).

5. Hechos 16:31: *"Ellos dijeron: Cree en el Señor Jesucristo, y serás salvo tú y tu casa"*.

Lo que acabamos de decir se aplica también a la fe. El *mandato* de creer no implica que todos los hombres que escuchan ese mandato tengan la capacidad de obedecer o que su creencia dependa de su elección de hacerlo o no. Efesios 2:8-10 dice enfáticamente que la fe es un don de Dios, no la propia obra del hombre.

6. Romanos 2:14, 15: *"Porque cuando los gentiles que no tienen ley, hacen por naturaleza lo que es de la ley, estos, aunque no tengan ley, son ley para sí mismos, mostrando la obra de la ley*

escrita en sus corazones, dando testimonio su conciencia, y acusándoles o defendiéndoles sus razonamientos".

Aunque estos versículos dicen que los gentiles, es decir, los paganos, hacen las obras de la ley y tienen la obra de la ley escrita en sus corazones, no dicen que esto de ningún modo sea bueno a los ojos de Dios. En realidad, lo contrario es cierto: todos están bajo pecado (Rom. 3:9), y el hacer las obras de la ley es su condenación y los deja sin excusa (Rom. 1:19, 20). El contexto, entonces, deja claro que este pasaje no contradice en absoluto la verdad de la depravación total, sino que la apoya.

Muchos otros pasajes podrían citarse al respecto, pero los puntos principales están claros. Los mandamientos de Dios no implican que el hombre tenga el poder de obedecerlos. Tampoco la simple conformidad externa a la ley de Dios es buena a los ojos de Dios, sino más bien una gran abominación.

D. Objeciones

1. "La depravación total es una doctrina deprimente"

Una objeción a la doctrina de la depravación total es que destruye la felicidad y la paz de las personas y conduce a la infelicidad o algo peor. Si esto es cierto, la doctrina no puede ser bíblica, porque la enseñanza de la Biblia está diseñada para ser "buenas nuevas" y para conducir a la mayor felicidad y bendición (Sal. 29:11; Sal. 119:165; 2 Cor. 1:3, 4).

La objeción pasa por alto el hecho de que la doctrina de la depravación total nunca es predicada aparte de las otras doctrinas de la gracia. Esas doctrinas de gracia y salvación son el remedio de Dios para nuestra depravación y nos traen gozo a todos.

El "diagnóstico" divino de la depravación total debe preceder a la aplicación del remedio apropiado al pecador. Sin este diagnóstico tan correcto, el remedio nunca será reconocido o recibido. Las escrituras mismas muestran esto. En Lucas 5:32, Jesús dijo: "No he venido a llamar a justos [es decir, a los que se creen justos], sino a pecadores [es decir, a los que se saben pecadores] al arrepentimiento". La parábola del Fariseo y el publicano estaba dirigida específicamente a "algunos que confiaban en sí mismos que eran justos, y despreciaban a los demás" (Lc. 18:9). En esa parábola el hombre que se reconocía pecador se fue a su casa justificado. El Fariseo, que no sabía en sí mismo que era totalmente depravado, no lo hizo.

2. "La depravación total contradice nuestra experiencia"

Otra objeción a veces aducida contra la enseñanza bíblica de la depravación total es que contradice nuestra experiencia. Las personas simplemente no parecen ser tan malas como la Biblia parece indicar que son. Aparentemente, esto es un problema aún mayor cuando uno mira las "buenas" acciones, las obras de caridad y filantropía que la gente hace.

Debemos recordar varias cosas al responder a esta objeción. Primero, debemos recordar que incluso nuestra capacidad de ver y juzgar el pecado es afectada por nuestra propia pecaminosidad. Una de las características del pecador es que está espiritualmente ciego, no solo a su propio pecado, sino también a la pecaminosidad de la humanidad. Su corazón también lo engaña en esto (Jer. 17:9).

Necesitamos recordar, también, que solo vemos las acciones externas que una persona hace. No podemos ver su corazón y, por lo tanto, no podemos saber nada acerca de sus motivos para realizar obras de caridad y filantropía. Y la Palabra dice que todo lo que no se hace por fe, con acción de gracias y para la gloria de Dios, es pecado (Is. 66:3; Rom. 1:20, 21; Rom. 14:23; 1 Cor. 10:31).

Es más, cuando nuestra experiencia parece contradecir la Palabra de Dios en este o en cualquier otro punto, no hay duda de lo que debemos creer. La Palabra de Dios debe permanecer, y ante ella incluso nuestra experiencia debe inclinarse.

E. Negaciones de la depravación total

En la historia de la iglesia ha habido muchos ataques a la doctrina de la depravación total y muchas maneras diferentes en que la doctrina ha sido negada. Es bueno saber algo acerca de estos errores, porque todavía se están enseñando hoy en día. Los estudiaremos, sin embargo, no para criticar a ninguna persona en particular que pueda creer de manera diferente, sino para que nosotros mismos podamos estar firmemente cimentados en la verdad (Col. 2:7).

1. Pelagianismo

La más antigua de las herejías que niega la depravación total es el error del pelagianismo, llamado así por el monje británico que lo enseñó por primera vez en el siglo quinto. Este error se menciona siete veces por su nombre en los Cánones de Dordt.

El pelagianismo enseña que el pecado de Adán no tuvo consecuencias para sus descendientes y, por lo tanto, todos los hombres nacen espiritualmente neutros, ni buenos ni malos. Así es posible que vivan una vida completamente sin pecado. Incluso habiendo pecado, según Pelagio, es posible que el hombre vuelva a la armonía con Dios por su propia voluntad y buenas obras, y si recibe la gracia de Dios, es solo una gracia asistencial, no una gracia eficaz (poderosa para la salvación). El hecho de que la mayoría de los hombres *son pecadores* se explica solo por su imitación de los demás y no por ninguna tendencia inherente o natural hacia el pecado.

Este error todavía se sigue enseñando hoy en día de muchas formas. Es realmente el error que yace detrás de la filosofía educativa moderna, la psicología y la psiquiatría moderna y la teoría judicial moderna. Todos estos sostienen que el único problema del hombre es que aprende (por imitación o de su entorno) patrones de conducta erróneos, los cuales deben ser cambiados y pueden ser cambiados mediante la educación, rehabilitación o asesoramiento psiquiátrico. Un muy buen ejemplo de esta filosofía es la idea moderna de que los criminales no deben ser castigados sino rehabilitados. Esto, por supuesto, es humanismo de principio a fin, pero el pelagianismo y humanismo son realmente la misma cosa. En ambos casos el pecado no es visto como pecado contra Dios; no se reconoce la depravación total del hombre, y las faltas del hombre solo se ven como fallas sociales.

El principal problema, sin embargo, es que gran parte de la iglesia mundial ha aceptado esta filosofía humanista y pelagiana. Es enseñado, por ejemplo, por aquellos que abogan por un evangelio de "autoayuda", o un evangelio de "pensamiento positivo", que enseña que el hombre es básicamente bueno, que no debe tener pensamientos de culpa y que puede salvarse a sí mismo por su propia fuerza de voluntad. Es aceptado por aquellos que ven el llamado de la iglesia no como el llamado a predicar el evangelio, sino para acabar con los barrios marginales, la pobreza, la enfermedad, la segregación y otros males sociales similares, en otras palabras, para cambiar el mal ambiente del hombre. Es parte de la noción de que la lucha de la iglesia es la lucha contra la opresión terrenal. Es la esencia de la llamada teología de la liberación que la salvación consiste en la liberación de todos los pueblos pobres y oprimidos del mundo.

Toda esta enseñanza es pelagiana en el sentido de que no reconoce la condición espiritualmente caída del hombre y cree que es plenamente capaz de ayudarse a sí mismo y liberarse de sus problemas. Además, por supuesto, hay una tendencia pelagiana en todos nosotros en el sentido de que a menudo no vemos nuestro propio pecado y su gravedad y tratamos con frecuencia de encontrar nuestra propia manera de salir de nuestros problemas de pecado. Esa es la verdadera razón por la que el pelagianismo es tan peligroso.

2. Semi-pelagianismo

El semi-pelagianismo es una forma modificada de pelagianismo que se enseñó en la iglesia después de Agustín. Debido a la influencia de Agustín, la iglesia rechazó primero el pelagianismo, pero luego se comprometió y comenzó a enseñar lo que se llama semi-pelagianismo. El semi-pelagianismo sigue siendo hoy la teología de la Iglesia Católica Romana.

El semi-pelagianismo dice que la caída de Adán tuvo un efecto sobre los descendientes de Adán y que nacen siendo pecadores. Sin embargo, el semi-pelagianismo enseña que el efecto de la caída de Adán no es que los hombres estén totalmente depravados o muertos en el pecado, sino que solo están enfermos en el pecado. En otras palabras, el hombre todavía tiene alguna capacidad para hacer el bien, así como un hombre enfermo todavía tiene algún poder para ayudarse a sí mismo. El semi-pelagianismo enseña que el hombre está tan enfermo de pecado que, aunque puede hacer el bien, en realidad no puede salvarse a sí mismo. Sin embargo, aparte de la gracia salvadora, es capaz de hacer buenas obras y ganarse algún favor con Dios (la doctrina católica romana de las buenas obras meritorias). Dios ayuda a los hombres a hacer el bien dándoles a todos ellos la "gracia preveniente", es decir, la gracia que les permite hacer el bien y merecerlo sin haber recibido la gracia salvadora.

3. Arminianismo

El arminianismo es una modificación adicional del semi-pelagianismo que se enseña en los círculos protestantes. Al igual que el pelagianismo, lleva el nombre del hombre que lo enseñó por primera vez, Jacobo Arminio. Fue contra su herejía que se escribieron los Cánones de Dordt. Para una buena comprensión del arminianismo, uno debe consultar las secciones negativas (rechazo de errores) de los Cánones. El arminianismo se diferencia del pelagianismo solo en este aspecto: rechaza la idea de que los hombres pueden hacer todo tipo de buenas obras meritorias y enseña que solo hay *una* cosa buena que puede hacer por su propio poder, la buena obra de elegir a Cristo o de creer en Él. En otras palabras, la enseñanza principal del arminianismo es que el hombre tiene libre albedrío y que no es totalmente esclavo del pecado. Enseña que la voluntad del hombre se ve obstaculizada por el pecado, pero que Dios da la gracia suficiente a todos los hombres para eliminar estos obstáculos, de modo que los hombres puedan, por su propio poder, elegir a favor o en contra de Dios. La diferencia, entonces, entre el semi-pelagianismo católico romano y el arminianismo protestante es que en el semi-pelagianismo la salvación es del que corre (obra), y en el arminianismo es del que *quiere* (elige) (Rom. 9:16). En ninguno de los casos es de Dios quien tiene misericordia.

El arminianismo es, en general, la creencia de la mayoría de los cristianos de hoy. Toda la teología, por ejemplo, de las "decisiones por Cristo", de "aceptar a Cristo", de "abrir el corazón a Cristo", del llamado al altar, y del tipo de predicación "Jesús te está esperando", presupone que el hombre todavía tiene alguna capacidad y libertad de voluntad y puede hacer algo para ser salvo. La fe, por tanto, no es un don de Dios, sino la propia buena obra del hombre.

No es difícil ver que esta no es la doctrina de la depravación total. Tampoco se trata simplemente de una cuestión doctrinal abstracta. Esta enseñanza, entre otras cosas, cambia el carácter mismo de la predicación del evangelio de modo que la predicación se convierte en un intento de vender a Cristo a los hombres y persuadirlos a aceptarlo por su propia voluntad, en lugar de una proclamación de la gloria y la gracia de Dios.

4. Gracia común

La enseñanza de una gracia común de Dios también niega la depravación total. Admite que el hombre no tiene poder para hacer lo que se llama el bien salvífico, es decir, el bien de elegir para Dios, para Cristo, y para salvación. Dice, sin embargo, que hay una cierta gracia de Dios dada a todos los hombres, incluso a los no salvos, que les hace posible hacer lo que se llama el "bien civil". El bien civil, supuestamente, se refiere a acciones que no tienen valor salvífico, pero que, sin embargo, son buenas a los ojos de Dios en el sentido de que promueven la decencia y el buen orden en la sociedad y permiten a los hombres vivir en paz y armonía entre ellos. Junto con esto, la doctrina de la gracia común generalmente enseña que hay una operación universal del Espíritu Santo en los corazones de todos los hombres que les hace posible hacer este bien y que les impide ser tan malos como podrían serlos.

Esto realmente no es diferente del arminianismo en que dice que todavía hay algo bueno en el hombre. Puede ser muy poco, puede ser solo un bien civil, pero sigue siendo bueno. Obviamente, si el hombre puede hacer algo bueno, no es *totalmente* impío. También debe señalarse, sin embargo, que esta enseñanza no tiene en cuenta el hecho de que hay más en una buena acción que solo la acción externa. Lo más importante no es la acción en sí, sino la motivación para ello. Si no se hace para la gloria de Dios y por fe, es pecado y Dios lo odia (Prv. 21:4; Is. 66:2, 3; Mal. 2:11-13).

5. La libre oferta del evangelio

Esta enseñanza muy común dice que la predicación del evangelio constituye una oferta bien intencionada de Dios a todos los que escuchan. Dios, por Su parte, quiere su salvación e incluso se la ofrece a ellos en el evangelio, así es dicho.

Aparte del hecho de que las escrituras nunca hablan del evangelio como una oferta de salvación, y aparte de la inconsistencia de creer esto y al mismo tiempo decir que Dios desde la eternidad no quiere la salvación de todos los que escuchan el evangelio, está el hecho de que una oferta, si ha de ser significativa, debe hacerse a personas que tienen algún poder para aceptar o rechazar esa oferta. Si el hombre tiene algún poder para responder a una oferta de gracia en el evangelio, no puede ser totalmente depravado. Una oferta de ayuda a un hombre muerto es sin sentido, y una oferta para enseñarle física a un mono sería una simple burla. La obra de Dios no es sin sentido ni es una burla.

La respuesta de muchos a este dilema es decir que Dios da a todos los hombres que escuchan el evangelio una cierta gracia preparatoria o gracia común (otra versión de esa doctrina) para hacer tal elección, pero esta es simplemente la antigua doctrina católica romana y una negación de la verdad bíblica de que la gracia es siempre irresistible y salvadora.

6. Libre albedrío

Muchos cristianos de hoy creen que el hombre tiene libre albedrío, que es capaz de elegir entre el bien y el mal, entre Dios y el diablo, entre la salvación y la condenación. Esta es la enseñanza básica del arminianismo, pero es lo suficientemente importante como para que deba mencionarse por separado. Tampoco es muy diferente de la idea de que el evangelio es una oferta de gracia. Esta libertad de la voluntad, según los que creen en ella, puede ser limitada, de modo que el pecador no puede hacer nada más que tomar la elección necesaria. Dios debe hacer el resto. Sin embargo, se atribuye al hombre caído cierta capacidad para hacer el bien, sin importar cuán limitada y pequeña pueda ser esa capacidad. El libre albedrío y la depravación total, por lo tanto, no solo son incompatibles, sino que son doctrinas opuestas.

7. Depravación absoluta

Algunos hacen una distinción entre lo que ellos llaman depravación *total* y algo que ellos llaman *depravación absoluta*. La depravación absoluta, dicen ellos, es la doctrina que hemos estado describiendo: que el hombre es completamente malo, sin ningún bien o posibilidad de bien que se encuentre en él. Esa enseñanza, según ellos, no es ni calvinista ni bíblica. La depravación *Total*, en su opinión, significa que los hombres son malvados en cada parte —corazón, alma, mente y fuerza— pero no completamente malvados en ninguna parte. Un escritor usa el ejemplo de unas pocas gotas de tinta en el agua. Cada gota está descolorida, pero ninguna es *completamente negra*. Eso, supuestamente, es la depravación total y la enseñanza de la Escritura. Aparte del hecho de que se trata de una simple sofistería (¿Cuál es la diferencia entre total y absoluto?), no se puede decir que sea la doctrina de la depravación total, ya que no es total. Tampoco es la doctrina de la depravación que han enseñado las iglesias Reformadas y Presbiterianas desde el tiempo de la Reforma. La depravación absoluta, si se refiere a algo, se refiere a la depravación de los ángeles caídos para quienes no hay esperanza de salvación.

F. Importancia práctica

Hay muchas implicaciones prácticas de la doctrina de la depravación total. Es importante que veamos algunas de estas implicaciones para que estemos persuadidos de que esta doctrina no es una simple abstracción y para que el debate sobre ella no sea solo palabrería.

1. Depravación total y arrepentimiento

La implicación práctica más importante de la depravación total para cada cristiano individual es que el conocimiento de esta doctrina conduce al verdadero arrepentimiento por el pecado. Solo si entendemos que no tenemos nada de bueno y que estamos completamente sin esperanza, podremos ver la grandeza de nuestro pecado y lamentarnos por el como deberíamos. Mientras pensemos que hay algo de bueno en nosotros, no estaremos inclinados a pensar en nuestros pecados o confesarlos ante Dios.

Lo contrario también es cierto. Aquel que no confiesa sus pecados diariamente ante Dios y llora por ellos, no entiende realmente la verdad de la depravación total, aunque se llame a sí mismo un calvinista. De hecho, se puede decir que la prueba de nuestra creencia en la depravación total es nuestra actitud hacia nuestros propios pecados.

2. Depravación total y disciplina paterna

En nuestras familias es la doctrina de la depravación total la que motiva la disciplina fiel de nuestros hijos. Cuando constantemente encubrimos y pasamos por alto los pecados de nuestros hijos, ponemos excusas por ellos, y no disciplinamos a nuestros hijos como deberíamos, es porque no tomamos sus pecados seriamente. Si no tomamos en serio sus pecados, puede ser solo porque fallamos en ver que están totalmente depravados.

La Biblia misma hace esta conexión entre la depravación de nuestros hijos y la necesidad de la disciplina de los padres cristianos en Proverbios 23:13, 14: "No rehúses corregir al muchacho; Porque si lo castigas con vara, no morirá. Lo castigarás con vara, Y librarás su alma del Seol". Claramente, solo el padre que realmente cree que su hijo está atado al infierno en sus pecados será capaz de recibir la Palabra de Dios en estos versículos y obedecerla.

3. Depravación total y el evangelio

En la iglesia y en el campo misionero, solo la predicación fiel de la depravación total convencerá al pecador de su necesidad de la cruz y asegurará al mismo tiempo que toda la gloria de su salvación sea dada a Dios. Todos sabemos por nuestra propia experiencia que mientras tengamos alguna fuerza o recursos propios, no buscaremos la ayuda de Cristo como deberíamos, y tampoco lo hará el pecador no convertido mientras se le diga que tiene algún mérito o bondad propia. Además, en la medida en que la doctrina de la depravación total es descuidada en la predicación y se le atribuya algo bueno al pecador, el honor y la gloria de Dios como el único Salvador le son robados.

La doctrina de la depravación total, entonces, nunca puede ser una doctrina peligrosa en la predicación del verdadero evangelio, como algunos piensan, sino que es una parte integral del evangelio. El asombro de nuestra propia depravación y la maravilla de la salvación por gracia van de la mano. No podemos confesar una sin la otra.

4. Depravación total y la antítesis

En el mundo y en relación con los hombres malvados, solo la verdad de la depravación total nos motivará a mantener nuestra separación espiritual del mundo (a veces llamada la "antítesis"). Si pensamos que hay algo bueno en los impíos, no veremos ninguna razón para separarnos de ellos. Solo cuando veamos que son "injustos", "tinieblas", "hijos de Belial", "infieles", e "idólatras" atenderemos el llamado a "salir de en medio de ellos y apartaos" (2 Cor. 6:17). Entonces, y solo entonces, veremos que no hay posibilidad de cooperar con ellos (2 Cro. 19:2), ni de casarse con ellos (2 Cor. 6:14), o tener comunión con ellos (Ef. 5:11).

Estas son algunas de las implicaciones más importantes de la doctrina para nuestra vida. Que veamos en ellas la importancia de aferrarnos a esta doctrina sin concesiones ni negligencia.

G. Relación con los otros cuatro puntos

Existe una estrecha relación entre este primer punto y los otros cuatro puntos. Hay quienes se llaman a sí mismos calvinistas de tres- o cuatro- puntos e incluso se aferran hasta cierto punto a estas verdades, pero al final, debido a que estas cinco verdades están tan estrechamente entrelazadas entre sí, es imposible mantener ninguna de ellas consistentemente sin mantenerlas todas.

La relación es esta: la doctrina de la depravación total hace de la gracia soberana el único camino posible de salvación. Requiere una *elección* que sea incondicional, que no dependa de la obra o la dignidad del hombre, una *expiación* que no solo haga posible la salvación para todos los hombres, sino que en realidad salve a aquellos a quienes Dios ha elegido; y una *gracia* que es tan poderosa, que es absolutamente irresistible y que salva hasta lo sumo a los que la reciben, para que ellos sean preservados y *perseveren* hasta el fin.

CAPÍTULO III
Elección incondicional

La doctrina de la elección incondicional es el segundo de los cinco puntos del calvinismo. Está representada por la letra *U* del acrónimo en inglés *TULIP*. La elección y la reprobación son las dos partes de la doctrina más amplia de la predestinación.

La doctrina de la predestinación ha sido llamada el corazón del evangelio. Esto es cierto. El evangelio es la buena nueva de la salvación, y aquellos que son salvos son aquellos a quienes Dios ha predestinado para salvación, es decir, los elegidos. El evangelio declara el sufrimiento y la muerte de Jesucristo por los pecadores indignos, pero Cristo murió solo por aquellos pecadores indignos que han sido elegidos por Dios. El evangelio llama a los hombres a la fe en Jesucristo, pero la fe es obrada solo en los corazones de los elegidos. La predicación del evangelio es el medio para reunir a la iglesia. Aquellos que son miembros de la iglesia — miembros genuinos de la iglesia a los ojos de Dios — constituyen los *elegidos*.

Es imperativo que cada creyente tenga un buen entendimiento de la predestinación. Hay mucha ignorancia y confusión sobre esta doctrina en nuestros días. Además, hay numerosas corrupciones y negaciones de esta doctrina en lugares donde históricamente fue confesada. Muchos están abandonando la doctrina porque son engañados para suponer que es la invención de teólogos inteligentes y que no se enseña en las Escrituras. Otros, que admitirán que la predestinación se enseña en la Biblia, consideran que es una doctrina de poco o ningún beneficio práctico para la iglesia. ¡Estas personas están seriamente equivocadas! Debemos ver que la doctrina de la predestinación (elección y reprobación) se enseña claramente en la Palabra de Dios, y debemos estar convencidos de que es una doctrina del más grande valor práctico para los cristianos.

Nosotros hacemos eco de los sentimientos de Juan Calvino: "Que rujan contra nosotros los que quieran. Siempre iluminaremos, con todo nuestro poder del lenguaje, la doctrina que sostenemos sobre la libre elección de Dios, viendo que es solo por ella que los fieles pueden entender cuán grande es la bondad de Dios que los llamó eficazmente a la salvación . . . Ahora, si no estamos realmente avergonzados del evangelio, debemos necesariamente reconocer lo que está abiertamente declarado: que Dios por Su eterna buena voluntad . . . designó a aquellos a quienes a Él le complació para la salvación, rechazando a todos los demás". [1]

La predestinación es la decisión eterna de Dios antes del comienzo del mundo (*pre-*) con respecto al destino eterno (*destinación*) de todas Sus criaturas racionales y morales: hombres, ángeles y demonios. Hay muchos que se inquietan cuando se menciona la palabra predestinación, pero la predestinación no es un monstruo espantoso inventado por teólogos que estaban fuera de sí. La Biblia enseña la predestinación.

La palabra griega de la cual se deriva nuestra palabra española "predestinación" aparece seis veces en el Nuevo Testamento. La encontramos dos veces usada por el apóstol Pablo en Romanos 8:29, 30: "Porque a los que antes conoció, también los predestinó para que fuesen hechos conformes a la imagen de su Hijo, para que él sea el primogénito entre muchos hermanos. Y a los que *predestinó*, a estos también llamó; y a los que llamó, a estos también justificó; y a los que justificó, a estos también glorificó". En Efesios 1:5 el apóstol Pablo describe la elección de Dios de los elegidos con estas palabras: "En amor habiéndonos *predestinado* para ser adoptados hijos suyos por medio de Jesucristo, según el puro afecto de su voluntad". Y leemos en Efesios 1:11 de Cristo, "En él asimismo tuvimos herencia, habiendo sido *predestinados* conforme al propósito del que hace todas las cosas según el designio de su voluntad".

La palabra predestinación también se encuentra en Hechos 4:28, donde se traduce como "antes determinado". Allí el apóstol Pedro enseña que la crucifixión de Cristo y el papel en la crucifixión de Cristo desempeñado por el malvado Herodes y Poncio Pilato fueron predestinados por Dios. En ese contexto, el declara en el versículo 28 que estos gobernantes impíos se reunieron "para hacer cuanto tu mano y tu consejo [de Dios] habían antes determinado [predestinado] que sucediera".

En 1 Corintios 2:7 "Mas hablamos sabiduría de Dios en misterio, la sabiduría oculta, la cual Dios predestinó antes de los siglos para nuestra gloria". Aquí Pablo enseña que todo el plan de salvación fue predestinado por Dios.

La fe Reformada mantiene la doctrina bíblica de la "doble predestinación", es decir, no solo la elección, sino también la reprobación. La elección de Dios de los hombres en Jesucristo es selectiva y discriminatoria. No todos los hombres son elegidos por Dios y designados para la salvación. En realidad, muchos son excluidos y rechazados. En palabras de los Cánones de Dordt, I, Artículo 15, "Lo que tiende peculiarmente a ilustrar y recomendar a nosotros la gracia eterna e inmerecida de la elección, es el testimonio expreso de la Sagrada Escritura, de que no todos, sino solo algunos son elegidos, mientras que otros son pasados por alto en el decreto eterno". Esta es la enseñanza de la reprobación, de la que hablaremos más adelante bajo el titulo B. El resto de este capítulo ilustrará la soberanía de Dios en la predestinación (elección y reprobación) con más detalle específico

A. La doctrina de la elección

Por elección entendemos la elección eterna por parte de Dios de ciertos individuos definidos en Jesucristo para salvación.

Hay muchas referencias en las Escrituras a esta elección o decisión de Dios. Es el Señor Jesús quien declara en Mateo 22:14: "Porque muchos son llamados, y pocos *escogidos* [elegidos]". En Romanos 11:5 el apóstol Pablo escribe: "Así también aun en este tiempo ha quedado un remanente *escogido* por gracia". El mismo apóstol escribe en Efesios 1:4, "según nos *escogió* (eligió) en él antes de la fundación del mundo". En Colosenses 3:12 él llama a los creyentes a vestirse "Vestíos, pues, como *escogidos* de Dios, santos y amados, de entrañable misericordia, de benignidad, de humildad, de mansedumbre, de paciencia". En Tito 1:1 se hace referencia a ". . . la fe de los *escogidos* de Dios". El apóstol Pedro escribe en 1 Pedro 2:9, "Mas vosotros sois linaje *escogido* (elegido), real sacerdocio, nación santa". Y en 2 Pedro 1:10 exhorta a los cristianos: "Por lo cual, hermanos, tanto más procurad hacer firme vuestra vocación y *elección*".

Entre las características sobresalientes de la elección figuran las siguientes:

1. Decretiva

La elección es un decreto, una decisión o selección de Dios. Dios elige, y Dios elige a quien Él quiere elegir. La elección es parte del consejo y la voluntad de Dios. En Romanos 8:29 leemos: "A los que antes [Dios] *conoció*, también los predestinó". En Efesios 1:4 leemos: "Según nos *escogió* [Dios] en él". Efesios 1:11 dice: "En el asimismo tuvimos herencia, habiendo sido predestinados *conforme al propósito del que hace [Dios] todas las cosas según el designio de su voluntad [de Dios]*".

2. Personal

La elección es la decisión de Dios de ciertos *individuos definidos*. La elección no es un decreto vago e indefinido de Dios que simplemente determina que habrá salvación, ni es una decisión de Dios de salvar simplemente a una masa de seres humanos. Por el contrario, la elección es la determinación de Dios para salvar a personas particulares. Efesios 1:4 enseña esto: "Según *nos escogió* en él". En Juan 15:16 Jesús dice: "No me elegisteis vosotros a mí, sino que yo os elegí a *vosotros*", En Romanos 9:11-13 el apóstol Pablo enseña que Jacob, un individuo definido, fue elegido por Dios, mientras que Esaú, un individuo definido, no fue elegido por Dios.

3. Eterna

La elección es la decisión *eterna* de Dios de ciertas personas. La elección no tiene lugar en el tiempo y la historia como la respuesta de Dios a las acciones de los hombres, sino que la elección es la elección eterna. Nuevamente citamos a Pablo en

Efesios 1:4: "Según nos escogió en él *antes de la fundación del mundo*". El apóstol Juan habla en Apocalipsis 17:8 de aquellos "cuyos nombres no están escritos desde la fundación del mundo en el libro de la vida".

4. Para salvación

El propósito de la elección es la salvación de aquellas personas a quienes Dios ha escogido eternamente. No son escogidos simplemente para algunos privilegios terrenales y temporales, sino que son escogidos para la salvación misma. En Romanos 8:30 aquellos que son predestinados son justificados (sus pecados son perdonados y la justicia de Cristo les es imputada) y son glorificados (ir al cielo). Pablo enseña en Efesios 1:5 que somos predestinados "para ser adoptados hijos suyos por medio de Jesucristo". En Apocalipsis 17:8 se dice que los elegidos tienen sus nombres escritos en el libro de la vida, es decir, la vida eterna, la vida con Dios en la perfección de los nuevos cielos y nueva tierra.

5. Misericordiosa

Que una persona sea elegida por Dios no se debe a nada de esa persona, sino que se debe a la gracia gratuita e inmerecida de Dios. La causa de la elección no se encuentra en absoluto en aquellos que son elegidos, sino solo en la voluntad del Dios que elige. Los elegidos no son diferentes ni mejores en sí mismos que los no elegidos. Todos los hombres, como se aclaró en el capítulo anterior, están por naturaleza muertos en sus delitos y pecados. El hecho de que algunos hombres, a diferencia de otros, sean elegidos por Dios para la salvación debe atribuirse únicamente a la gracia de Dios. Pablo escribe en Efesios 2:8: "Porque por *gracia* sois salvos por medio de la fe; y esto no de vosotros, pues es don de Dios". En Romanos 11:5 habla de "un remanente escogido por *gracia*".

6. Incondicional

Si la elección es por gracia, se deduce que también debe ser incondicional. Si la elección se debe *solamente* a la gracia de Dios, no está *condicionada* a nada en el hombre o que el hombre deba hacer. ¡Este es un punto crucial! Hay muchos que profesan aferrarse a la elección bíblica, pero que niegan la verdad de la elección al condicionar la elección. Esta fue la falsa enseñanza sobre la elección propuesta por los arminianos en el Sínodo de Dordt. Los arminianos profesaban creer en la elección, pero la elección que ellos enseñaban era una elección condicional. Según esta visión, Dios en la eternidad miró hacia el futuro y vio quién creería en Él y quién lo elegiría. A estos, a su vez, Dios los escogió y eligió como Su pueblo. La elección se convirtió en la elección de Dios de aquellos que habían elegido a Él. Sin embargo, esta concepción de la elección no puede resistir la prueba de las Escrituras. Hablando de la elección de Jacob por parte de Dios y el rechazo de Esaú, Pablo escribe en Romanos 9:11: "Pues no habían aún nacido, ni habían hecho aún ni bien ni mal, para que el propósito de Dios conforme a la elección permaneciese, *no por las obras* sino por el que llama". El Señor Jesús enseña la elección incondicional en el lenguaje más claro en Juan 15:16: "No me elegisteis vosotros a mí, sino que yo os elegí a vosotros". Jesús no quiere enseñar aquí que nosotros no lo elegimos a Él. Elegimos a Jesucristo. Deseamos la salvación. Nosotros le seguimos voluntariamente como Sus discípulos. Pero la preocupación de Jesús aquí es quién eligió primero y cuya elección es decisiva. Su enseñanza en Juan 15:16 es que nosotros lo elegimos a Él solo por y como resultado de Su elección de nosotros. Nuestra elección de Él no es la razón de Su elección de nosotros; más bien, Su elección de nosotros es la explicación de nuestra elección de Él. Su elección de nosotros no depende de nuestra elección de Él; nuestra elección de Él depende de Su elección de nosotros.

La Biblia también enseña la elección incondicional cuando establece la verdad de que nuestras buenas obras, fe y arrepentimiento no son la causa o razón por la cual Dios nos ha elegido, sino que son el fruto, el resultado y la evidencia de nuestra elección. Muchos pasajes de las Escrituras establecen esta relación entre la elección de Dios y nuestras obras. En Juan 15:16 Jesús dice que Él nos ha escogido no porque hayamos dado fruto, *sino para* que vayamos y llevemos fruto. Pablo escribe en Efesios 1:4 que Dios nos escogió, no por nuestra santidad, sino *"para* que fuésemos santos y sin mancha". Él escribe en Efesios 2:10: "Porque somos hechura suya, creados en Cristo Jesús *para* [no "a causa de"] buenas obras, las cuales Dios preparó de antemano *para* que anduviésemos en ellas". No solo se enseña que somos escogidos para buenas obras, sino que se añade la afirmación de que estas mismas obras han sido preparadas para nosotros por Dios.

7. En Jesucristo

Aunque no hay base para la elección de Dios en aquellos que son elegidos, hay una base para su elección. Esa base se encuentra solamente en Jesucristo y en Su sufrimiento y muerte como el Hijo de Dios. No *nuestro* valor, sino el valor de Cristo es la base para la elección de Dios de nosotros. No nuestras obras, sino la obra de Cristo es la base. Debe haber una base para la elección de Dios de aquellos que son en sí mismos pecadores totalmente depravados y culpables. Esa base para su elección, como para toda su salvación, está en Jesucristo. En Efesios 1:4 leemos: "Según nos escogió [Dios] *en él* [Jesucristo]". Y en el versículo 5 del mismo capítulo el escribe: "Habiéndonos predestinado para ser adoptados hijos suyos por medio de Jesucristo".

B. La doctrina de la reprobación

Al igual que la elección, la reprobación es un decreto eterno de Dios. De acuerdo con este decreto, Dios designa a ciertas personas definidas para el destino eterno del rechazo y la condenación en el infierno. Aquellos, así reprobados merecen este castigo al que están destinados a causa de su incredulidad y otros pecados, pues Dios no les debe la salvación ni a ellos ni a nadie.

La reprobación demuestra la soberanía de Dios en la salvación en que Dios hace lo que Él quiere con las criaturas que Él ha hecho. En sí mismos, los reprobados no son peores que los elegidos. Todos los hombres aparecen en la mente de Dios como involucrados en una ruina común. La explicación final de que Dios elige a algunos y reprueba a otros es Su propio y soberano beneplácito. Jesús dice: "Sí, Padre, porque así te agradó" (Mt. 11:26). Más allá de eso no podemos ir, y ante esta verdad revelada los humanos debemos inclinarnos. Teóricamente, Dios pudo haber escogido salvar a todos los hombres (porque Él tiene el poder de hacerlo), o pudo haber escogido no salvar a ninguno (porque Él no estaba obligado de salvar a ninguno). Pero El no hizo ninguna de las dos cosas. En cambio, Él ha escogido salvar a algunos y excluir a otros.

La primera prueba de la reprobación es la palabra griega, inspirada por el Espíritu Santo en el Nuevo Testamento, que se traduce como "elegido" o "escogido" en nuestra versión Reina Valera 1960 de la Biblia. Esa palabra griega significa literalmente *"escoger entre"*, no simplemente "escoger". Esto implica claramente una reprobación. Si los elegidos de Dios son escogidos de entre la raza humana caída, se deduce que hay otros de entre los cuales los elegidos han sido escogidos. Estos otros no han sido escogidos; son los no-elegidos, o reprobados.

La verdad de la reprobación también se deriva necesariamente de la elección. Incluso los enemigos de la doctrina de la predestinación lo han reconocido. Repetidamente han denunciado que la reprobación es solo una deducción lógica que se hace de la verdad de la elección, una deducción lógica, según ellos, que no está necesariamente en armonía con la realidad. Tenemos la intención de mostrar que la reprobación no es *simplemente* una implicación lógica de la elección, sino también la enseñanza expresa de las Escrituras, tal como la fe reformada siempre lo ha mantenido. Ciertamente es verdad que la reprobación sigue lógicamente de la verdad de la elección. Uno no puede sostener consistentemente la elección sin confesar también la reprobación. Tampoco se puede negar la reprobación sin, por ese mismo hecho, negar también la elección. Dado que la elección es la elección de Dios de personas concretas y particulares, se deduce que hay quienes no son así elegidos por Dios. Aquellos que niegan la reprobación, pero hacen algún esfuerzo por mantener la elección, se ven obligados a enseñar una elección según la cual Dios elige a todos los hombres y desea la salvación de todos los hombres. Entonces no hay ninguna elección en particular. La razón, dicen, por la que algunos hombres, a diferencia de otros, son al final realmente salvos se debe a esos mismos hombres, a su libre albedrío y a sus buenas obras. Así se niega la incondicionalidad de la elección. La elección ya no es la elección misericordiosa de Dios. La historia también lo ha demostrado—¡que los hombres abran los ojos!—que la negación de la reprobación es inherentemente un ataque y un rechazo de la elección incondicional.

C. Pruebas bíblicas de la elección

Las referencias a un cuerpo de personas, la iglesia, a quienes Dios salva se encuentran en toda la Biblia.

1. El Antiguo Testamento

El ejemplo más sobresaliente de la elección en el antiguo testamento es la elección de Dios de la nación de Israel. A diferencia de todas las demás naciones, Dios escogió a Israel para ser Su pueblo:

a. Deuteronomio 7:6: *"Porque tú eres pueblo santo para Jehová tu Dios; Jehová tu Dios te ha **escogido** para serle un pueblo especial, más que todos los pueblos que están sobre la tierra".*

b. 1 Reyes 3:8: *"Y tu siervo [Salomón] está en medio de tu pueblo al cual tú **escogiste**; un pueblo grande, que no se puede contar ni numerar por su multitud".*

c. Salmos 105:6: *"Oh vosotros, descendencia de Abraham su*

siervo, hijos de Jacob, sus escogidos".

d. Salmos 132:13: "Porque Jehová ha *elegido* a Sion; La quiso por habitación para sí".

e. Isaías 41:8: "Pero tú, Israel, siervo mío eres; tú, Jacob, a quien yo *escogí*, descendencia de Abraham mi amigo".

f. Isaías 45:4: "Por amor de mi siervo Jacob, y de Israel mi *escogido*, te llamé [rey Ciro] por tu nombre; te puse sobrenombre, aunque no me conociste".

2. El Nuevo Testamento

a. Mateo 22:14: "Porque muchos son llamados, y pocos *escogidos*".

b. Mateo 24:31: "Y enviará sus ángeles con gran voz de trompeta, y juntarán a sus *escogidos*, de los cuatro vientos, desde un extremo del cielo hasta el otro".

c. Marcos 13:20: "Y si el Señor no hubiese acortado aquellos días, nadie sería salvo; mas por causa de los *escogidos* que él escogió, acortó aquellos días".

d. Lucas 18:7: "¿Y acaso Dios no hará justicia a sus *escogidos*, que claman a él día y noche? ¿Se tardará en responderles?"

e. Juan 13:18: "No hablo de todos vosotros; yo sé a quienes he *elegido*; más para que se cumpla la Escritura: El que come pan conmigo, levantó contra mí su calcañar".

f. Juan 15:16: "No me elegisteis vosotros a mí, sino que yo os *elegí* a vosotros, y os he puesto para que vayáis y llevéis fruto, y vuestro fruto permanezca; para que todo lo que pidiereis al Padre en mi nombre, él os lo dé".

g. Juan 17:9: "Yo ruego por ellos; no ruego por el mundo, *sino por los que me diste*; porque tuyos son".

h. Romanos 8:28-30: "Y sabemos que a los que aman a Dios, todas las cosas les ayudan a bien, esto es, *a los que conforme a su propósito son llamados*. Porque a los que antes conoció [amor en Cristo], también los *predestinó* para que fuesen hechos conformes a la imagen de su Hijo, para que él sea el primogénito entre muchos hermanos. Y a los que *predestinó*, a estos también llamó; y a los que llamó, a estos también justificó; y a los que justificó, a estos también glorificó".

i. Romanos 8:33: "¿Quién acusará a los *escogidos* de Dios? Dios es el que justifica".

j. Romanos 9:11-13: "(Pues no habían aún nacido, ni habían hecho aún ni bien ni mal, para que el propósito de Dios conforme a la *elección* permaneciese, no por las obras sino por el que llama), se le dijo: El mayor servirá al menor. Como está escrito: A Jacob amé, más a Esaú aborrecí".

k. Romanos 9:23: "Y para hacer notorias las riquezas de su gloria, las mostró para con los vasos de misericordia *que él preparó de antemano* para gloria".

l. Romanos 11:5: "Así también aun en este tiempo ha quedado un remanente *escogido* por gracia".

m. Romanos 11:7: "¿Qué pues? Lo que buscaba Israel, no lo ha alcanzado; pero los *escogidos* sí lo han alcanzado, y los demás fueron endurecidos".

n. Efesios 1:3-5: "Bendito sea el Dios y Padre de nuestro Señor Jesucristo, que nos bendijo con toda bendición espiritual en los lugares celestiales en Cristo, según nos *escogió* en él antes de la fundación del mundo, para que fuésemos santos y sin mancha delante de él, en amor habiéndonos *predestinado* para ser adoptados hijos suyos por medio de Jesucristo, según el puro afecto de su voluntad".

o. Efesios 1:11: "En él asimismo tuvimos herencia, habiendo sido *predestinados* conforme al propósito del que hace todas las cosas según el designio de su voluntad".

p. Colosenses 3:12: "Vestíos, pues, como *escogidos* de Dios, santos y amados, de entrañable misericordia, de benignidad, de humildad, de mansedumbre, de paciencia".

q. 1 Tesalonicenses 1:4: "Porque conocemos hermanos amados de Dios, vuestra *elección*".

r. 1 Tesalonicenses 5:9: "Porque no nos ha *puesto* Dios para ira, sino para alcanzar salvación por medio de nuestro Señor Jesucristo".

s. 2 Tesalonicenses 2:13: "Pero nosotros debemos dar siempre gracias a Dios respecto a vosotros, hermanos amados por el Señor, de que Dios os haya *escogido* desde el principio para salvación, mediante la santificación por el Espíritu y la fe en la verdad".

t. 2 Timoteo 2:10: "Por tanto, todo lo soporto por amor de los *escogidos*, para que ellos también obtengan la salvación que es en Cristo Jesús con gloria eterna".

u. Tito 1:1: "Pablo, siervo de Dios y apóstol de Jesucristo, conforme a la fe de los *escogidos* de Dios".

v. 1 Pedro 1:2: "*Elegidos* según la presciencia de Dios Padre en santificación del Espíritu, para obedecer y ser rociados con la sangre de Jesucristo".

w. 1 Pedro 2:9: "Mas vosotros sois linaje *escogido*, real sacerdocio, nación santa, pueblo adquirido por Dios, para que anunciéis las virtudes de aquel que os llamó de las tinieblas a su luz admirable".

x. 1 Pedro 5:13: "La iglesia que está en Babilonia, *elegida* juntamente con vosotros, y Marcos mi hijo, os saludan".

y. 2 Pedro 1:10: "Por lo cual, hermanos, tanto más procurad hacer firme vuestra vocación y *elección*; porque haciendo estas cosas, no caeréis jamás".

z. Apocalipsis 17:14: "Pelearán contra el Cordero, y el Cordero los vencerá, porque él es Señor de señores y Rey de reyes; y los que están con él son *llamados y elegidos* y fieles".

3. La elección como definitiva y particular

a. Deuteronomio 7:6, 1 Reyes 3:8, Salmos 105:6, Salmos 132:13, Isaías 41:8, Isaías 43:20, Hechos 13:17 y otros pasajes de las escrituras que hablan de la elección de Dios de Israel, indican que la elección es definitiva. Dios eligió a Israel en distinción de todas las demás naciones para ser Su pueblo.

b. Juan 15:16: "No me elegisteis vosotros a mí, sino que yo os *elegí* a vosotros, y os he puesto para que vayáis y llevéis fruto".

c. Romanos 8:28-30: "Y sabemos que a los que aman a Dios, todas las cosas les ayudan a bien, esto es, *a los que conforme a su propósito son llamados*. Porque a los que antes conoció, también los predestinó para que fuesen hechos conformes a la imagen de su Hijo, para que él sea el primogénito entre muchos hermanos. Y a los que *predestinó*, a estos también llamó; y a los que llamó, a estos también justificó; y a los que justificó, a estos también glorificó".

d. Romanos 9:11-13: "(Pues no habían aún nacido, ni habían hecho aún ni bien ni mal, para que el propósito de Dios conforme a la *elección* permaneciese, no por las obras sino por el que llama), se le dijo: El mayor servirá al menor. Como está escrito: A Jacob amé, más a Esaú aborrecí".

En el pasaje anterior, el apóstol Pablo enseña que Dios ha elegido a la persona específica y definida de Jacob.

e. Efesios 1:4, 5: "según nos escogió en él antes de la fundación del mundo, para que fuésemos santos y sin mancha delante de él, en amor *habiéndonos* predestinado para ser adoptados hijos suyos por medio de Jesucristo, según el puro afecto de su voluntad".

f. Apocalipsis 13:8: "Y la adoraron [la bestia anticristiana] todos los moradores de la tierra cuyos nombres *no estaban escritos* en el libro de la vida del Cordero que fue inmolado desde el principio del mundo".

En estos versículos se nos enseña que hay nombres de personas definidas escritas en el libro de la vida, personas específicas, por lo tanto, que son elegidas por Dios. El siguiente pasaje enseña la misma verdad.

g. Apocalipsis 17:8: "La bestia que has visto, era, y no es; y está para subir del abismo e ir a perdición; y los moradores de la tierra, aquellos cuyos nombres *no están escritos* desde la fundación del mundo en el libro de la vida, se asombrarán viendo la bestia que era y no es, y será".

4. La elección como decreto eterno

   a. Efesios 1:4: "Según nos escogió en él *antes de la fundación del mundo*, para que fuésemos santos y sin mancha delante de él".

   b. 2 Tesalonicenses 2:13: "Pero nosotros debemos dar siempre gracias a Dios respecto a vosotros, hermanos amados del Señor, de que Dios os haya escogido *desde el principio* para salvación, mediante la santificación por el Espíritu y la fe en la verdad".

   c. 2 Timoteo 1:9: "Quien nos salvó y llamó con llamamiento santo, no conforme a nuestras obras, sino según el propósito suyo y la gracia que nos fue dada en Cristo Jesús *antes de los tiempos de los siglos*".

   d. Apocalipsis 17:8: "La bestia que has visto, era, y no es; y está para subir del abismo e ir a perdición; y los moradores de la tierra, aquellos cuyos nombres no están escritos *desde la fundación del mundo* en el libro de la vida, se asombrarán viendo la bestia que era y no es, y será".

5. La elección para salvación

   a. Hechos 13:48: "Los gentiles, oyendo esto, se regocijaban y glorificaban la palabra del Señor, y creyeron todos los que *estaban ordenados* para vida eterna".

b. Romanos 8:29, 30: "Porque a los que antes conoció, también los *predestinó* para que fuesen hechos conformes a la imagen de su Hijo, para que él sea el primogénito entre muchos hermanos. Y a los que *predestinó*, a estos también llamó; y a los que llamó, a estos también justificó; y a los que justificó, a estos también glorificó".

La "cadena de oro de la salvación" descrita en Romanos 8:29 y 30 comienza con la presciencia y la predestinación y termina con la justificación y la glorificación.

c. Efesios 1:5: "En amor habiéndonos predestinado para ser *adoptados hijos suyos* por medio de Jesucristo, según el puro afecto de su voluntad".

d. 2 Tesalonicenses 2:13: "Pero nosotros debemos dar siempre gracias a Dios respecto a vosotros, hermanos amados por el Señor, de que Dios os haya escogido desde el principio *para salvación*, mediante la santificación por el Espíritu y la fe en la verdad".

e. 2 Timoteo 2:10: "Por tanto, todo lo soporto por amor de los escogidos, *para que ellos también obtengan la salvación* que es en Cristo Jesús con gloria eterna".

6. La elección como misericordiosa e incondicional

a. Deuteronomio 7:7: "No por ser vosotros más que todos los pueblos os ha querido Jehová y os ha escogido, pues vosotros erais el más insignificante de todos los pueblos".

b. Juan 1:13: "Los cuales no son engendrados de sangre,

ni de voluntad de carne, ni de voluntad de varón, sino de Dios".

c. Juan 15:16: "No me elegisteis vosotros a mí, sino que yo os elegí a vosotros, y os he puesto para que vayáis y llevéis fruto, y vuestro fruto permanezca; para que todo lo que pidiereis al Padre en mi nombre, él os lo dé".

d. Romanos 9:11: "(Pues no habían aún nacido, ni habían hecho aún ni bien ni mal, para que el propósito de Dios conforme a la *elección* permaneciese, no por las obras sino por el que llama)".

e. Romanos 9:16: "Así que [la salvación] no depende del que quiere, [el "libre" albedrio del hombre], ni del que corre [las obras del hombre], sino de Dios que *tiene misericordia*".

f. Romanos 11:5: "Así también aun en este tiempo ha quedado un remanente escogido *por gracia*".

g. 1 Corintios 1:27-29: "Sino que lo necio del mundo escogió Dios, para avergonzar a los sabios; y lo débil del mundo escogió Dios, para avergonzar a lo fuerte; y lo vil del mundo y lo menospreciado escogió Dios, y lo que no es, para deshacer lo que es, a fin de que nadie se jacte en su presencia".

h. Efesios 2:8: "Porque *por gracia* sois salvos por medio de la fe; y esto no de vosotros, pues es don de Dios".

i. 2 Timoteo 1:9: "Quien nos salvó y llamó con llamamiento santo, no conforme a nuestras obras, sino según el propósito suyo y la *gracia* que nos fue dada en Cristo Jesús antes de los tiempos de los siglos".

7. La elección como causa de arrepentimiento, fe, y buenas obras

Que nuestra elección es misericordiosa e incondicional está indicado por aquellos pasajes de las Escrituras que enseñan que el arrepentimiento, la fe y las buenas obras son el fruto, no la causa, de nuestra elección. No es que el arrepentimiento, la fe y las buenas obras resulten en la elección, sino que la elección es la causa del arrepentimiento, la fe y las buenas obras.

a. Juan 15:16: "No me elegisteis vosotros a mí, sino que yo os elegí a vosotros, y os he puesto *para que vayáis y llevéis fruto*, y vuestro fruto permanezca; para que todo lo que pidiereis al Padre en mi nombre, él os lo dé".

Jesús enseña claramente que Él nos ha elegido y ordenado, no por las buenas obras ("fruto") que hemos producido, sino para que produzcamos buenas obras. Nuestras buenas obras no son la causa de nuestra elección, sino el propósito y el resultado de nuestra elección.

b. Hechos 5:31: "A éste [Cristo], Dios ha exaltado con su diestra por Príncipe y Salvador, *para dar* a Israel arrepentimiento y perdón de pecados".

El arrepentimiento no es una obra que se origina en nosotros, una condición que cumplimos, haciéndonos así dignos de que Dios nos elija. Por el contrario, el arrepentimiento es un don de Cristo para nosotros. Que un hombre se arrepienta se debe a la gracia de Dios que obra el arrepentimiento en él.

    c. Hechos 13:48: "Los gentiles, oyendo esto [la predicación del apóstol Pablo], se regocijaban y glorificaban la palabra del Señor, y creyeron todos los que estaban ordenados para vida eterna".

Este versículo indica que solo los que fueron ordenados (elegidos) para la vida eterna creyeron en la predicación del apóstol de Dios. Enseña que todos en su audiencia que fueron ordenados para la vida eterna creyeron. Y enseña que su fe (creer) fue el fruto de haber sido ordenados para vida eterna.

    d. Efesios 1:4: "Según nos escogió en él antes de la fundación del mundo, para que *fuésemos santos* y sin mancha delante de él".

Hemos sido elegidos para que seamos santos y sin mancha, no porque fuéramos santos y sin mancha. Nuestra santidad (buenas obras) no es la base de nuestra elección, sino que es el propósito por el cual hemos sido elegidos.

    e. Efesios 2:10: "Porque somos hechura suya, creados en Cristo Jesús *para buenas obras*, las cuales Dios preparó de antemano para que anduviésemos en ellas".

Primero, el apóstol Pablo enseña que somos creados en Cristo Jesús (salvados) para buenas obras. Las buenas obras no pueden ser la causa o la base de nuestra salvación, sino la meta o el propósito por el cual somos salvados. Segundo, Pablo enseña que incluso las buenas obras que realizamos como resultado de nuestra salvación, Dios las "preparó de antemano para que anduviésemos en ellas". Si Dios ha ordenado eternamente nuestras buenas obras, y si Dios nos da la fuerza para hacer realmente buenas obras, ¿cómo podemos suponer que nuestras buenas obras son nuestra contribución a la salvación, y mucho menos la causa de la salvación?

> f. Hechos 18:27: "Y queriendo él [Apolos] pasar a Acaya, los hermanos le animaron, y escribieron a los discípulos que le recibiesen; y llegado él allá, fue de gran provecho a los que *por la gracia* habían creído".

Como el pasaje de Efesios 2:8, este texto nos dice que la fe (creer) es un don de Dios. La fe no se origina en el hombre mismo, sino que la fe es obrada en nosotros por Dios. Usando el lenguaje de Hechos 18:27, creemos "por la gracia". Puesto que la fe es en sí misma un don de la gracia de Dios, cualquier cosa que el hombre produce por sí mismo no puede ser la base de la que dependa su elección y salvación.

> g. 2 Timoteo 1:9: "Quien nos salvó y llamó con llamamiento santo, *no conforme a nuestras obras, sino según el propósito suyo y la gracia* que nos fue dada en Cristo Jesús antes de los tiempos de los siglos".

Pablo afirma expresamente que hemos sido salvados y elegidos no por ninguna obra que Dios haya visto en nosotros, sino según su voluntad y gracia.

> h. Filipenses 1:29: "Porque a vosotros os es *concedido* a causa de Cristo, no solo que creáis en él, sino también

que padezcáis por él".

Se nos ha dado a creer. Una vez más, las Escrituras enseñan que la elección y la salvación no pueden estar condicionadas a nuestra fe. La fe no tiene su fuente en nosotros que creemos; es un don de Dios obrado en nosotros.

> i. Filipenses 2:12, 13: "Por tanto, amados míos, como siempre habéis obedecido, no como en mi presencia solamente, sino mucho más ahora en mi ausencia, ocupaos en vuestra salvación con temor y temblor, porque Dios *es el que en vosotros* produce así el querer como el hacer, por su buena voluntad".

A menudo, el versículo 12 de Filipenses 2 es citado por aquellos que enseñan que el hombre tiene la capacidad de ganar su salvación. Se pone énfasis en la exhortación "Ocupaos en vuestra salvación". Pero que esto no puede ser posible por el significado de las palabras queda claro en las palabras que siguen inmediatamente: "Porque Dios es el que en vosotros produce así el querer como el hacer, por su buena voluntad". Tanto nuestro hacer la buena voluntad de Dios, como nuestro deseo de hacer la voluntad de Dios, son los frutos de la obra de Dios en nosotros.

8. La elección en Jesucristo

> a. Efesios 1:4: "Según nos escogió *en él* antes de la fundación del mundo, para que fuésemos santos y sin mancha delante de él".
>
> b. Efesios 1:5: "En amor habiéndonos predestinado para

ser adoptados hijos suyos *por medio de Jesucristo*, según el puro afecto de su voluntad".

    c. 2 Timoteo 1:9: "Quien nos salvó y llamó con llama-
miento santo, no conforme a nuestras obras, sino según el propósito suyo y la gracia que nos fue dada *en
Cristo Jesús* antes de los tiempos de los siglos".

    d. Hebreos 5:9: "Y habiendo sido perfeccionado, *él*
[Cristo] vino a ser autor de eterna salvación para todos los que le obedecen".

D. Pruebas bíblicas de la reprobación

    1. Proverbios 16:4: "Todas las cosas ha hecho Jehová para
sí mismo, y aun al impío para el día malo".

Dios ha hecho al impío para el día malo. Son malvados,
deliberadamente malvados. Y por siempre llevan la culpa de
su maldad. Sin embargo, su maldad no les quita el hecho de
que han sido hechos por Dios para el día malo.

    2. Juan 10:26: "Pero vosotros no creéis, porque no sois de
mis ovejas, como os he dicho".

A menudo estas palabras de Jesús a los judíos incrédulos
son torcidas de una manera en la que se supone que Jesús ha
dicho que los judíos incrédulos no son de Sus ovejas (el número de los elegidos), porque ellos no creen en Él. Eso es exactamente lo que Jesús no dice en este versículo. Por el contrario,
no creen en Él porque no son de Sus ovejas. Primero, no son de las
ovejas de Jesús. Porque no lo son, ni creen en Él. Está implícito
que aquellos que creen en Jesús creen en Él porque son de Sus

ovejas. Que ellos crean en Jesús es en sí mismo la evidencia de que ellos pertenecen al número de las ovejas de Jesús. Debido a que son de las ovejas de Jesús, ellos también creen en Él.

3. Romanos 9:11-13: "(Pues no habían aún nacido, ni habían hecho aún ni bien ni mal, para que el propósito de Dios conforme a la *elección* permaneciese, no por las obras sino por el que llama), se le dijo: El mayor servirá al menor. Como está escrito: A Jacob amé, más a Esaú aborrecí".

4. Romanos 9:21-23: "¿O no tiene potestad el alfarero sobre el barro, para hacer de la misma masa un vaso para honra *y otro para deshonra?* ¿Y qué, si Dios, queriendo mostrar su ira y hacer notorio su poder, soportó con mucha paciencia los vasos de ira *preparados para destrucción*, y para hacer notorias las riquezas de su gloria, las mostró para con los vasos de misericordia que él preparó de antemano para gloria".

5. 1 Tesalonicenses 5:9: "Porque no nos ha puesto Dios *para ira,* sino para alcanzar salvación por medio de nuestro Señor Jesucristo".

Que Dios no nos haya designado a "nosotros" para la ira, definitivamente implica que hay otros que *han* sido designados por Dios para la ira; en otras palabras, son reprobados.

6. 1 Pedro 2:8: "Y: Piedra de tropiezo, y roca que hace caer, porque tropiezan en la palabra, siendo desobedientes; *a lo cual fueron también destinados*".

7. Judas 4: "Porque algunos hombres han entrado encubiertamente, *los que desde antes habían sido destinados para esta condenación*, hombres impíos, que convierten en libertinaje la gracia de nuestro Dios, y niegan a Dios el único soberano, y a nuestro Señor Jesucristo".

8. Apocalipsis 13:8: "Y la adoraron [la bestia anticristiana] todos los moradores de la tierra cuyos nombres *no estaban escritos* en el libro de la vida del Cordero que fue inmolado desde el principio del mundo".

9. Mateo 11:25, 26: "En aquel tiempo, respondiendo Jesús, dijo: Te alabo, Padre, Señor del cielo y de la tierra, porque escondiste estas cosas [del reino] de los sabios y de los entendidos, y las revelaste a los niños. Sí, Padre, porque así te agradó".

El Señor Jesús alaba —piensa en eso: ¡alaba! — a Su Padre celestial porque ha ocultado activamente las cosas del reino de los cielos a ciertos hombres. Jesús indica que en armonía con la reprobación eterna del Padre de algunos hombres en el tiempo y en la historia, Él oculta, endurece, retiene y ciega a ciertos hombres, impidiendo así su salvación.

E. Pasajes difíciles

1. Ciertos pasajes de la Escritura hablan de la "presciencia" de Dios. Ejemplos son Romanos 8:29, "Porque a los que antes conoció, también los predestinó para que fuesen hechos conformes a la imagen de su Hijo, para que él sea el primogénito entre muchos hermanos", y 1 Pedro

1:2, "Elegidos según la presciencia de Dios Padre en santificación del Espíritu, para obedecer y ser rociados con la sangre de Jesucristo: Gracia y paz os sean multiplicadas".

Los pasajes de las escrituras que se usan con mayor frecuencia contra la doctrina soberana de la elección incondicional son aquellos que hablan de la presciencia de Dios e indican que la presciencia precede a la elección. El argumento, entonces, es que la elección no es incondicional (sin tener en cuenta lo que somos o seríamos), sino que está condicionada al conocimiento previo de Dios de lo que seremos y lo que haremos. En otras palabras, Dios escogió a ciertas personas porque Él ya había previsto que se arrepentirían y creerían. Su fe prevista es supuestamente la condición en la que Dios los eligió.

Aparte del hecho de que esto es una negación de la soberanía de Dios, en la medida en que hace que la elección de Dios dependa de la elección del hombre, no refleja en absoluto la idea bíblica de la presciencia. Por un lado, la presciencia en las escrituras no es solo una especie de profecía del futuro, sino que es causativa. En otras palabras, la presciencia, al igual que la elección, no solo predice nuestra creencia, sino que la lleva a cabo (Hch. 2:23). Por otra parte, la presciencia en las escrituras es siempre la presciencia de una *persona*, no simplemente de una cosa o un evento. Las personas son conocidas de antemano por Dios. Las escrituras dejan en claro que la presciencia de Dios es Su amor por los elegidos antes de tiempo. En la Biblia, "conocer" es "amar". No se trata solo de ser consciente intelectualmente, sino de poner el afecto de uno en el que es conocido. Por esta razón, el Antiguo Testamento se refiere habitualmente a la relación sexual, la expresión más elevada del amor entre marido y mujer, como su "conocimiento" el uno del otro. Génesis 4:1 es ilustrativo: "*Conoció* Adán a su mujer Eva, la cual concibió y dio a luz a Caín". Hay escrituras que indican la idea de la presciencia como el amor eterno de Dios por Su pueblo. Dos ejemplos son Amós 3:2; "A vosotros solamente he *conocido* de todas las familias de la tierra; por tanto, os castigaré por todas vuestras maldades". y Gálatas 4:9. "Más ahora, *conociendo* a Dios, o más bien, siendo conocidos por Dios, ¿cómo es que os volvéis de nuevo a los débiles y pobres rudimentos, a los cuales os queréis volver a esclavizar?"

La presciencia, en efecto, precede a la elección. De hecho, la presciencia es la razón más profunda para la elección. Pero la presciencia en las escrituras no es el conocimiento de Dios de *nuestra* fe prevista o buenas obras, sino que es ¡el amor eterno de Dios por Su pueblo en Cristo! El hecho de que la presciencia precede a la elección solo significa que la elección de Dios de nosotros surge de Su amor por nosotros. Debido a que en la eternidad Él puso Su amor sobre nosotros, Él nos escogió para ser Su pueblo elegido en Cristo.

2. Deuteronomio 7:6, 7: "Porque tú eres pueblo santo para Jehová tu Dios; Jehová tu Dios te ha escogido para serle un pueblo especial, más que todos los pueblos que están sobre la tierra. No por ser vosotros más que todos los pueblos os ha querido Jehová y os ha escogido, pues vosotros erais el más insignificante de todos los pueblos".

3. Deuteronomio 14:2: "Porque eres pueblo santo a Jehová tu Dios, y Jehová te ha escogido para que le seas un pueblo único de entre todos los pueblos que están sobre la

tierra".

Tales pasajes del antiguo testamento que hablan de la elección de Israel son a veces utilizados para negar que la elección (y la reprobación) son personales y, por lo tanto, también soberanas e incondicionales. Algunos enseñan por estos versículos que Dios escogió solo una nación en el antiguo testamento y que Él escogió esa nación solo para recibir ciertos privilegios. Del mismo modo, se enseña que en lo que respecta a las personas del nuevo testamento, Dios tampoco escogió a personas, sino solo a un número indefinido. Entendamos que, si Dios ha escogido a ciertas personas y las ha elegido para la salvación, como las escrituras enseñan tan claramente, entonces la elección es efectiva e incondicional. Pero si Él ha escogido solo a un número indefinido de personas, o una nación, la elección no es eficaz ni incondicional, pues entonces los salvos no son salvos por la elección, sino por sus propias obras o fe.

Especialmente significativo en este sentido es Romanos 9:10-13 que cita la Escritura del antiguo testamento que obviamente habla de elección y reprobación personal. Este pasaje, junto con aquellos que hablan de "nombres" escritos en el libro de la vida (Lc. 10:20, Fil. 4:3, Ap. 13:8 y Ap. 17:8), muestra de manera concluyente que la elección es personal, y por tanto, también eficaz, soberana e incondicional.

F. Objeciones a la predestinación

1. "La predestinación es una negación del amor de Dios"

A menudo se objeta contra la enseñanza de la predestinación que esta niega a un Dios amoroso. Dios es ciertamente un

Dios de amor. En 1 Juan 4:8 leemos: "El que no ama, no ha conocido a Dios; porque Dios es amor".

Lo que se olvida, sin embargo, es que Dios, ante todo, se ama a sí mismo. Él es un Dios celoso, celoso de Su propio nombre, Su propia justicia y Su propia santidad. Exactamente en el amor que Él se tiene por Sí mismo, Dios juzga, castiga y condena a todos aquellos que no están en armonía con Su propia santidad. Esto demuestra que Dios no ama a todos. Tampoco es cierto, como a menudo se alega, que el Dios del arminianismo sea un Dios mucho más amoroso que el Dios del calvinismo. ¿Qué clase de amor es ese cuando, a pesar del amor de Dios, algunos hombres no son salvos, sino que están perdidos eternamente en los sufrimientos del infierno? ¿Qué pensaríamos de un esposo que supuestamente amaba a su esposa, pero no le hacía el bien, a pesar de que era capaz de hacerlo? ¿Qué pensaríamos de los padres que supuestamente amaban a sus hijos, pero abusaban de ellos y los lastimaban, a pesar de que estaba en su poder de hacer el bien a sus hijos? ¡Extraño amor, en verdad! Esa no es la naturaleza del amor de Dios. Él hace el bien a todos los que Él que ama, temporalmente y eternamente.

La reprobación sirve al propósito de mostrar la justicia de Dios, así como la elección muestra Su misericordia. De hecho, la misericordia de Dios en la elección se magnifica contra el fondo oscuro de Su justicia en la reprobación. Esto es exactamente lo que Pablo enseña en Romanos 9:22, 23: "¿Y qué, si Dios, queriendo mostrar su ira y hacer notorio su poder, soportó con mucha paciencia los vasos de ira preparados para destrucción, y para hacer notorias las riquezas de su gloria, las mostró para con los vasos de misericordia que él preparó de antemano para gloria?"

2. "La predestinación es una negación de la justicia de Dios"

Otra objeción conocida contra la doctrina de la predestinación es que no es justo ni recto de Dios discriminar entre los hombres, eligiendo y salvando a algunos mientras rechaza y condena a otros.

El apóstol Pablo enfrenta esta objeción contra la predestinación en Romanos 9:14, "¿Qué, pues, diremos? ¿Que hay injusticia en Dios?" El mismo hecho de que los hombres levantan esta objeción contra nosotros indica que estamos manteniendo la misma doctrina defendida por Pablo.

¿Cuál es nuestra respuesta a esta objeción? La misma que la de Pablo: "¡En ninguna manera!" Esta objeción podría tener validez si todos los hombres por igual merecieran la salvación y Dios escogiera y salvara solo a algunos hombres. Entonces podría haber lugar para la acusación de que hay injusticia en Dios. Pero el caso es bastante diferente. La realidad es que todos los hombres son indignos de la salvación de Dios. Todos los hombres por igual están caídos en Adán, y todos los hombres son concebidos y nacen muertos en pecado. No hay ninguna injusticia por parte de Dios que de toda la masa de la humanidad caída Él considere apropiado elegir y salvar a algunos. Él no está obligado a salvar a nadie. Que Él determine salvar a algunos es simplemente una cuestión de Su misericordia soberana: "Tendré misericordia del que yo tenga misericordia, y me compadeceré del que yo me compadezca" (Rom. 9:15).

Una ilustración puede ayudar en este punto. Supongamos que hay diez criminales en un determinado reino, esperando la ejecución por sus crímenes. Pero por una razón u otra, el rey de este reino escoge perdonar a uno de los criminales y lo pone en libertad. ¿Tienen los otros nueve algún derecho a reclamar que se les ha hecho una injusticia? ¿Alguien se atrevería a decirle al rey que es injusto que los nueve permanezcan en la cárcel y sean obligados a pagar por sus crímenes? ¡Por supuesto que no! Ellos merecen cargar las consecuencias de sus pecados. El hecho de que el rey escoja mostrar misericordia a uno de los criminales de ninguna manera lo obliga a mostrar misericordia a los otros nueve. Así mismo, la misericordia de Dios al elegir y salvar a algunos seres es totalmente justa.

3. "La predestinación es una negación de la responsabilidad del hombre"

Otra objeción con frecuencia escuchada contra la doctrina Reformada de la predestinación es que niega la responsabilidad del hombre y conduce al determinismo y fatalismo. Si Dios ha determinado que, si un hombre es salvo o no y ha decidido el destino eterno de cada hombre, bien podríamos vivir como queramos. Si hemos sido elegidos para la salvación, seremos salvos de todos modos. Si hemos sido reprobados, no hay nada que podamos hacer para cambiar la voluntad de Dios. Tampoco podemos ser realmente responsables de nuestros pecados.

Esta objeción, también, es enfrentada por Pablo. En Romanos 9:19 el escribe: "Pero me dirás: ¿Por qué, pues, [Dios] inculpa? Porque ¿Quién ha resistido a su voluntad?" El hecho mismo de que la gente plantee esta misma objeción contra nosotros, nos pone en buena compañía. No debería sorprendernos que, dado que el apóstol enfrentó esta objeción con respecto a su enseñanza de la predestinación, nosotros también debemos enfrentarnos con ella.

¿Qué respuesta debemos dar a esta objeción? La misma respuesta básica que dio Pablo: "Mas antes, oh hombre, ¿quién eres tú, para que alterques con Dios?" Pablo niega el derecho del hombre insignificante a hacer esta objeción. También él pregunta "¿Dirá el vaso de barro al que lo formó: Por qué me has hecho así? ¿O no tiene potestad el alfarero sobre el barro, para hacer de la misma masa un vaso para honra y otro para deshonra?" (Rom. 9:20, 21).

Dos cosas permanecen verdaderas: la predestinación soberana de Dios y la plena responsabilidad del hombre. Pablo no renuncia a la doctrina de la predestinación; tampoco acepta la objeción de que esta enseñanza niega la responsabilidad del hombre ante Dios. De un modo que trasciende nuestra capacidad de explicar o comprender plenamente, estas dos cosas siguen siendo ciertas: Dios es soberano, soberano en la determinación del destino eterno de cada hombre, y el hombre sigue siendo una criatura responsable, moral y racional.

Aunque las escrituras son claras acerca de que Dios ha predestinado todas las cosas eternamente, son igualmente claras en mantener la plena responsabilidad del pecador. Varios ejemplos lo ponen de manifiesto. Según Isaías 37:21-38, Senaquerib, el rey de Asiria, amenazó con invadir y destruir a Judá. El éxito de Asiria en haber conquistado otras naciones antes de esto fue el resultado de la predestinación de Dios: "¿No has oído decir que desde tiempos antiguos yo lo hice, que desde los días de la antigüedad lo tengo ideado? Y ahora lo he hecho venir, y tú [Senaquerib] serás para reducir las ciudades fortificadas a montones de escombros" (Is. 37:26). ¿Pero el hecho de la predestinación de Dios excusa el comportamiento de

Senaquerib? ¡En absoluto! Dios estaba enojado con Senaquerib por su maldad y lo castigó por ella, a pesar de que Él lo había predestinado: "He conocido tu condición, tu salida y tu entrada, y tu furor contra mí. Porque contra mí te airaste, y tu arrogancia ha subido a mis oídos; pondré, pues, mi garfio en tu nariz, y mi freno en tus labios, y te haré volver por el camino por donde viniste". (Is. 37:28, 29).

El ejemplo sobresaliente de la predestinación soberana de Dios y la responsabilidad del hombre es la crucifixión de Cristo. En su sermón en Pentecostés, Pedro declaró: "A éste [Cristo], entregado por el determinado consejo y anticipado conocimiento de Dios, prendisteis y matasteis por manos de inicuos, crucificándole" (Hch. 2:23). La crucifixión de Cristo tuvo lugar según el "determinado consejo y anticipado conocimiento de Dios". Pero eso no excusó ni minimizó la culpabilidad de las "manos malvadas" que tomaron a Cristo y lo clavaron en la cruz.

4. "La predestinación es una negación de las misiones"

Un argumento que a menudo se presenta en contra de la enseñanza de la predestinación es que ésta excluye las misiones. El argumento es que como Dios ha elegido a algunos hombres, ellos serán salvos, y puesto que Él ha reprobado a otros, ellos no serán salvos. ¿Qué sentido tiene, entonces, las misiones? Lo que este argumento pasa por alto es que no solo Dios ha escogido quiénes serán salvos, sino también cómo ellos serán salvos. El medio que Dios ha escogido para llevar a los elegidos a la salvación es la predicación del evangelio. Por esta predicación, los pecadores elegidos son llevados a la salvación, y la iglesia de Jesucristo es reunida de las naciones del mundo. La elección no es un impedimento para las misiones; es la razón y el propósito de las misiones. Al mismo tiempo, la verdad de la elección asegura a la iglesia el fruto en su obra misionera. Dios usará la predicación del evangelio de la iglesia para que los elegidos se salven y se reúnan. Nuestra seguridad es la misma que la expresada por el apóstol Pablo en Hechos 13:47: "Porque así nos ha mandado el Señor, diciendo: Te he puesto para luz de los gentiles, A fin de que seas para salvación hasta lo último de la tierra". El siguiente versículo nos informa: "Los gentiles, oyendo esto, se regocijaban y glorificaban la palabra del Señor, y creyeron todos los que estaban ordenados para vida eterna". (Hch. 13:48).

G. Negaciones de la predestinación

Los cristianos Reformados deben ser conscientes de, y estar en guardia contra, varias negaciones de la predestinación.

1. Fatalismo

La enseñanza de la elección incondicional no debe confundirse con el fatalismo pagano, que enseña que todas las cosas están sujetas a un destino ciego y al determinismo inevitable. Según el fatalista, todo lo que será, será, y la respuesta humana apropiada es la sumisión pasiva a lo que está más allá del control humano.

La fe Reformada rechaza el fatalismo. En lugar de que la respuesta del creyente a la designación soberana de Dios de todas las cosas sea la simple sumisión a lo inevitable, es la gratitud y la gloria a Dios quien obra todas las cosas según el consejo de Su propia voluntad para el beneficio final del creyente.

La doctrina de la predestinación soberana difiere del fatalismo, porque enseña el uso de los medios que Dios ha ordenado para llevar a cabo Su consejo eterno, mientras que el fatalismo promueve la resistencia pasiva de lo que es inevitable e ineludible. La fe Reformada le indica al creyente su llamado a hacer uso de los medios que Dios ha creado y provisto misericordiosamente para Su pueblo, mientras descansa en Dios por el beneficio de usar estos medios.

El padre reformado no toma un enfoque fatalista hacia un hijo descarriado, adoptando el punto de vista de que si es la voluntad de Dios que su hijo sea restaurado, Dios se encargará de eso, y si no es la voluntad de Dios, no hay nada que él pueda hacer para lograr la restauración de su hijo. Por el contrario, ora fervientemente en nombre de su hijo y le presenta a su hijo las advertencias de las escrituras, valiéndose de los medios que Dios ha provisto para la recuperación de aquellos que se extravían.

2. Libre albedrío

Aquellos que enseñan que el hombre natural —el hombre que está fuera y aparte de la gracia de Dios— es capaz de elegir a Jesucristo y la salvación, se ven obligados a negar la predestinación. Históricamente, esto era cierto para los pelagianos y los arminianos. De acuerdo con aquellos que sostienen el libre albedrío, la elección decisiva para la salvación no es la elección de Dios, sino la elección del hombre. Todos los hombres tienen la capacidad de elegir, ellos enseñaron. La elección incondicional del calvinismo se opone a la enseñanza de la "fe prevista" por la cual los arminianos dicen que el acto de fe del pecador determina la elección de Dios, en lugar de que la elección de Dios determine la fe del hombre. La elección se convierte entonces en una elección condicional. Dios, en la eternidad simplemente mira por los pasillos de la historia, ve quién lo escogerá a Él y quién no, elige a los que sí lo harán y rechaza al resto. La predestinación se reduce a la simple presciencia. Dios escoge a aquellos que lo eligen a Él.

La locura de esta enseñanza debería ser evidente. Si la salvación dependiera de la elección del hombre, *ningún* hombre sería salvo: "Como está escrito: No hay justo, ni aun uno; No hay quien entienda, No hay quien busque a Dios. Todos se desviaron, a una se hicieron inútiles; No hay quien haga lo bueno, no hay ni siquiera uno" (Rom. 3:10-12). La enseñanza del libre albedrío no solo niega la depravación total del hombre caído, sino que también es un ataque a la predestinación soberana de Dios. En el lenguaje más claro posible, Jesús declara en Juan 15:16: "No me elegisteis vosotros a mí, sino que yo os elegí a vosotros".

3. Gracia común

Otro grave ataque a la verdad de la predestinación es la enseñanza de la gracia común. En gran medida, el creciente silencio sobre la predestinación y la negación de ella en los círculos Reformados y Presbiterianos de hoy se debe a la aceptación de la enseñanza de la gracia común. Una confesión consistente de la predestinación no se puede hacer si uno también se aferra a la gracia común. Es imperativo que la gracia común sea repudiada si ha de haber un retorno a la enseñanza de la predestinación en estas iglesias.

La enseñanza de la gracia común es que Dios ama a todos

los hombres con un cierto amor no-salvador. Dios demuestra este amor por todos los hombres dándoles todas las cosas buenas de esta vida presente. El resultado es que, aunque el amor salvador de Dios es discriminatorio (solo para algunos), hay un amor de Dios que abraza a todos los hombres sin distinción.

Es claramente contradictorio decir que en la eternidad Dios odia y reprueba a algunos hombres, pero en el tiempo y la historia Él ama a todos los hombres. Por lo menos, esto es una negación de la inmutabilidad de Dios. En el peor de los casos, conduce en la dirección de una negación de la predestinación, particularmente la reprobación.

Esta enseñanza de la gracia común no puede sostenerse a la luz de las escrituras. En el Salmo 5:5 leemos: "Los insensatos no estarán delante de tus ojos; aborreces [en el presente] a todos los que hacen iniquidad". En el Salmo 11:5, David declara: "Jehová prueba al justo; Pero al malo y al que ama la violencia, su alma los aborrece [en el presente]". Y en Proverbios 3:33 se nos dice: "La maldición de Jehová está en la casa del impío".

4. La libre oferta del evangelio

La enseñanza conocida como la "libre oferta" o la "oferta bien intencionada" del evangelio es también una negación implícita de la predestinación soberana. Según esta enseñanza, Dios ama y desea sinceramente la salvación de todos los hombres. Cristo ha muerto para hacer posible la salvación de todos los hombres. Y en la predicación del evangelio, la salvación se ofrece libremente a todos los que escuchan el evangelio. Al final, la salvación depende de si un hombre acepta o no la oferta del evangelio.

Ciertamente, si Dios ha escogido eternamente a algunos hombres para la salvación y ha rechazado y reprobado al resto, tampoco puede ser también cierto que Dios desea sinceramente salvar a todos los hombres y ofrece la salvación libremente a todos. Esta oferta no es sincera y lleva a la conclusión de que Dios y Su evangelio son un fracaso, porque ¿quién puede negar que muchos a quienes llega el evangelio lo rechazan, no son salvados por él, y perecen en su pecado e incredulidad? A pesar del llamado amor de Dios por ellos y el ferviente deseo de salvarlos, ellos se pierden. No debería sorprendernos que en aquellas iglesias y denominaciones donde ha habido aceptación de la enseñanza de la libre oferta, haya habido un creciente repudio de la predestinación soberana.

Todos los que vienen bajo la predicación del evangelio son confrontados con su deber ante Dios de arrepentirse de sus pecados y son llamados (ordenados) a la fe en Jesucristo. Decir a todos los hombres que Dios los ama, que desea salvarlos y que les ofrece libremente la salvación es una tergiversación de Dios.

¿Cómo encaja esta concepción de la predicación del evangelio con el encargo de Dios al profeta Isaías? ¿Envía Dios a Isaías para decirles a todos los hombres que Él los ama y quiere salvarlos? Por el contrario: "Y dijo: Anda, y di a este pueblo: Oíd bien, y no entendáis; ved por cierto, mas no comprendáis. Engruesa el corazón de este pueblo, y agrava sus oídos, y ciega sus ojos, para que no vea con sus ojos, ni oiga con sus oídos, ni su corazón entienda, ni se convierta, y haya para él sanidad". (Is. 6:9, 10). O escuche las palabras de Cristo en Mateo 11:25, 26, realmente una oración de agradecimiento a Dios: "En aquel tiempo, respondiendo Jesús, dijo: Te alabo, Padre,

Señor del cielo y de la tierra, porque escondiste estas cosas [del reino] de los sabios y de los entendidos, y las revelaste a los niños. Sí, Padre, porque así te agradó". Las palabras de Pablo en 2 Corintios 2:14-16 son: "Mas a Dios gracias, el cual nos lleva siempre en triunfo en Cristo Jesús, y por medio de nosotros manifiesta en todo lugar el olor de su conocimiento. Porque para Dios somos grato olor de Cristo en los que se salvan, y en los que se pierden; a estos ciertamente olor de muerte para muerte, y a aquellos olor de vida para vida. Y para estas cosas, ¿quién es suficiente?"

H. Importancia práctica de la predestinación

El mantenimiento consistente de la doctrina de la predestinación es de la mayor importancia práctica para la iglesia. No es verdad, como alegan sus enemigos, que esta doctrina sea fría, sin vida y sin valor práctico. La verdadera doctrina y la vida recta, tanto para el cristiano individual como para una iglesia, van de la mano.

1. La predestinación y la antítesis

La confesión fiel de la doctrina de la predestinación es vital para la vida de la antítesis a la que está llamado todo hijo de Dios. La negación de la predestinación, como muestra la historia, conduce inevitablemente a una ruptura de la antítesis.

Por antítesis se entiende la separación entre la iglesia y el mundo, y la vida espiritualmente separada que el cristiano está llamado a vivir contra el mundo. Los creyentes deben estar en el mundo, pero no ser del mundo. Un pasaje contundente de la Escritura que llama a los creyentes a la vida de la antítesis es 2 Corintios 6:14-17: "No os unáis en yugo desigual con los incrédulos; porque ¿qué compañerismo tiene la justicia con la injusticia? ¿Y qué comunión la luz con las tinieblas? ¿Y qué concordia Cristo con Belial? ¿O qué parte el creyente con el incrédulo? ¿Y qué acuerdo hay entre el templo de Dios y los ídolos? Porque vosotros sois el templo del Dios viviente, como Dios dijo: Habitaré y andaré entre ellos, Y seré su Dios, Y ellos serán mi pueblo. Por lo cual, Salid de en medio de ellos, y apartaos, dice el Señor, no toquéis lo inmundo; Y yo os recibiré".

La negación de la predestinación siempre resulta en un abandono de la vida de la antítesis. Esto no es difícil de entender. Si Dios ama a todos los hombres sin distinción, entonces hay un terreno común sobre el cual el creyente y el incrédulo pueden pararse. Hay espacio para hacer una causa común. Como algunos han tratado de explicarlo, Jerusalén y Atenas pueden casarse. El resultado es que la iglesia se hace una con el mundo.

La implicación práctica de la doctrina de la predestinación, sin embargo, prohíbe a la iglesia hacer causa común con el mundo. En palabras del profeta al rey Josafat, quien había hecho una alianza pecaminosa con el malvado Acab: "¿Al impío das ayuda, y amas a los que aborrecen a Jehová?" (2 Cro. 19:2)

2. La predestinación y la predicación del evangelio

La verdad de la elección proporciona a la iglesia la motivación para predicar el evangelio en todo el mundo a toda criatura. Los enemigos de la elección acusan que la predestinación niega la necesidad e importancia de la predicación del evangelio. Si los elegidos han sido eternamente predestinados por

Dios para la salvación, se alega, no hay necesidad de que escuchen el evangelio. Ellos serán salvados de todos modos. ¡A veces incluso se dice que aquellos que sostienen la doctrina de la predestinación deben predicar solo a los elegidos! Esto puede resultar en una tergiversación difamatoria; incluso en su forma más leve, este error es un grave malentendido de la verdad de la elección. La elección de ninguna manera excluye el medio por el cual Dios ha ordenado que los elegidos sean llevados a la salvación, a saber, la predicación del evangelio. El mismo Dios que ha ordenado a los elegidos para la salvación también ha ordenado los medios por los cuales serán llevados a la salvación y a la seguridad de su elección. La advertencia de los Cánones de Dordt, III/IV, Artículo 17, va al grano: "Lejos esté de los instructores o instruidos presumir de tentar a Dios en la iglesia separando lo que él, por su buena voluntad, ha unido más íntimamente".

Dios ha dispersado a los elegidos en toda nación, lengua y tribu debajo del cielo. El medio que Él ha ordenado para su fe y salvación es la predicación del evangelio. Por lo tanto, la iglesia tiene el mandato divino de ir por todo el mundo y predicar el evangelio.

Tampoco debe suponerse que la predicación del evangelio no tiene ningún propósito con los réprobos que están bajo la predicación. Por el contrario, se les confronta directamente con su deber y se les advierte contra su incredulidad. Su rechazo del evangelio sirve para agravar su culpabilidad y los deja sin excusa ante Dios.

Al mismo tiempo, la verdad de la elección da a la iglesia confianza para predicar el evangelio, ya sea en la congregación establecida a los hijos e hijas nacidos en la iglesia, o a los no salvos en las misiones. Los elegidos *escucharán* esa predicación. Por esa predicación *serán* llevados al arrepentimiento y a la fe. El pueblo de Dios será salvado. La iglesia tiene esa seguridad mientras predica.

3. La predestinación y la humildad

La verdad de la elección también da razón para una profunda humildad por parte de los creyentes. ¿Hay algo tan necesario en la iglesia de hoy como la humildad? El creyente se humilla por la verdad de que su salvación no se debe a nada de lo que es ni a nada de lo que ha hecho, sino que se debe solamente a la gracia predestinante de Dios. El creyente se humilla al darse cuenta de que no era mejor que aquellos a quienes Dios no eligió, que de hecho él mismo estaba involucrado en una ruina común. La salvación no tiene su causa en nosotros, sino solo en la voluntad y el beneplácito de Dios. "¿Dónde, pues, está la jactancia? Queda excluida" (Rom. 3:27). Si la elección de Dios de nosotros dependiera de nuestra elección de Él, si nuestro supuesto "libre albedrío", en lugar de la voluntad de Dios, fuera decisivo para la salvación, tendríamos razón para jactarnos en nosotros mismos. La verdad de la elección soberana y misericordiosa elimina esta posibilidad. Es una verdad que solo puede conducir a la humildad en la vida de quien la confiesa sinceramente.

4. La predestinación y la seguridad

La verdad de la predestinación es del mayor valor práctico en relación con la seguridad del creyente. A menudo se hace la pregunta: "¿Cómo puedo saber que soy un hijo elegido de Dios?" A veces en su vida, el creyente puede luchar con dudas acerca de su salvación. El camino a la seguridad de la elección y la salvación obviamente no es volar al cielo para mirar en el libro de la vida de Dios para ver si el nombre de uno está escrito allí. Tampoco es la manera de asegurarlo con alguna revelación especial o una experiencia sorprendente de Dios. Sino que la manera es la observación de los frutos de la elección en la propia vida de uno. ¿Crees en el Hijo de Dios, Jesucristo? ¿Estas arrepentido de tus pecados? ¿Te deleitas en la Palabra y la adoración a Dios? ¿Te esfuerzas por guardar los mandamientos de Dios? Todo esto, y muchos más, son los frutos de la elección. Que uno observe estos frutos en su vida—solo puede significar—que eres un hijo elegido de Dios. ¡Cree eso! ¡Ten la seguridad de ello! ¡Vive en ese gozo y seguridad con gratitud a Dios!

5. La predestinación y la gloria de Dios

La verdad de la predestinación no solo elimina toda causa para gloriarse en sí mismo; también atribuye la gloria de la salvación a Dios. Dios nos ha escogido para salvación. Dios nos ha librado de la miseria común en la que nos habíamos involucrado. Dios ha determinado todo lo necesario para nuestra salvación: el envío de Su propio Hijo, la predicación del evangelio, la obra del Espíritu Santo en nosotros. Es todo de Él y nada de nosotros. Para Él y solo para Él debe ser la gloria: "Porque de él, y por él, y para él, son todas las cosas. A él sea la gloria por los siglos". (Rom. 11:36).

I. Relación de la elección incondicional con los otros cuatro puntos

La verdad de la depravación total requiere una elección incondicional. Por naturaleza el hombre está muerto en pecado, no es capaz de salvarse a sí mismo ni de desear ser salvo. Él no está en posición de lograr o cooperar en su salvación. Si el hombre es realmente totalmente depravado —debemos hacer justicia a esta verdad— la causa de la salvación debe estar en Dios, como lo enseña la verdad de la elección.

La verdad de la elección también limita el alcance de la muerte de Cristo. Aquí hay perfecta concordancia entre la voluntad del Padre y la obra del Hijo. Si solo algunos son elegidos para la salvación y Cristo ha muerto solo por aquellos a quienes Dios ha elegido, la muerte de Cristo debe limitarse solo a algunos hombres. Su redención es una redención particular. No ha muerto, ni pretendía morir, por todos los hombres sino solo por algunos, por los elegidos.

Si Dios nos ha escogido para la salvación, de modo que la voluntad todopoderosa de Dios mismo y no la voluntad voluble del hombre, está detrás de nuestra elección, podemos estar seguros de que seremos salvados. Ningún poder del diablo, del mundo malvado, o de nosotros mismos es capaz de resistir el poder del Dios todopoderoso. Por tanto, la verdad de la elección soberana implica la irresistibilidad de la gracia.

La doctrina de la elección también nos da confianza de nuestra perseverancia en la fe y la salvación. Si mi salvación dependiera de mi voluntad, mi elección, mi decisión, entonces nunca podría tener la seguridad de la perseverancia. Siempre estaría en duda si la misma voluntad que me llevó a la salvación podría también sacarme de la salvación. Sin embargo, dado que la causa de mi salvación no descansa en mi propia voluntad, sino en la voluntad todopoderosa de un Dios inmutable, puedo estar seguro de que perseveraré hasta el final. Podemos estar seguros de que la buena obra que Él ha comenzado en nosotros la perfeccionará hasta el día de Jesucristo (Fil. 1:6).

CAPÍTULO IV
Expiación limitada

La doctrina de la expiación limitada es el tercero de los cinco puntos del calvinismo y está representada por la letra *L* en la palabra del acróstico en ingles *TULIP*, la palabra que utilizamos para ayudarnos a recordar los cinco puntos y su orden.

Esta doctrina ha recibido otros nombres. A veces se habla de ella como la doctrina de la "expiación particular", la "redención particular" o la "redención definitiva", por razones que veremos más adelante.

Es también, al parecer, el más difícil de los cinco puntos de recibir y creer como la enseñanza de las escrituras, aunque la Biblia ciertamente enseña esta doctrina. Por esta razón, la expiación limitada es a menudo rechazada por aquellos que son calvinistas en sus otras enseñanzas, de modo que hay algunos que afirman ser "calvinistas de cuatro-puntos", aceptando los otros cuatro puntos y rechazando este. Esto es realmente una imposibilidad, ya que las cinco doctrinas "van juntas" y son imposibles de separar unas de otras. Sin embargo, el hecho de que algunos tratan de ser calvinistas de cuatro-puntos indica la dificultad de esta doctrina.

Es lamentable que la doctrina sea atacada y negada, ya que se refiere a la obra de Cristo en la cruz y a los beneficios de esa obra para el pueblo de Dios. Lo que debería ser una fuente de compañerismo, de unidad y de fe mutua en la muerte y obra redentora de Jesucristo, se ha convertido en cambio, en un asunto de división e incluso de contienda entre los que creen de manera diferente. Que quede claro que nuestra intención al tratar esta doctrina no es promover esa contienda o causar división, sino mostrar lo más claramente posible la enseñanza de las escrituras con la esperanza de que esto pueda traer unidad y comunión en la verdad.

A. La doctrina

1. Expiación

Siempre que hablamos de la expiación, estamos usando una de las palabras que la Biblia misma usa para describir los beneficios de la muerte de Cristo. La palabra, al menos en el antiguo testamento, significa "una cobertura" y nos recuerda que la muerte de Cristo provee una cobertura para nuestros pecados ante Dios. La palabra en español se refiere al hecho de que, a través de la muerte de Cristo, el pueblo de Dios está "reconciliado" o "es uno" con Él. La muerte de Cristo, en otras palabras, es "unión". La Biblia, por supuesto, usa muchas otras palabras para describir la muerte de Cristo y sus beneficios, palabras como "rescate", "reconciliación", "propiciación", "satisfacción" y "redención". Todas estas palabras difieren un poco en su significado, pero tienen esto en común: indican que la muerte de Cristo es nuestra salvación.

Realmente no importa si usamos la palabra "expiación" o una de esas otras palabras. El desacuerdo no gira en torno a ninguna de esas palabras y sus significados, sino en torno a la palabra "limitada" cuando se añade a la palabra "expiación" o a cualquier otra de esas palabras. Nadie discutiría que la muerte de Cristo es expiación, rescate, reconciliación, propiciación o redención. Aquellos que creen en la expiación limitada creen también en la redención limitada, la satisfacción limitada, la propiciación limitada y todo lo demás, mientras que los opositores de esta doctrina rechazarían la palabra "limitada" cuando se usa en conexión con cualquiera de las palabras que describen el poder salvador de la muerte de Cristo y enseñarían una expiación universal o redención o satisfacción. Sin embargo, es muy importante ver que todas las palabras utilizadas para describir la muerte de Cristo tienen esto en común: enfatizan que la muerte de Cristo realmente salva. Esto está en el corazón de la continua disputa sobre esta doctrina.

2. Limitada

Cuando añadimos la palabra "limitada", estamos respondiendo a la pregunta: "¿Por quién murió Cristo?" ¿Murió Él por cada persona que alguna vez ha vivido y vivirá, o murió solo por algunas personas?

La doctrina de la expiación limitada enseña que Cristo murió solo por algunas personas, un número "limitado" de personas. Aquellos que enseñan esta doctrina estarían de acuerdo en que la "limitación" de la expiación es la elección. En otras palabras, Cristo murió solo por los elegidos, y son solo los elegidos los que se benefician de la muerte de Cristo.

Aquí es necesario hacer alguna aclaración, ya que la mayoría de los que creen en una expiación ilimitada o universal no creen que todos se beneficien de la muerte de Cristo en el sentido de que finalmente todos se salvan. Ellos creen que Cristo murió por cada persona y que la salvación está disponible para todos a través de la muerte de Cristo, pero que solo algunos (los que creen) se benefician plenamente de la muerte de Cristo.

Por otro lado, aquellos que creen en la expiación limitada no enseñan que el poder y el valor de la muerte de Cristo es de ninguna manera limitado. Lo único limitado es el número de aquellos por quienes Cristo murió, y la limitación no se debe a ningún defecto en la obra o muerte de Cristo, sino al decreto soberano de Dios de salvar a algunos y no a otros. Por esta razón, muchos que enseñan y creen en la expiación limitada prefieren hablar de "expiación particular" en lugar de "expiación limitada", ya que la palabra "particular" describe con mucha más precisión lo que ellos creen, es decir, que Cristo murió solo por personas particulares y no por todas las personas. La palabra "particular" tampoco deja dudas sobre lo qué es exactamente limitado.

3. ¿Posibilidad o garantía?

Hay otro aspecto de esta doctrina, sin embargo, que no es evidente de inmediato y que a veces se pierde en una discusión cuando se habla de ella. Esa es la pregunta en cuanto a lo que Cristo realmente hizo por Su muerte en la cruz. La doctrina de la expiación limitada enseña que Cristo por Su muerte, *salva realmente* a aquellos por quienes Él murió y no solo hace de la salvación una *posibilidad*. En otras palabras, Su muerte es reconciliación con Dios, satisfacción por el pecado, redención, expiación y todo lo demás, y *garantiza* la vida eterna a todos aquellos por quienes Él murió. Esto parecería evidente, pero es precisamente este punto el que debe ser comprometido para enseñar que Cristo murió por todos los hombres sin salvarlos realmente y completamente a todos ellos.

Si Cristo murió por todos sin excepción, y algunos aún perecen, entonces la muerte de Cristo solo hace *posible* la salvación, pero en *realidad* no salva a nadie. Algo más es necesario para la salvación más allá de la muerte de Cristo. Por lo general, se piensa que este algo más es la elección o decisión del hombre. Eso, sin embargo, significa que la salvación no es solo por Cristo y solo por Su sangre.

En resumen, por lo tanto, la doctrina de la expiación limitada realmente enseña cuatro cosas:

a. La muerte de Cristo es expiación por el pecado.
b. Debido a que es expiación, todos aquellos por quienes Él murió son realmente y completamente salvados y van al cielo.
c. Cristo murió solo por personas particulares y no por cada persona que ha vivido o vivirá.
d. Aquellas personas particulares por las que Cristo murió son los elegidos, es decir, aquellos a quienes Dios escogió en la eternidad para ser Su pueblo.

B. Pruebas bíblicas

1. Referencias primarias

   a. Mateo 1:21: "Y dará a luz un hijo, y llamarás su nombre JESÚS, porque él salvará a su pueblo de sus pecados".

Nótese el énfasis en "su pueblo". Ellos son los que Jesús salva y no a otros. Quienquiera que sea (y las escrituras nos enseñan en otros lugares que son los elegidos), son un número limitado y particular de personas. Pero note también el énfasis en el hecho de que Él los salva. Él no solo hace que la salvación esté *disponible*, sino que los salva por *completo* de sus pecados. Lo más importante de todo es el hecho de que estas son las razones por las que Él es llamado JESÚS. Negar cualquiera de estas cosas es negar Su nombre y el significado de Su nombre.

b. Isaías 53:11: "Verá el fruto de la aflicción de su alma, y quedará satisfecho; por su conocimiento justificará mi siervo justo a muchos, y llevará las iniquidades de ellos".

c. Mateo 20:28: "Como el Hijo del Hombre no vino para ser servido, sino para servir, y para dar su vida en rescate por muchos".

d. Mateo 26:28: "Porque esto es mi sangre del nuevo pacto, que por mucho es derramada para remisión de los pecados".

e. Hebreos 9:28: "Así también Cristo fue ofrecido una sola vez para llevar los pecados de muchos; y aparecerá por segunda vez, sin relación con el pecado, para salvar a los que le esperan".

Estos cuatro textos muestran que Cristo dio Su vida por un número selecto y limitado de personas y no por todas las personas. Esto no niega que también hay pasajes que hablan de "todos" o del "mundo"; pero si la Biblia es en verdad la Palabra infalible de Dios, los dos tipos de pasajes no pueden contradecirse entre sí. O se debe demostrar que "muchos" de alguna manera significa "todas las personas", o se debe demos-

118

trar que "todos" y "mundo" no se refieren necesariamente a todas las personas que viven o que han vivido.

La escritura también nos recuerda aquí que el don de la vida de Cristo fue real y plena satisfacción y justificación para estos "muchos". Su muerte fue un rescate que realmente los compró de la esclavitud del pecado y la muerte y que verdaderamente perdona sus pecados, es decir, envía sus pecados lejos.

   f. Juan 6:37-39: "Todo lo que el Padre me da, vendrá a mí; y al que a mí viene, no le echo fuera. Porque he descendido del cielo, no para hacer mi voluntad, sino la voluntad del que me envió. Y esta es la voluntad del Padre, el que me envió: Que de todo lo que me diere, no pierda yo nada, sino que lo resucite en el día postrero".

Cristo no pierde a ninguno de aquellos por quienes Él hace Su obra. No es que Cristo venga por todos y, sin embargo, pierda a muchos que se desvían o no creen. Si hubiera perdido incluso a uno de aquellos por quienes vino, no habría hecho la voluntad del Padre, y Su obra ni siquiera habría sido aprobada por Dios. Así vemos, también, que ni siquiera era la voluntad de Dios que Cristo muriera por o hiciera posible la salvación para todos los hombres. Aquellos por quienes Él viene y hace Su obra son aquellos dados a Él por el Padre, los elegidos, aquellos escogidos por Dios antes de la fundación del mundo.

El pasaje también es valioso porque da una guía clara en cuanto a cómo se usa la palabra "todos" en las Escrituras. No podemos olvidar que se usa aquí y se define más adelante como "todo lo que el Padre me da". El "todo" por quienes Cristo murió, como lo muestra tan claramente este pasaje, nunca incluye a alguien sino a "todos" los elegidos.

g. Juan 10:14, 15: "Yo soy el buen pastor; y conozco mis ovejas, y las mías me conocen, así como el Padre me conoce, y yo conozco al Padre; y pongo mi vida por las ovejas".

Jesús no solo enseña la expiación limitada al enfatizar que son Sus ovejas por quienes Él murió, sino que también enseña claramente lo que anteriormente hemos llamado expiación "particular". Él nos dice que Él conoce a Sus ovejas de la misma manera que el Padre lo conoce a Él y Él conoce al Padre, es decir, personalmente y por su nombre. Si esto es cierto, si Él dio Su vida por aquellos a quienes Él conoce personalmente, entonces Él no puede haber muerto simplemente para que todos y cada uno pudieran tener una oportunidad de salvación.

h. Juan 10:26-28: "Pero vosotros no creéis, porque no sois de mis ovejas, como os he dicho. Mis ovejas oyen mi voz, y yo las conozco, y me siguen, y yo les doy vida eterna; y no perecerán jamás, ni nadie las arrebatará de mi mano".

Que Cristo salva realmente a Sus ovejas por Su muerte, las salva hasta la gloria celestial, infaliblemente y completamente, se enseña en los versículos citados. Estos versículos muestran, también, que no es nuestra fe la que determina si nos beneficiaremos de la muerte de Cristo, sino la voluntad de Dios. En otras palabras, como Jesús les dice a los judíos incrédulos, ellos no son excluidos de las ovejas porque no creen; sino porque no son de Sus ovejas, ellos no creen. Debido a que Él no murió por ellos, ellos no reciben el don de la fe, que Él compra para nosotros con Su propia sangre, ni ninguna de las otras bendiciones de la salvación.

i. Hechos 20:28: "Por tanto, mirad por vosotros, y por todo el rebaño en que el Espíritu Santo os ha puesto por obispos, para apacentar la iglesia del Señor, la cual él ganó por su propia sangre".

Pablo también identifica a aquellos por quienes la sangre de Cristo fue derramada, como un número limitado y particular de personas, la iglesia. Y cuando recordamos que en la escritura la iglesia de Dios, en contraste con el mundo, es un grupo extraído y llamado a *salir del mundo*, esto hace que el texto sea aún más enfático.

j. Isaías 53:8: "Por cárcel y por juicio fue quitado; y su generación, ¿quién la contará? Porque fue cortado de la tierra de los vivientes, y por la rebelión de mi pueblo fue herido".

k. Lucas 1:68: "Bendito el Señor Dios de Israel, Que ha visitado y redimido a su pueblo".

Aquí hay dos pasajes más que definen a aquellos por quienes Cristo dio Su vida como "Su pueblo" o incluso "Mi pueblo" (Dios mismo hablando). ¡Seguramente los impíos e incrédulos no pueden ser llamados así!

l. Tito 2:13, 14: "Aguardando la esperanza bienaventurada y la manifestación gloriosa de nuestro gran Dios y Salvador Jesucristo, quien se dio a sí mismo por *nosotros* para redimirnos de toda iniquidad y purificar para sí un pueblo propio, celoso de buenas obras".

m. Gálatas 3:13: "Cristo nos redimió de la maldición de la ley, hecho por *nosotros* maldición (porque está escrito: Maldito todo el que es colgado en un madero)".

En estos dos últimos versículos, la escritura define a quienes se benefician de la obra redentora de Cristo como "nosotros", y la palabra utilizada es, por su propia naturaleza, exclusiva en lugar de inclusiva. Tito 2:13, 14 es especialmente significativo, no solo porque habla de que Cristo se dio a sí mismo por nosotros, sino también porque muestra que aquellos por quienes Él se dio a sí mismo son seguramente y completamente salvos—redimidos, purificados y celosos de buenas obras. —

2. Pasajes que muestran que Cristo salva totalmente a aquellos por quienes Él murió

Muchos de los pasajes citados anteriormente demuestran claramente que la muerte de Cristo no solo hace que la salvación sea una posibilidad, de modo que depende de que la aceptemos para convertirse en una muerte salvífica, sino que es la salvación y la *garantía* de la vida eterna para todos aquellos por quienes Él murió. Dado que este es el tema real en el debate sobre la expiación limitada, añadimos los siguientes versículos a los ya citados anteriormente.

a. Lucas 19:10: "Porque el Hijo del hombre vino a buscar y a salvar lo que se había perdido".

Note que Cristo viene a salvar a los perdidos, no solo a hacer posible que se salven, siendo los perdidos aquellos que se *saben* perdidos como Zaqueo. Sin embargo, lo que es especialmente importante acerca de este versículo es que es una explicación del versículo anterior, como lo indica la palabra "Porque". En ese versículo anterior, Jesús dice: "Hoy ha venido la salvación a esta casa". La salvación vino, pues, a la casa de Zaqueo no porque él creyera, sino porque el Hijo del hombre vino *a salvar*.

b. Romanos 5:8-10: "Mas Dios muestra su amor para con nosotros, en que siendo aún pecadores, Cristo murió por nosotros. Pues mucho más, estando ya justificados en su sangre, por él *seremos salvos* de la ira. Porque si siendo enemigos, fuimos reconciliados con Dios por la muerte de su Hijo, mucho más, estando reconciliados, *seremos salvos* por su vida".

El punto en cuestión no puede hacerse más claramente. *Somos reconciliados* con Dios por la muerte de Cristo. Eso significa que ya no hay nada que esté entre Dios y nosotros, ni nada *puede* interponerse entre nosotros, porque habiendo sido reconciliados, *seremos* salvos. Esto, por supuesto, es más una referencia a la gloria final del pueblo de Dios que a su primera recepción, pero eso de ninguna manera disminuye el énfasis del texto. En todo caso, hace que el texto sea aún más fuerte, porque la muerte de Cristo garantiza no solo el comienzo de la salvación, sino también la vida eterna misma y la gloria celestial. Es más, el pasaje está repitiendo y volviendo a enfatizar ese punto, porque ya ha declarado que *somos* justificados por Su sangre (y por lo tanto tenemos paz para con Dios, versículo 5:1); y estando justificados, ciertamente seremos salvos de la ira. La línea de pensamiento, por lo tanto, es esta: La muerte de Cristo justifica; ya que justifica, ciertamente nos salva de la ira de Dios; por lo tanto, no hay posibilidad de condenación para nadie por quien Cristo murió, sino solo la seguridad de la vida eterna.

1 Pedro 2:24: "Quien llevó él mismo nuestros pecados en su cuerpo sobre el madero, para que nosotros, estando muertos a los pecados, vivamos a la justicia; y por cuya herida fuisteis sanados".

No solo la muerte de Cristo sino todo Su sufrimiento (sus "heridas") tiene un poder salvador real. Es para nosotros la muerte del pecado y el comienzo de una nueva vida de justicia, así como nuestra sanidad. No es simplemente la posibilidad de sanar, sino que por ella fuisteis (literalmente, "hemos sido") sanados.

C. Pasajes difíciles

Muchos pasajes se utilizan para enseñar que Cristo murió por todos los hombres sin excepción simplemente porque tienen en ellos las palabras "todos" o "mundo". En lugar de tratar cada pasaje por separado, los agruparemos según la palabra que usan y los trataremos eligiendo algunos ejemplos representativos para mostrar cómo deben interpretarse todos a la luz del resto de las escrituras. En términos generales, puede decirse que estos pasajes no pretenden mostrar que Cristo murió por todos los hombres sin excepción, sino que murió por todos los hombres sin distinción, es decir, sin hacer diferencia entre judío o gentil, grande o pequeño, rico o pobre, esclavo o amo.

1. "Todos" en los pasajes

Primero están aquellos pasajes que utilizan la palabra "todos" en conexión con la muerte de Cristo. Los más conocidos son Romanos 5:18; 2 Corintios 5:14, 15; 1 Timoteo 2:4-6; Tito 2:11; y 2 Pedro 3:9.

En estos pasajes, la palabra "todos" debe ser calificada por el contexto y por lo general significa "todos los elegidos" o "todo el pueblo de Dios". Pero en todos los casos las escrituras mismas proporcionan el calificativo. Tampoco es esto inusual. Hablamos así tan a menudo en nuestra conversación cotidiana que apenas nos damos cuenta, simplemente utilizamos la palabra "todos" cuando en realidad nos estamos refiriendo a un número bastante limitado de personas; pero no añadimos el calificativo, porque en el contexto de lo que hemos estado diciendo, ya es evidente. Nosotros decimos, "Todos están aquí" y queremos decir "todos los que fueron invitados", o "toda la familia", no "todos los hombres sin excepción".

Así, en 1 Corintios 15:22. "todos" significa "todos los que están en Cristo". Este es el paralelo a "todos los que están en Adán" y los que mueren en Adán. De hecho, el texto no puede significar otra cosa, o enseña que cada persona finalmente será salva, algo claramente contradictorio con el resto de las escrituras. Casi nadie se atreve a creer que todos sin excepción serán vivificados.

Así también en 1 Timoteo 2:4-6. "todos" significa claramente "toda clase de hombres", no solo la gente común, sino también los ministros y gobernantes y aquellos que están en autoridad. Ese es el contexto de la declaración de que Cristo es el Mediador de "todos" y que Dios quiere que "todos" sean salvos. Pablo comienza con esa idea en el versículo 1 donde exhorta a la iglesia a orar por toda clase de personas, especialmente por los gobernantes, algo que ellos habían estado descuidando. Él no les está diciendo que oren por todas las personas en el mundo, lo cual es imposible. Por eso, en los siguientes versículos él no introduce un nuevo pensamiento, sino que simplemente sigue la advertencia con varias razones: que Dios ha querido la salvación de toda clase de personas y que Cristo es el Mediador de toda clase de personas.

Otros pasajes que usan la palabra "todos" de esta misma manera para significar "toda clase" o "todo tipo" son Mateo 4:23, Mateo 5:11, Mateo 10:1, Lucas 11:42, Hechos 10:12, Romanos 7:8, 1 Pedro 1:15 y Apocalipsis 21:19. En muchos de estos versículos, de hecho, eso es lo único que la palabra "todo" puede significar. Aunque no se refieren directamente a la muerte de Cristo, sin embargo, establecen la forma en que la palabra "todo" puede ser y es usada en las escrituras.

Similar es Tito 2:11. Si este pasaje enseña que la gracia de Dios en la cruz es para todos los hombres sin excepción, no solo contradice algunos de los pasajes que ya hemos citado, sino que también contradice el resto de Tito 2, en particular los versículos 13 y 14, que dicen que esa gracia y salvación fueron reveladas para nosotros, por la cual Pablo se refiere a la iglesia.

Del mismo modo, 2 Pedro 3:9 no puede significar que Dios

está esperando que cada persona venga a Cristo y se arrepienta. Si eso fuera cierto, Cristo nunca vendría, porque eso es lo que se está "retrasando". Cristo no puede y no vendrá hasta que "todos" hayan llegado al arrepentimiento. Si Él debe esperar a todos los hombres sin excepción, Él esperará para siempre. Pero Él espera a "nosotros", es decir, a un grupo predestinado, y cuando su número esté completo, Él viene como Él lo ha prometido. El versículo mismo define a "todos" como "todos nosotros" y nos dice que somos "todos nosotros" a quienes Dios es paciente y por quienes Él está esperando.

Lo mismo sucede con todos los pasajes que utilizan este lenguaje.

2. "Mundo" en los pasajes

Otros pasajes utilizan la palabra "mundo" para identificar a aquellos por quienes Cristo murió. Los pasajes más frecuentemente citados que usan este lenguaje son Juan 1:29, Juan 3:16, Juan 4:42 y 1 Juan 2:2. Aquellos que se citan con menos frecuencia son 2 Corintios 5:19 y 1 Juan 4:14. Estos pasajes también deben entenderse a la luz del resto de la Palabra de Dios. La clave está en Juan 17:9, que muestra que hay dos mundos, uno por el cual Cristo ni siquiera ora, mucho menos muere (pues si Él pudiera morir por él, ciertamente Él podría y querría orar por él), y otro mundo por el cual Él ora y muere: "Yo ruego por ellos; no ruego por el mundo, sino por los que me diste, porque tuyos son". La mayoría de los pasajes deben ser interpretados con esto en mente.

En algunos de estos pasajes, la referencia de la palabra "mundo" no es tanto al mundo de los elegidos en distinción del mundo de los impíos réprobos, sino al mundo de los Gentiles en distinción del mundo de los judíos. Pero, aun así, hay dos mundos, aunque ambos son redimidos por la sangre de Cristo. El más notable es 1 Juan 2:2.

Hay una razón por la cual la Biblia usa estas palabras cuando habla de la muerte de Cristo. No los usa simplemente para dificultar las cosas o causar confusión, sino para enseñar una verdad muy importante. Esa verdad es esta: que Dios, al salvar a Su pueblo, si salva al mundo. Su obra de salvación no es una especie de obra de salvación por la cual Él logra rescatar a unos pocos aquí y allá, sino que es la salvación del mundo que Él creó originalmente, aunque debido al pecado implica la extirpación y destrucción de muchas personas. En otras palabras, de la misma manera que Dios salva a Su "viña" en Isaías 5 y la salva cortando muchas de las ramas, así Dios salva a Su mundo. Es importante que veamos la salvación desde esta perspectiva, ya que nos muestra que Dios no está frustrado por la venida del pecado, de modo que lo mejor que Él puede hacer es recoger los pedazos perdidos de los restos de Sus planes, sino que Él en perfecta sabiduría cumple Su propósito original y salva a Su mundo.[1]

3. 1 Timoteo 4:10 y 2 Pedro 2:1

Algunos otros versículos necesitan ser tratados, especialmente 1 Timoteo 4:10 y 2 Pedro 2:1. El primero parecería enseñar que Dios, además de ser el Salvador de Su pueblo, es también, en cierto sentido, el Salvador de todos los hombres. 2 Pedro 2:1 parecería enseñar que el Señor en algún sentido de la palabra, también "rescató" a aquellos que niegan a Él y son finalmente destruidos.

En lo que respecta a 1 Timoteo 4:10, no puede significar

que Dios es el Salvador de todos los hombres en el sentido habitual de la palabra, porque de lo contrario el pasaje contradeciría el resto de las escrituras y enseñaría el universalismo, la enseñanza de que nadie será condenado. Note que el versículo no solo dice que Dios envió a Su Hijo para todos, sino que Él es el Salvador de todos. La explicación que preferimos, aunque Calvino da una alternativa, tiene que ver con el uso de la palabra "mayormente". La palabra "todos" parece indicar que "todos los hombres" es un grupo más grande y menos exclusivo que "los que creen". De hecho, son el mismo grupo. Por lo tanto, la idea del versículo es esta: "El Salvador de todos los hombres, es decir, de los que creen".

Otros tres versículos en el Nuevo Testamento usan la misma palabra traducida "mayormente" y "especialmente" de esa manera. En Hechos 25:26 "ante vosotros" y "el rey Agripa" son la misma persona, de modo que el versículo puede ser leído, "ante vosotros, es decir, ante ti, oh rey Agripa". En 1 Timoteo 5:8 "para los suyos" y "para los de su casa" son también el mismo grupo, y la palabra "mayormente" tiene de nuevo la idea de "es decir". Así, a cada uno se le ordena cuidar "de los suyos, es decir, de los de su propia casa". Finalmente, en 2 Pedro 2:9, 10 los "injustos" y "los que andan conforme a la carne" son el mismo grupo de personas, y la palabra traducida "mayormente" vuelve a tener la idea de "es decir". Dios reserva "a los injustos para que sean castigados en el día del juicio, es decir, a los que andan conforme a la carne".

En la medida en que la palabra tenga algún otro significado, indica que el grupo al que se refiere en cada caso tiene un nombre especial, un nombre que refuerza lo que cada pasaje dice sobre ellos. En Hechos 25:26 "ante vosotros" es el "rey

Agripa". En 1 Timoteo 5:8 "los suyos" son "los de su propia casa", reforzando el mandato de cuidar de ellos. Y en 2 Pedro 2:9, 10, los "injustos" son "los que andan conforme a la carne", enfatizando la razón de que ellos están reservados para el juicio.

Así que en 1 Timoteo 4:10 "todos los hombres" son mayormente "los que creen", y el texto está explicando por el segundo nombre por qué Dios es su Salvador. Por lo tanto, el versículo, en lugar de sugerir que Dios en algún sentido es el Salvador de todos los hombres sin excepción, en realidad muestra que "todos los hombres" es el equivalente de "los que creen", un número limitado de personas.

Con respecto a 2 Pedro 2:1, debe recordarse, en primer lugar, que el pasaje no puede significar que estas personas fueron realmente rescatadas por Cristo con Su propia sangre. Si ese fuera el caso, ellos pertenecerían a Cristo y le pertenecerían a Él para siempre, porque como dice Jesús en Juan 10:28, "Y yo les doy vida eterna; y no perecerán jamás, ni nadie las arrebatará de mi mano". Teniendo eso en mente, hay varias formas posibles de interpretar 2 Pedro 2:1. La primera simplemente haría de las palabras "al Señor que los rescató" una referencia a la verdad de la expiación por sangre tal como la enseña y cree la iglesia, dejando la referencia del artículo "los" en general y no una referencia a estos falsos profetas. Estos falsos profetas niegan la confesión de la iglesia, "el Señor nos rescató". La otra interpretación es muy similar y haría que la palabra "los" se refiera a "personas" en lugar de hacer que se refiera a los falsos maestros. Los que son rescatados por la sangre de Cristo, entonces, son el pueblo de Dios en el pasado y también en el presente (aquellos a quienes Pedro está escribiendo).

En conclusión, subrayemos de nuevo el punto anterior: si los pasajes que parecen enseñar que Cristo murió por todos los hombres sin excepción son cuidadosamente examinados y luego interpretados como una referencia a cada persona sin excepción, uno encontrará que ellos enseñan mucho más que aquellos que creen en la expiación universal quieren que enseñen. Luego, ellos enseñan no solo que Cristo murió por todos los hombres sin excepción, sino que todos ellos son realmente salvados y van al cielo.

D. Objeciones

1. "La expiación limitada devalúa la muerte de Cristo"

Una objeción que se escucha a menudo contra la doctrina de la expiación limitada o particular es que limita el valor del sacrificio de Cristo al enseñar que Cristo murió solo por algunos y no por todos. En realidad, esto es todo lo contrario de la verdad. No es la expiación limitada la que niega el valor de la muerte de Cristo, sino la enseñanza de que Cristo en cierto sentido murió por todos.

El punto es que, si Cristo murió por todos, y de hecho no todos son realmente y completamente salvados por Su muerte, entonces la muerte de Cristo realmente no hizo mucho por ellos. Ni siquiera determinó si perecerían o se salvarían. El sacrificio de Cristo, en ese caso, no es ni muy poderoso ni muy valioso.

Pero si todos aquellos por quienes Cristo murió, aunque no sean todos los hombres en todo el mundo, son verdaderamente y totalmente salvados por Su sacrificio, entonces Su sangre está realmente más allá del precio debido a su poder salvador.

Solo la doctrina de la expiación limitada, que enseña que la muerte de Cristo es la salvación *plena* de todos aquellos por quienes Él murió, es capaz, por lo tanto, de mostrar el *valor* infinito del sacrificio de nuestro Salvador.

2. "La expiación limitada impide las misiones"

Algunos piensan que los pecadores no serán atraídos a Cristo bajo la predicación del evangelio a menos que se les pueda decir: "Cristo murió por ti". Se les puede decir eso, por supuesto, solo si Cristo murió por todos.

En realidad, es todo lo contrario. No es la doctrina de la expiación limitada la que impide las misiones y la predicación del evangelio, sino la doctrina de la expiación universal. Sabemos por experiencia personal que decirles a los pecadores, "Cristo murió por ti, porque Él murió por todos" es peligroso. La respuesta de la mayoría en ese caso es: "Si Dios me ama, y Cristo murió por mí, entonces todo está bien. ¿Por qué debería preocuparme?".

No hay nada, por lo tanto, que haya producido más seguridad carnal, tanto entre los que profesan ser creyentes como entre los incrédulos, que la enseñanza de que Cristo murió por todos sin excepción. Solo por esta razón, debe ser rechazada.

3. "La expiación limitada destruye la seguridad"

Algunos sugieren que solo la enseñanza de que Cristo murió por todos puede producir seguridad. Solo entonces puedo creer que Cristo murió por *mí*.

Esto simplemente no es cierto. No hay ninguna seguridad

real que se pueda obtener de la enseñanza de que Cristo murió por todos, y que algunos aún se pierdan. Tal enseñanza me dejará siempre preguntándome si estaré, después de todo, entre los que se pierden, aunque Cristo murió por mí.

E. Negaciones de la expiación limitada

Al igual que con los otros cuatro puntos del calvinismo, la doctrina de la expiación limitada también ha sido negada de varias maneras a lo largo de la historia de la iglesia.

1. Universalismo

Esta enseñanza dice que todos los hombres son realmente salvos por la sangre de Cristo y hace su apelación a esos pasajes que hablan de "todos los hombres" o del "mundo". Hay una diferencia entre esta enseñanza y la del arminianismo. El arminianismo dice que Cristo murió por todos, pero en realidad no todos se benefician de la muerte de Cristo. No todos por quienes Él murió van al cielo. El universalismo dice que nadie va al infierno y que la sangre de Cristo vale para todos sin excepción.

Cualquier estudio superficial de la enseñanza de las escrituras sobre el juicio y el infierno mostrará que esta enseñanza es falsa. Sin embargo, por muy obviamente contrario que sea a la Biblia, es de alguna manera más consistente y más correcta que la idea de que Cristo murió solo para hacer posible la salvación. Al menos el universalismo no niega el poder de la sangre de Cristo para salvar. Cristo murió por todos, dicen, y por tanto todos ciertamente se salvarán. De hecho, si hemos de sostener que la muerte de Cristo tiene poder salvador, el universalismo es el único argumento posible contra el calvinismo.

2. Catolicismo romano

La Iglesia católica romana niega la doctrina de la expiación limitada no tanto al negar que Cristo murió solo por Su pueblo, sino al negar que Su sangre es lo único que limpia el pecado y al negar que Él quitó los pecados de Su pueblo de una vez por todas. Por lo tanto, se requieren cosas tales como las buenas obras, la penitencia y el purgatorio, además de la sangre de Cristo para purgar el pecado. Del mismo modo, los méritos y las oraciones a los santos y a María son de tanto valor como la obra de Cristo en el perdón de los pecados. Especialmente la misa católica romana, que supuestamente es una recreación no sangrienta de la muerte de Cristo, es una clara negación del valor único y eterno de la muerte de Cristo.

Sin embargo, la Iglesia católica romana también niega el carácter limitado de la expiación al enseñar que hay muchos más a los cuales la sangre de Cristo beneficia, que solo aquellos que finalmente van al cielo. Por ejemplo, según la enseñanza católica romana, la sangre de Cristo a través del sacramento del bautismo realmente lava el pecado original, incluyendo el pecado original de algunos que no continúan en el camino de la salvación.

3. Arminianismo

El arminianismo, contra el cual se escribieron los cinco puntos originales del calvinismo (los Cánones de Dordt), enseñaba y todavía enseña hoy que Cristo murió por todos los hombres, aunque no todos son realmente salvos y no todos van al cielo. Ellos explican esto enseñando que Cristo a través de Su muerte hizo que la salvación estuviera *disponible* para todos, y que si una persona realmente se beneficia o no de la muerte de Cristo depende de que crea y acepte lo que Cristo ha hecho.

Esto, sin embargo, hace que nuestra salvación dependa más de nuestra propia elección o decisión que de la muerte de Cristo, y niega el poder de la sangre de Cristo. Como señalan los Cánones de Dordt, esto significa que Cristo podría haber muerto sin que nadie se beneficiara realmente de Su muerte (Cánones II, Rechazo de Errores, 3), algo que no habla bien de la sabiduría de Dios al enviar a Cristo ni del valor de la muerte de Cristo. De esta manera, es una negación del poder y el valor de Su muerte, aunque esta es la acusación que a menudo lanzan contra el calvinismo, de aquellos que creen que Cristo murió por todos los hombres.

4. La libre oferta del evangelio

Esta enseñanza nociva se ha infiltrado en la teología Reformada en los últimos años y es un "enemigo en el campo" en el sentido de que también constituye una negación de la expiación limitada. Este error dice que Dios en el evangelio hace una oferta sincera y bien intencionada de salvación a toda persona que escucha el evangelio, expresando Su deseo de que todos sean salvos.

Si esto es verdad, Dios es un mentiroso en la predicación del evangelio, porque Él dice lo que no es verdad según la doctrina de la expiación limitada. Su voluntad revelada en la cruz, no es que Él desee la salvación de todos los hombres, sino solo de algunos, es decir, de Sus elegidos. Tampoco envió a Su Hijo por todos los hombres, sino por los elegidos. ¿Cómo, entonces, puede Dios decir sinceramente en el evangelio que Él quiere que todos los hombres sean salvos sin contradecirse a Sí mismo y haciéndose a Si mismo mentiroso?

Además, es evidente que si Dios realmente expresa en el evangelio un deseo de que todos los hombres sean salvos, la única base posible para esto puede ser que, en algún sentido de la palabra, Él también envió a Cristo a morir por todos los hombres. Pero eso no es expiación limitada.

Tal enseñanza es explícitamente rechazada en los Cánones de Dordt como parte de la enseñanza errónea de los arminianos (Cánones III, IV, Rechazo de Errores, 5). También hace un grave daño a la causa del calvinismo, ya que es la enseñanza de muchos que afirman creer en la expiación limitada, pero que en realidad contradicen la expiación limitada en este mismo punto.

5. Modernismo

Este no es el nombre de ninguna secta o denominación en particular, sino una referencia a la enseñanza, tan común hoy en día, de que la muerte de Cristo ni siquiera es expiación o redención, sino simplemente un ejemplo de un hombre que estuvo dispuesto a morir por sus principios —un ejemplo que debemos seguir—. Esta enseñanza haría de la muerte de Cristo un ejemplo para todos, al menos para todos los que se preocupan por prestarle atención, pero está claro que, al negar el carácter redentor de la sangre de Cristo, aquellos que así lo enseñan están fuera de los límites del cristianismo, porque la muerte y el sacrificio expiatorio de Cristo son los mismos principios sobre los que se funda el cristianismo.

La razón de mencionar esto, sin embargo, es que en esencia la enseñanza del modernismo no es muy diferente de la enseñanza del arminianismo, que también niega el poder y la eficacia de la sangre de Cristo. De hecho, en la época del Sínodo de Dordt, los arminianos estaban enseñando varias teorías de la expiación que hacían de la expiación un simple ejemplo del amor de Dios o de Su justicia y que negaban explícitamente que la expiación fuera algo más que un ejemplo.

6. Suficiencia y eficiencia

Algunos enseñan que, aunque la muerte de Cristo fue salvíficamente poderosa solo para los elegidos, sin embargo, fue lo suficientemente valiosa como para haber pagado por los pecados de toda la humanidad. Esto en sí mismo es bastante abstracto y quizás no demasiado objetable, aunque las escrituras ciertamente no hacen tal distinción. La Biblia insiste en que la expiación es poderosa y valiosa solo para los elegidos. Sin embargo, esta distinción generalmente se lleva un paso más allá, y se enseña que la muerte de Cristo no solo fue lo suficientemente valiosa como para pagar por los pecados de todos, sino que Dios realmente tenía la intención de hacer eso. La única razón por la que no lo hace, según este punto de vista, es la terquedad del hombre en no creer y aceptar la obra de Cristo. Esta enseñanza no es más que un arminianismo ligeramente disfrazado y una negación del carácter particular y limitado de la expiación.

7. El amor de Dios por todos los hombres

Obviamente, toda la discusión sobre el alcance de la expiación está inseparablemente relacionada con una discusión sobre el amor de Dios y la intención de Dios. La enseñanza de que Cristo murió por todos sin excepción se deriva de la creencia de que Dios ama a todos y quiere que todos se salven. Hay, entonces, una conexión muy estrecha entre las doctrinas de la expiación limitada y la elección incondicional. El calvinista no solo cree que Cristo murió por un número limitado porque esa es la enseñanza de la Biblia, sino también porque cree que la Biblia enseña la elección soberana e incondicional, es decir, que Dios ama eternamente y tiene la intención de salvar solo a algunos, pero no a todos.

Sin embargo, debe señalarse que, si Dios es Dios, y si Cristo es Su Hijo amado, la intención y el amor de Dios no pueden contradecir lo que Cristo hizo por Su muerte. La obra de Cristo no puede ser otra cosa que un cumplimiento del amor y la intención de Dios.

F. Importancia práctica

La doctrina de la expiación limitada no es una simple abstracción, sino parte de la verdad que gobierna nuestras vidas, nos hace santos y obedientes y nos da consuelo. Con eso en mente, veamos algunas de las implicaciones prácticas de la doctrina.

1. La expiación limitada y la predicación

Si uno cree o no en la expiación limitada hace una gran diferencia en la manera en que uno predica el evangelio. Si la cruz es en verdad el poder de Dios para la salvación, como las escrituras nos dicen que es, entonces la predicación será la *proclamación* de la cruz y de la muerte de Cristo en la cruz. Entonces el poder por el cual los pecadores creen será el poder de Dios hablándoles a través de esa proclamación y por Su Espíritu obrando en sus corazones.

Sin embargo, si el poder de la cruz depende de que el hombre lo acepte o lo crea, la predicación degenerará en una especie de "discurso de venta", como en muchos casos sucede. Uno solo necesita ser testigo de las diversas reuniones de avivamiento que son tan populares, el advenimiento del llamado al altar, y los ruegos y súplicas a los pecadores que se presentan en el culto de la iglesia y en el evangelismo. En ellos uno ve en qué se convierte la predicación cuando se niega la verdad de la expiación limitada y eficaz. En las palabras de otro escritor, se convierte en una "venta ambulante" de Jesucristo y de la cruz en el orden, y muy parecido a lo que sucede en una feria.

Esto no es para negar que también debe salir como parte de la predicación de la cruz el llamado al arrepentimiento y a creer, pero si uno realmente cree en la expiación limitada, eso será ciertamente un llamado en el sentido de un mandato y no una oferta apenas disfrazada de salvación para todos, o un vano intento de "vender" a Cristo rogando a los pecadores. El carisma y la habilidad oratoria del predicador no son lo principal en la predicación, como muchos parecen pensar hoy en día, sino el hecho de que el predicador no predica nada más que a Cristo crucificado como el poder de Dios para la salvación. Por lo tanto, lo que uno cree acerca de la expiación tiene un profundo efecto en la naturaleza y la manera misma de predicar el evangelio.

2. La expiación limitada y las misiones

La doctrina de la expiación limitada significa que el llamado de la iglesia en las misiones no es la de predicar el evangelio a todas las almas vivas, sino predicarlo cuando y donde a Dios le *plazca* enviar el evangelio. Es un malentendido de este punto que pone una pesada carga de culpa en los cristianos de hoy, porque es casi imposible, tanto en términos de costo como de mano de obra disponible, predicar el evangelio a todo ser humano vivo. La iglesia debería sentirse culpable si Cristo ha muerto por cada persona y la iglesia no lo ha dado a conocer a todos los que viven. Entonces no hay ningún cristiano vivo que no deba vender todas sus posesiones y dedicar cada momento de su vida para tratar de lograr este objetivo. Si no lo hace, es culpable de no dar a conocer a los hombres que Cristo ha muerto por ellos. Entonces, también, la iglesia en el pasado nunca se ha dado cuenta de su llamado a predicar el evangelio a todo el mundo, sino que se ha quedado muy corta de ese llamado más importante de todos: su gran comisión.

Sin embargo, si uno cree en la expiación limitada, uno puede estar seguro de que la cruz no es para todos. El estará satisfecho de predicar el evangelio cuando y donde Dios lo envíe. Esto no quiere decir que la iglesia no deba hacer la obra de misiones de manera activa y agresiva, sino solo que no necesita sentirse culpable cuando no es capaz, por razones legítimas, de llevar el evangelio a cada hombre, mujer y niño. La iglesia puede descansar contenta en la confianza de que donde Dios tiene a Su pueblo, *Él hará* posible también que la iglesia predique el evangelio, tanto abriendo la puerta como proveyendo los medios necesarios.

3. La expiación limitada y el testimonio

La creencia en la expiación limitada tiene un efecto sobre el contenido del testimonio del creyente, así como en el contenido de la predicación misionera. La doctrina de la expiación limitada significa que ni la iglesia en su predicación misionera, ni el creyente en su testimonio, pueden ir a los perdidos y simplemente decirles: "¡Cristo murió por ustedes!". Decir eso sería en la mayoría de los casos una mentira, y el intento de persuadir a los perdidos diciéndoles esto sería poco más que un engaño.

Lo que el creyente debe hacer en su testimonio, y la iglesia en su predicación, es hablar de Cristo y del poder de Su obra, así como del hecho de que Él murió por los pecados de Su pueblo, llamando a los perdidos al arrepentimiento y a la fe en Cristo y dejando la obra de convencer y condenar a los pecadores al Espíritu Santo.

4. La expiación limitada y la seguridad de la salvación

Debe ser evidente que nuestra seguridad de la salvación depende de nuestro conocimiento de que la cruz es la salvación, plena y gratuita. Si pensáramos que la cruz fuera solo una posibilidad de salvación, y que nuestro beneficio de la cruz dependiera de nuestra aceptación, estaríamos privados de todo nuestro consuelo en Cristo. Nuestro consuelo es la verdad bíblica de que Él es toda nuestra salvación y que *nada* más se necesita aparte de Él.

Si pensáramos que Dios ofreció sinceramente la salvación a todos los hombres sin excepción, ¿Cómo podríamos saber que no estamos entre aquellos a quienes Dios ofrece sinceramente la salvación, y por quienes Dios no ha enviado a Cristo? Debemos saber que Su sangre es lo único que se interpone entre nosotros y el infierno, porque si eso no es suficiente para salvarnos, entonces, ¿qué puede haber en el mundo?

5. La expiación limitada y la gloria de Dios

En cuanto a glorificar y alabar a Dios en la iglesia, la expiación limitada es también del mayor valor posible. ¿Quién puede alabar a un Dios que sinceramente ofrece la salvación a todos sin siquiera querer su salvación? ¿Quién podría alabar a un Dios que envió a Su Hijo al mundo y lo sometió a la vergüenza y al oprobio de la cruz por la simple posibilidad de que algunos pudieran ser salvos?

Una cosa es cierta: por mucho que algunos duden de estas doctrinas, Dios no permitirá que se desperdicie ni una gota de la sangre de Su Hijo, ni permitirá que Su costosa muerte sea un fracaso. Tampoco permitirá que Su propia sabiduría sea impugnada por la idea de que Él haría tal esfuerzo, y pagaría tal precio simplemente con la esperanza de que algunos pudieran ser salvos. Él no permitirá que Su poder sea blasfemado como si Él no fuera capaz de salvar a todos aquellos a quienes Él tenía la intención de salvar y por quienes Él envió a Su Hijo.

La soberanía de Dios está realmente en juego aquí, y deberíamos verlo. Dios no solo es soberano al decidir desde la eternidad quién será salvo, sino que Él es el mismo Dios soberano en la cruz y en la predicación de la cruz, porque allí, también, Él decide quién será salvo y quién se beneficiará de la sangre de Jesucristo Su Hijo.

G. Relación con los otros cuatro puntos

La doctrina de la expiación limitada, como ya hemos visto en cierta medida, está inseparablemente relacionada con los otros cuatro puntos del calvinismo. Es, por lo tanto, realmente imposible ser un calvinista de tres- o cuatro- puntos y rechazar esta doctrina manteniendo todas o la mayoría de las demás.

La conexión entre la elección *incondicional* y la expiación limitada es clara. La elección incondicional explica qué es lo que limita la expiación, es decir, la voluntad soberana y la elección de Dios mismo. La expiación universal dice que no es la voluntad de Dios, sino la del hombre, la que limita la expiación y casi siempre, por lo tanto, niega la elección incondicional, enseñando en cambio una elección condicional que Dios solo *prevé* y luego selecciona quién elegirá a Cristo y quién se beneficiará de la muerte de Cristo.

La elección es en vano si la salvación y la cruz todavía dependen de la elección del libre albedrío del hombre. Si Dios escogió o no a alguien, no haría ninguna diferencia. Todo todavía dependería de la decisión del hombre de aceptar o rechazar a Cristo.

En cuanto a la depravación total, esa doctrina es la razón por la cual la expiación debe ser eficaz para todos aquellos a quienes Dios ha dado a Cristo, porque la doctrina de la depravación total nos enseña que el hombre no tiene por sí mismo ningún poder para aceptar a Cristo o creer en la cruz. Si el poder de la cruz realmente dependiera de nuestra aceptación de Cristo, y si los hombres son totalmente depravados, nadie en absoluto podría ser salvado por la cruz.

Asimismo, las doctrinas de la gracia irresistible y la perseverancia se derivan de la expiación limitada. La doctrina de la expiación limitada significa que Cristo compró todo por Su muerte, incluyendo la gracia que nos lleva a la salvación y nos preserva en la salvación hasta el final. También significa que aquellos por quienes Cristo murió son salvados y deben ser salvados. Exige, por lo tanto, una gracia que es poderosa e irresistible y que nunca falla.

CAPÍTULO V
Gracia irresistible

¿Depende la salvación de la gracia de Dios o del libre albedrío del pecador? ¿Puede frustrarse la voluntad de Dios de salvar al hombre? ¿Puede suceder que, aunque la gracia de Dios haya comenzado a obrar en un hombre, esa gracia es capaz de ser resistida y perdida? ¿Trata Dios simplemente de salvar a los hombres o *realmente* los salva a ellos?

¡Estas son preguntas vitales! Su significado no se enfoca más claramente que en una discusión de la verdad de la gracia irresistible.

La doctrina de la gracia irresistible, o "gracia eficaz", como a veces se le llama, es el cuarto de los cinco puntos del calvinismo. Está representado por la *I* de las siglas en ingles *TULIP*. La gracia irresistible se opone a la enseñanza de que la salvación depende de la decisión final del hombre. Según el arminianismo, el hombre puede frustrar la gracia de Dios. El calvinismo enseña que la gracia de Dios salva irresistiblemente al hombre.

Por gracia irresistible queremos decir que la gracia y la salvación de Dios no pueden ser *efectivamente* resistidas. Cuando Dios determina salvar a un hombre, ¡ese hombre es salvado! Ni ese hombre mismo, ni el diablo ni el mundo malvado pueden impedir su salvación. Nada puede interponerse en el camino del propósito salvador de Dios. No solo Dios quiere salvarlo y obra para salvarlo, sino que Él realmente lo salva, "Porque ¿quién ha resistido a su voluntad?" (Rom. 9:19).

La gracia irresistible es un tema importante. Que ninguna

145

iglesia o cristiano individual suponga lo contrario. La importancia de este tema no es simplemente a que se refiere la pregunta: "¿Puede ser resistida la gracia?" sino finalmente a la pregunta "¿Puede ser resistido Dios?" porque la gracia de la salvación es la gracia de *Dios*. ¿Puede Dios, el Dios soberano —el Dios sobre quien las escrituras declaran que "él hace según su voluntad en el ejército del cielo. . . y no hay quien detenga su mano" (Dn. 4:35)— sentirse frustrado en Su voluntad de salvar a un solo pecador? El tema se refiere al carácter mismo y al Ser de Dios. La doctrina de la gracia irresistible nos confronta con la pregunta más fundamental con la que un hombre puede enfrentarse: ¿qué crees acerca de Dios?

Debido a que la fe reformada confiesa la verdad de que Dios es un Dios soberano, también enseña la verdad bíblica de Su gracia irresistible. Esto, ciertamente, es una lógica rigurosa, como cualquier persona de pensamiento claro puede ver. Más importante aún, esta es la enseñanza de las sagradas escrituras. El propósito de este capítulo será demostrar la validez de esta afirmación.

A. La doctrina

1. La salvación se debe al poder de la sola gracia de Dios

Si un pecador ha sido elegido incondicionalmente para la salvación en la eternidad por Dios el Padre, en el tiempo ha sido redimido por la muerte de Jesucristo. Pero este pecador también debe ser salvado; es decir, los beneficios de la muerte de Cristo deben ser aplicados a él, y debe ser hecho poseedor de la salvación que Dios ha querido para él. Él debe ser convertido en corazón y vida de un pecador muerto, incrédulo y desobediente a un hijo de Dios vivo, creyente y obediente. El poder de Dios que obra este cambio radical en el pecador es la *gracia*.

La salvación es por gracia, y solo por *gracia*. En la historia de la iglesia, este ha resultado ser el tema fundamental: ¡*sola gracia*! Siempre ha habido quienes, aunque hablaban de la salvación por gracia, también atribuían la salvación, al menos en cierta medida, a la obra y la capacidad del hombre. Sí, la salvación se debe a la gracia de Dios, decían (¡y siguen diciendo!), pero esa gracia de Dios coopera con la obra y la voluntad del pecador. Sí, el poder de Dios logra la salvación, pero el poder de Dios depende de la voluntad del pecador. Para resumir este punto de vista, la salvación se debe a la gracia de Dios y algo más, en lugar de la sola *gracia* de Dios.

Las escrituras enseñan definitivamente que la salvación es por gracia. En Efesios 2:8 el apóstol Pablo enseña: "Porque por *gracia* sois salvos por medio de la fe; y esto no de vosotros, pues es don de Dios". En Hechos 20:24 el mismo apóstol habla del evangelio como "el evangelio de la *gracia* de Dios". Con respecto a sí mismo, Pablo dice en 1 Corintios 15:10, "Por la *gracia* de Dios soy lo que soy".

Que somos salvados por gracia significa que no somos salvados por obras. La salvación solo por gracia significa que nuestras obras no contribuyen en absoluto a nuestra salvación. El hecho de que la gracia descarta las obras como la causa de la salvación es claro en las escrituras. Leemos en Romanos 11:5, 6: "Así también aun en este tiempo ha quedado un remanente escogido por *gracia*. Y si por gracia, ya no es por obras; de otra manera la gracia ya no es gracia. Y si por obras, ya no es gracia; de otra manera la obra ya no es obra". Gálatas 2:16 enseña la misma verdad: "Sabiendo que el hombre no es justificado por las obras de la ley, sino por la fe de Jesucristo, nosotros también hemos creído en Jesucristo, para ser justificados por la fe de Cristo y no por las obras de la ley, por cuanto por las obras de la ley nadie será justificado". Pablo declara en Tito 3:5, "Nos salvó, no por obras de justicia que nosotros hubiéramos hecho, sino por su misericordia, por el lavamiento de la regeneración y por la renovación en el Espíritu Santo".

2. La gracia *irresistible* de la salvación

Es claro que el poder de la gracia debe ser un gran poder. El hombre es el pecador; Dios debe ser el Salvador. El hombre es incapaz; Dios debe ser capaz. El hombre es impotente; Dios debe ser omnipotente. El hombre es débil; Dios debe ser soberano.

Somos como el hombre a quien Jesús sanó en el estanque de Betesda (Jn. 5:1-9). Así como él era físicamente impotente, así también nosotros somos espiritualmente impotentes, en absoluto totalmente incapaces de caminar (espiritualmente). Y nuestra condición se debe a nuestro pecado, como sucedió con el hombre impotente. "Después le halló Jesús en el templo, y le dijo: Mira, has sido sanado; no peques más, para que no te venga alguna cosa peor" (Jn. 5:14).

La salvación del pecador *exige* gran poder. El diablo debe ser derrotado; un rebelde debe ser sometido; un corazón de piedra debe ser hecho un corazón de carne; una nueva criatura debe renacer; el hombre muerto debe ser resucitado. Esta obra requiere un gran poder, un poder que está más allá del poder de una simple criatura: un poder milagroso, un poder sobrenatural, un poder divino.

De parte de Dios, se requiere *un gran poder*. No basta con rogar, suplicar o persuadir a los hombres. Debe existir el ejercicio de un poder omnipotente, tal poder como el que se exhibió en la creación del mundo. Realmente cada hijo de Dios es una evidencia viviente del poder omnipotente de Dios. De parte de cualquiera que haya sido objeto de la gracia salvadora de Dios, no puede haber ninguna duda sobre la soberanía de Dios en la salvación. Cualquiera que por la gracia de Dios se conozca a sí mismo, *conoce* la soberanía de Dios.

Dado que el poder de la gracia es un gran poder, queda la cuestión de si es o no un poder *irresistible*. Dado que el pecador está muerto, dado que Dios debe obrar en la salvación, dado que Su obra es poderosa, ¿no podría ser aun que esta obra pueda ser resistida y frustrada por el pecador? ¿no podría ser que Dios obra para dar a todos los hombres la capacidad de venir a Cristo si escogen hacerlo? ¿no podría la gracia solo *permitir* a los hombres venir a Cristo, siempre condicionados a su libre albedrío, de modo que el hombre podría muy bien escoger *no venir* a Cristo y *resistir* Su gracia? La pregunta crucial sigue siendo esta: ¿Es la gracia de Dios *irresistible*?

La respuesta de las escrituras y de la fe reformada es, ¡Sí! La gracia, si es gracia, debe ser una gracia irresistible. Debido a que Dios es un Dios irresistible, todopoderoso y totalmente soberano, Su gracia es irresistible, poderosa y soberana. Dios y la gracia de Dios no pueden ser efectivamente y finalmente resistida por el más obstinado de los pecadores. Cuando la gracia de Dios opera para salvar al pecador, esa gracia *triunfará* en la salvación de ese pecador. Él *será* salvado. Dios *tendrá* la victoria. Ni el poder del diablo, ni el poder del mundo malvado, ni el poder del pecador mismo podrán impedir, derribar o frustrar la obra de la gracia de Dios. El Dios de las escrituras es el Dios de quien Isaías dice en Isaías 46:9, 10, "No hay otro Dios, y nada hay semejante a mí, que anuncio lo por venir desde el principio, y desde la antigüedad lo que aún no era hecho; que digo: Mi consejo permanecerá, y haré todo lo que quiero". Él es el Dios ante quien Daniel dice en Daniel 4:35, "Todos los habitantes de la tierra son considerados como nada; y él hace según su voluntad en el ejército del cielo, y en los habitantes de la tierra, y no hay quien detenga su mano, y le diga: ¿Qué haces?".

El dios de la gracia resistible no es el Dios de las escrituras. El primero es un dios débil, un dios ineficaz, un dios impotente. En realidad, él no es un dios en absoluto, sino un ídolo. ¡Esta es la seriedad de la negación de la gracia irresistible de Dios!

B. Pruebas bíblicas

¿Qué pasajes de la Biblia prueban esta enseñanza de la gracia irresistible? ¿Apoyan las escrituras esta enseñanza? Sin duda, lo hacen.

1. La salvación sólo por gracia

   a. Romanos 3:24: "Siendo justificados gratuitamente por su gracia, mediante la redención que es en Cristo Jesús".
   b. Romanos 4:16: "Por tanto [la salvación], es por fe, para que sea por gracia, a fin de que la promesa sea firme para toda su descendencia".
   c. Romanos 9:16: "Así que no depende [la salvación] del que quiere, ["libre" albedrío], ni del que corre

["buenas" obras], sino de Dios que tiene misericordia".

d. 1 Corintios 15:10: "Pero por la gracia de Dios soy lo que soy; y su gracia no ha sido en vano para conmigo, antes he trabajado más que todos ellos; pero no yo, sino la gracia de Dios conmigo".

e. Efesios 2:8: "Porque por gracia sois salvos por medio de la fe; y esto no de vosotros, pues es don de Dios".

2. La salvación *no* por las obras del hombre

a. Romanos 3:28: "Concluimos, pues, que el hombre es justificado por fe sin las obras de la ley".

b. Romanos 11:6: "Y si por gracia, ya no es por obras; de otra manera la gracia ya no es gracia. Y si por obras, ya no es gracia; de otra manera la obra ya no es obra".

c. Gálatas 5:4: "De Cristo os desligasteis, los que por la ley os justificáis; de la gracia habéis caído".

d. Efesios 2:8, 9: "Porque por gracia sois salvos por medio de la fe; y esto no de vosotros, pues es don de Dios; *no por obras, para que nadie se gloríe*".

e. 2 Timoteo 1:9: "Quien nos salvó y llamó con llamamiento santo, no conforme a nuestras obras, sino según el propósito suyo y la   gracia que nos fue dada en Cristo Jesús antes de los tiempos de los siglos".

f. Tito 3:5: "Nos salvó, no por obras de justicia que nosotros hubiéramos hecho, sino por su misericordia, por el lavamiento de la regeneración y por la renovación en el Espíritu Santo".

3. Arrepentirse y creer por la gracia de Dios

   a. Juan 3:27: "Respondió Juan [el Bautista] y dijo: No puede el hombre recibir nada, si no le fuere dado del cielo".

   b. Juan 6:65: "Y dijo: Por eso os he dicho que ninguno puede venir a mí, si no le fuere dado del Padre".

   c. Hechos 5:31: "A este, Dios ha exaltado con su diestra por Príncipe y Salvador, para dar a Israel arrepentimiento y perdón de pecados".

   d. Hechos 11:18: "Entonces, oídas estas cosas, callaron, y glorificaron a Dios, diciendo: ¡De manera que también a los gentiles ha dado Dios arrepentimiento para vida!"

   e. Hechos 16:14: "Entonces una mujer llamada Lidia, vendedora de púrpura, de la ciudad de Tiatira, que adoraba a Dios, estaba oyendo; y el Señor abrió el corazón de ella para que estuviese atenta a lo que Pablo decía".

   f. Hechos 18:27: "Y queriendo él [Apolos] pasar a Acaya, los hermanos le animaron, y escribieron a los discípulos que le recibiesen; y llegado él allá, fue de gran provecho a los que por la gracia habían creído".

   g. 1 Corintios 4:7: "Porque ¿quién te distingue? ¿o qué tienes que no hayas recibido? Y si lo recibiste, ¿por qué te glorías como si no lo hubieras recibido?

   h. Filipenses 1:29: "Porque a vosotros os es *concedido* a causa de Cristo, no solo que creáis en él, sino también que padezcáis por él".

   i. Filipenses 2:13: "Porque *Dios es el que en vosotros* produce así *el querer como el hacer*, por su buena voluntad".

j. 2 Timoteo 2:25: "que con mansedumbre corrija a los que se oponen, por si quizá Dios les conceda que se arrepientan para conocer la verdad".

4. Gracia *irresistible*

Que la gracia de la salvación es irresistible es la clara enseñanza de la multitud de pasajes de las escrituras que hablan de Dios salvando eficazmente a los pecadores. Dios no intenta salvar a los pecadores, dependiendo de su cooperación. Él no intenta salvar a los pecadores, sino que permanece impotente a menos que ellos ejerzan su libre albedrío. Él no hace Su mejor esfuerzo para salvar a los pecadores, siempre enfrentando la posibilidad real de que Su mejor esfuerzo no sea lo suficiente bueno y que el pecador puede resistir efectivamente Sus esfuerzos para salvarlo. No, Dios salva a los pecadores soberanamente, eficazmente, irresistiblemente. Este es el lenguaje de las escrituras de principio a fin.

a. Deuteronomio 30:6: "Y *circuncidará* Jehová tu Dios tu corazón, y el corazón de tu descendencia, para que ames a Jehová tu Dios con todo tu corazón y con toda tu alma, a fin de que vivas".

b. Isaías 55:11: "Así será mi palabra que sale de mi boca; no volverá a mí vacía, sino que hará lo que yo quiero, y será prosperada en aquello para que la envié".

c. Ezequiel 36:26, 27: "*Os daré* corazón nuevo, y *pondré* espíritu nuevo dentro de vosotros; y *quitaré* de vuestra carne el corazón de piedra, y *os daré* un corazón de carne. Y *pondré* dentro de vosotros mi Espíritu, y *haré* que *andéis* en mis estatutos, y *guardéis* mis preceptos, y los *pongáis* por obra".

d. Juan 6:37: "Todo lo que el Padre me da [Jesús] vendrá a mí; y al que a mí viene, no le echo fuera".

e. Juan 6:39: "Y esta es la voluntad del Padre, el que me envió: Que de todo lo que me diere, no pierda yo nada, sino que lo resucite en el día postrero".

f. Juan 6:44, 45: "Ninguno puede venir a mí, si el Padre que me envió no le trajere; y yo le resucitaré en el día postrero. Escrito está en los profetas: Y serán todos enseñados por Dios. Así que, todo aquel que oyó al Padre, y aprendió de él, viene a mí".

g. Romanos 8:29, 30: "Porque a los que antes conoció [los amó antes de que empezara el tiempo], también los predestinó para que fuesen hechos conformes a la imagen de su Hijo, para que él sea el primogénito entre muchos hermanos. Y a los que predestinó, a estos también llamó; y a los que llamó, a estos también justificó; y a los que justificó, a estos también glorificó".

Todos los predestinados (los elegidos) y llamados por Dios son infaliblemente llevados a la salvación. El resultado de ser predestinados y llamados es que son *justificados y glorificados*. *Nada* puede impedir la glorificación final de ninguno de los predestinados y llamados.

5. La salvación como renacimiento, recreación, resurrección

La descripción que hacen las escrituras de la salvación como renacimiento, recreación y resurrección de entre los muertos, deja fuera de toda duda la verdad de la gracia irresistible.

a. Renacimiento

Una y otra vez la Biblia habla de la salvación como un renacimiento. Esta es la descripción que hace Jesús de la salvación en Su bien conocido discurso con Nicodemo en Juan 3. En el versículo tres Jesús dice: "De cierto, de cierto te digo, que el que no naciere de nuevo, no puede ver el reino de Dios". Otras escrituras que se refieren a la salvación como un renacimiento incluyen Juan 1:13; Juan 5:21, 24; Efesios 1:19, 20; Efesios 2:1, 5; Colosenses 2:13; Tito 3:5; 1 Pedro 1:3; 1 Juan 2:29; 1 Juan 3:9; 1 Juan 4:7; 1 Juan 5:1, 4, 18.

El hecho de que la salvación sea un renacimiento implica que la gracia de la salvación es irresistible. En lo que respecta al nacimiento físico, el niño que nace no tiene nada que decir sobre si va a nacer o no. Él no coopera en su nacimiento, ni siquiera quiere ser concebido y traído al mundo. Tampoco es capaz de resistir eficazmente la concepción y el nacimiento. Lo que es cierto del nacimiento físico también es cierto del renacimiento espiritual. No se debe a nosotros; no cooperamos en ello; ni somos capaces de resistirlo eficazmente.

b. Recreación

A menudo, las escrituras describen nuestra salvación en términos de recreación. Pablo escribe, por ejemplo, en 2 Corintios 5:17, "De modo que si alguno está en Cristo, nueva criatura es; las cosas viejas pasaron; he aquí todas son hechas nuevas". Otros lugares en las escrituras donde se emplea esta figura incluyen Gálatas 6:15; Efesios 2:10; Efesios 4:24; Colosenses 3:10.

Que la salvación es una recreación también implica que la

gracia de la salvación es irresistible. Basta con preguntarse: Cuando Dios creó todas las cosas en el principio, ¿cómo las creó? ¿Las creó de tal manera que cuando pronunció la palabra de creación llamando a cada criatura a la existencia, todavía quedaba la duda de si esa criatura llegaría a existir o no? ¿Cooperó la criatura con Dios en su creación? ¿Había una sola criatura capaz de resistir la palabra creadora de Dios? Hacer estas preguntas son para responderlas. Lo que era cierto acerca de la creación original de Dios de todas las cosas en el principio también es cierto de Su obra aún mayor de recreación.

c. Resurrección

Otra figura común usada en las escrituras para describir la obra de Dios de salvar a los pecadores perdidos es la resurrección de entre los muertos. Recordemos la bien conocida profecía de los huesos secos en Ezequiel 37. En Efesios 2:1 Pablo escribe: "Y él os dio vida a vosotros [os hizo revivir], cuando estabais muertos en vuestros delitos y pecados". Otros pasajes de las escrituras donde aparece esta misma figura incluyen Juan 5:28, 29; Romanos 6:13; Romanos 8:10; Romanos 11:15; Efesios 2:5; Colosenses 2:13; Colosenses 3:1.

La salvación del pecador es una resurrección del pecador, un resucitar de él de la muerte espiritual, un resucitar de él de estar muerto en delitos y pecados. Al describir la salvación como una resurrección de la muerte, la Biblia enfatiza que el poder que salva al pecador es un poder irresistible. Es una locura enseñar que la obra de la salvación se debe a la cooperación del pecador. Es una locura enseñar que en la obra de la salvación el pecador es capaz de frustrar y resistir las intenciones y la obra de Dios para salvarlo. ¿Puede un hombre muerto cooperar en su resucitación? ¿Podría Lázaro haber frustrado las intenciones de Cristo de resucitarlo de entre los muertos? En el último día, cuando Cristo venga de nuevo y resucite a los muertos, ¿estarán esos cuerpos muertos en condiciones de cooperar para ser resucitados o negarse a ser resucitados, resistiendo el poder de la resurrección e impidiendo la voluntad del Cristo exaltado de que sean resucitados? Por supuesto que no. Tampoco el pecador es capaz de cooperar o resistirse a que Dios lo salve.

6. La soberanía de la voluntad de Dios

Aquellos textos de las escrituras que enseñan la soberanía de la voluntad de Dios también implican la verdad de la gracia irresistible. Si lo que Dios quiere siempre sucede, entonces el propósito de Dios de salvar a un pecador es un propósito que debe realizarse.

a. Salmos 115:3: "Nuestro Dios está en los cielos; Todo lo que quiso ha hecho".

b. Isaías 46:9, 10: "Acordaos de las cosas pasadas desde los tiempos antiguos; porque yo soy Dios, y no hay otro Dios, y nada hay semejante a mí, que anuncio lo por venir desde el principio, y desde la antigüedad lo que aún no era hecho; que digo: Mi consejo permanecerá, y haré todo lo que quiero".

c. Daniel 4:35: "Todos los habitantes de la tierra son considerados como nada; y él hace según su voluntad en el ejército del cielo, y en los habitantes de la tierra, y no hay quien detenga su mano, y le diga: ¿Qué haces?"

C. Pasajes difíciles

Contra la doctrina de la gracia irresistible, a menudo se apela a ciertos pasajes de la Escritura que parecen enseñar que es realmente posible que el pecador resista y así frustre la gracia de Dios.

En la explicación de estos pasajes, debe entenderse que la doctrina de la gracia irresistible no significa que el hombre natural no se oponga a Dios, al Cristo de Dios, al Espíritu de Dios y a la Palabra de Dios. Ciertamente lo hace. Él es un rebelde contra Dios y un aborrecedor de Dios. No hay amor de Dios en él, ni deseo de agradar a Dios. Esto es simplemente lo que significa que el pecador es totalmente depravado. En este sentido, ciertamente es verdad que el pecador resiste a Dios y a la salvación.

Pero la pregunta es, ¿Puede el pecador resistir *efectivamente* la gracia de Dios? ¿Puede el mantener su resistencia contra Dios incluso cuando Dios ha determinado salvarlo y ha comenzado a salvarlo? ¿Puede frustrar al Espíritu Santo una vez que el Espíritu ha comenzado a obrar en su corazón y en su vida? La respuesta a todas estas preguntas es: ¡No! En este sentido, Dios no puede ser resistido. Su gracia es una gracia irresistible.

1. Mateo 23:37: Jesús se lamenta: "¡Jerusalén, Jerusalén, que matas a los profetas, y apedreas a los que te son enviados! ¡Cuántas veces quise juntar a tus hijos, como la gallina junta sus polluelos debajo de las alas, y no quisiste!"

En el versículo anterior, leemos el lamento de Jesús sobre

Jerusalén. Sí, los líderes malvados de los judíos hicieron todo lo posible para evitar que Jesús juntara a los hijos de Jerusalén. Apedrearon a los profetas y se opusieron a la predicación y enseñanza de Jesús. Desacreditaron a Jesús ante el pueblo y amenazaron con tomar represalias contra cualquiera que lo confesara abiertamente. Sin embargo, esto no implica de ninguna manera que estos líderes malvados hayan logrado evitar que Jesús reuniera a los hijos de Jerusalén. Los elegidos de los hijos de Jerusalén fueron reunidos y salvados, a pesar de la resistencia de los gobernantes malvados.

2. Hechos 7:51: "Vosotros resistís siempre al Espíritu Santo; como vuestros padres, así también vosotros".

La acusación de Esteban contra los judíos incrédulos era que sus padres siempre habían resistido al Espíritu Santo, y así también ellos. Esto no implica que la gracia sea resistible. Esteban no está hablando de estos judíos malvados que efectivamente resisten la gracia del Espíritu Santo obrando dentro de ellos para salvarlos. ¡De ninguna manera! Más bien está hablando de su oposición al Espíritu Santo en el sentido de que constantemente se oponían a la Palabra del Espíritu Santo en las escrituras y a los profetas que fueron los instrumentos del Espíritu Santo para traer esa palabra. Así como sus padres resistieron a Moisés y Aarón, así también los judíos de los días de Esteban resistieron a Jesús y a sus apóstoles. No resistieron al Espíritu Santo dentro de ellos, porque estaban desprovistos del Espíritu Santo. La prueba de ello es su rechazo y lapidación de Esteban. Pero su resistencia fue al llamado externo, los mandatos, las reprensiones y las enseñanzas de los siervos de Dios enviados por el Espíritu.

D. Objeciones

1. "La gracia irresistible significa que el hombre es salvado contra su voluntad"

Contra la enseñanza de la Escritura de la gracia irresistible, los enemigos de esta verdad plantean varias objeciones. Una de sus objeciones es que, si la gracia de Dios es irresistible, entonces el hombre es realmente salvo en contra de su voluntad. Caricaturizando el calvinismo, ellos dicen que enseña que Cristo atrae a los pecadores dando patateos y gritos al cielo, que Dios obliga a los hombres a salvarse en contra su voluntad. Aquellos que se aferran a la gracia irresistible se les acusa de enseñar que Dios trata a los hombres como cabezas huecas, títeres o marionetas.

¡Nosotros rechazamos esta acusación! Esta no es la enseñanza de la Biblia sino una burda tergiversación.

Tampoco se trata de defender la verdad de la gracia soberana negando o restando importancia a la actividad de la fe. Uno no se muestra a sí mismo como un firme defensor de la gracia irresistible poniéndose nervioso cada vez que alguien habla de *nuestro* arrepentimiento, *nuestra* creencia o *nuestra* venida a Cristo, como si esto pusiera el énfasis en el hombre, la obra del hombre y la capacidad del hombre, y pusiera en peligro la verdad de la gracia soberana.

La realidad es que el fruto, el efecto infalible de la gracia de Dios en el pecador, es que, aunque antes no creía en Jesucristo, ahora cree en el verdadero Jesucristo. Aunque antes no se arrepentía de sus pecados, ahora realmente se arrepiente de sus pecados. Aunque antes no quería venir al verdadero Cristo, ahora quiere y en realidad viene a Cristo. La gracia irresistible no descarta el arrepentimiento y la fe, sino que garantiza que el pecador se arrepentirá y creerá en Jesucristo.

Tenemos una ilustración de esta verdad en la curación milagrosa de Jesús del hombre paralítico en el estanque de Betesda en Juan 5. Ese hombre impotente no tenía en absoluto la capacidad en sí mismo para caminar, ni estaba en condiciones de cooperar con Jesús en el milagro de su curación. Pero cuando Jesús pronunció la palabra que lo sanó, aquel hombre paralítico fue sanado, y el resultado de ser sanado fue que hizo lo que antes no podía hacer: tomó su lecho y caminó.

Que nuestro querer como el hacer son el resultado de la gracia de Dios obrando en nuestras vidas es claramente enseñado en las escrituras. David declara en el Salmo 110:3, "Tu pueblo se te ofrecerá voluntariamente en el día de tu poder". Pablo escribe: "Porque Dios es el que en vosotros produce así el querer como el hacer, por su buena voluntad". (Fil. 2:13).

2. "La gracia irresistible hace innecesaria la predicación y los otros medios de gracia"

Otra objeción contra la verdad de la gracia irresistible es que excluye efectivamente el uso de medios, particularmente los medios de la predicación del evangelio. Si el hombre no tiene la capacidad en sí mismo de creer, de aceptar a Jesucristo y la salvación, ¿por qué llamar a los hombres a la fe en Jesucristo? Si no está en la capacidad de cada hombre cooperar en la salvación, ¿por qué predicar el evangelio a todos los hombres? Si la gracia de Dios es irresistible y si la voluntad de Dios de salvar a ciertos hombres ciertamente se cumplirá, ¿por qué la iglesia debe preocuparse por predicar el evangelio en el hogar o en el campo misionero? ¿No salvará Dios a su pueblo a pesar de todo?

Esta objeción violenta la verdad de que, aunque la gracia de Dios es irresistible, esa gracia irresistible de Dios obra en los hombres *a través de medios definidos*, el principal de los cuales es la predicación del evangelio. La regla divina en este asunto es que Dios obra y Dios mantiene Su gracia en los corazones de Su pueblo elegido por medio de la predicación del evangelio.

La advertencia de los Cánones de Dordt, III / IV, Artículo 17, es válida aquí:

"Así como la operación todopoderosa de Dios, mediante la cual él prolonga y sostiene esta nuestra vida natural, *no excluye, sino que requiere el uso de medios*, por los cuales Dios de su infinita misericordia y bondad ha escogido ejercer su influencia, así también la operación sobrenatural de Dios antes mencionada, por lo cual somos regenerados, de ninguna manera excluye o rechaza el uso del evangelio, *que Dios en su gran sabiduría ha puesto como semilla de la regeneración y alimento del alma*. Por tanto, como los apóstoles y maestros que los sucedieron, instruyeron piadosamente al pueblo acerca de esta gracia de Dios, para su gloria y la humillación de todo orgullo, y mientras tanto, sin embargo, no descuidaron guardarlos por los sagrados preceptos del evangelio en el ejercicio de la Palabra, los sacramentos y la disciplina; así que incluso hasta el día de hoy, esté lejos de los instructores o instruidos para presumir de tentar a Dios en la iglesia separando lo que él de su buena voluntad ha unido más íntimamente".

E. Negaciones de la gracia irresistible

1. El libre albedrío

La negación sobresaliente de la gracia irresistible es la enseñanza popular sobre el "libre albedrío" del pecador. Aquellos que sostienen el libre albedrío no sólo enseñan que el hombre tiene la capacidad dentro de sí mismo para aceptar a Jesucristo, sino que también enseñan que está en el poder de todo hombre rechazar a Jesucristo, es decir, resistir y frustrar las operaciones de la gracia de Dios, e impedir los esfuerzos de Cristo para salvarlo. ¡Qué blasfemia!

Esta fue la enseñanza de Erasmo en el tiempo de la Reforma sobre el poder del libre albedrío. En su libro *Sobre la Libertad de la Voluntad,* Erasmo afirma: "Por libre elección en este lugar nos referimos a un poder de la voluntad humana por la cual un hombre puede aplicarse a las cosas que conducen a la salvación eterna, o apartarse de ellas".[1]

Los arminianos en el Sínodo de Dordt atribuyeron el mismo poder al libre albedrío. En el Sínodo declararon su posición de la siguiente manera:

> "Sin embargo, no creemos que todo celo, cuidado y diligencia ejercidos para obtener la salvación antes de la fe misma y el Espíritu de regeneración, sean ociosos y en vano, si, incluso mucho más dañinos para el hombre, sino útiles y provechosos; por el contrario, sostenemos que escuchar la Palabra de Dios, arrepentirse de los pecados cometidos, desear la gracia salvadora de Dios y el Espíritu de regeneración (con las cuales cosas, sin embargo, el hombre no puede hacer nada sin la gracia) no

solo no son perjudiciales ni provechosas, sino mucho más útiles y altamente necesarios para obtener la fe y el Espíritu de renovación".[2]

Aunque las declaraciones de Erasmo y de los arminianos fueron algo cautelosas, las mayores afirmaciones sobre el libre albedrío se hacen hoy. El poder casi ilimitado se atribuye a la voluntad del pecador. El libre albedrío es capaz de aceptar a Jesucristo ofrecido en el evangelio, es poderoso para abrir el corazón a un Salvador suplicante, es capaz de tomar una decisión por Dios. De hecho, el libre albedrío es más poderoso que Dios mismo, porque puede resistir a Dios e impedir las operaciones de la gracia salvadora de Dios.

Debe quedar claro que enseñar el libre albedrío es negar la gracia irresistible. Si el poder del libre albedrío no es sólo que puede aceptar a Jesucristo y la salvación, sino también rechazar la misma, el hombre es capaz de resistir eficazmente la gracia de Dios. Si Dios desea la salvación de todos los hombres, pero la salvación depende del ejercicio de su libre albedrío, está necesariamente implícito que, aunque Dios desea la salvación de cierto hombre, ese hombre puede ser capaz de frustrar el deseo de Dios de salvarlo.

De hecho, la enseñanza del libre albedrío no sólo es una negación del carácter irresistible de la gracia de Dios, sino que es realmente una negación de la gracia por completo. Si la salvación depende de un poder en el hombre, un poder que es capaz de aceptar o rechazar la salvación, la salvación se convierte en una obra del hombre. Y si la salvación se debe a una obra del hombre, por pequeña que sea esa obra, ya no se debe a la gracia de Dios.

Si el hombre, a través de su llamado libre albedrío es capaz de vencer la voluntad de Dios en la salvación, entonces el hombre se convierte en un dios —cayendo presa de la mentira de Satanás: "Seréis como Dios" (Gn. 3:5).— Y si somos dioses, entonces Dios no es solo Dios. ¡El libre albedrío es mortalmente serio!

2. Sinergismo

Sinergismo es una palabra derivada de la combinación de dos palabras griegas que literalmente significan *trabajar juntos*. En teología, el sinergismo se refiere a la visión de que el hombre y Dios cooperan en la salvación. Específicamente, enseña que la voluntad del hombre coopera con el Espíritu de Dios en la obra de la regeneración.

El sinergismo es básicamente lo mismo que la enseñanza del libre albedrío, con el único refinamiento de que la salvación no se debe *exclusivamente* al ejercicio del libre albedrío del hombre, sino a la cooperación de la voluntad del hombre y la voluntad de Dios. La obra inicial de la salvación es realizada conjuntamente por Dios y el hombre.

La enseñanza del sinergismo es también una negación de la gracia irresistible. Es una negación de la pecaminosidad y la muerte espiritual del hombre, quien es el objeto de la gracia de Dios. Es también una negación del carácter soberano e irresistible de la gracia de Dios, haciendo que la eficacia de la gracia de Dios dependa de la cooperación del hombre pecador.

3. La gracia común

La enseñanza de la gracia común conduce a una negación de la gracia irresistible. Eso no es difícil de demostrar. La gracia común es una gracia de Dios que se muestra a todos los hombres, pero no los salva. Enseñar una gracia de Dios que no salva, enseñar una gracia de Dios de la cual todos los hombres son objetos, es el primer paso hacia la negación absoluta de la gracia irresistible. De hecho, en aquellas iglesias en las que la gracia común se ha convertido en un dogma aceptado, se ha producido un debilitamiento y a veces incluso una renuncia abierta a la doctrina de la gracia irresistible.

4. La libre oferta del evangelio

La enseñanza de la libre oferta del evangelio, en la medida en que presupone el libre albedrío del pecador, es también una negación implícita de la irresistibilidad de la gracia. Si el evangelio ya no es poder de Dios para la salvación, como Pablo dice en Romanos 1:16, y si no es el medio por el cual Dios obra la gracia en los corazones de los elegidos, sino sólo una *oferta* de salvación que depende de que el pecador acepte esa oferta; entonces seguramente está implícito que el pecador puede muy bien escoger por rechazar el evangelio y la oferta de gracia y salvación en el evangelio. Entonces, aunque Dios quiera salvarlo, aunque Dios exprese Su amor por él en el evangelio, el pecador es capaz de frustrar ese deseo y amor de Dios. La doctrina de la gracia irresistible es así negada.

F. Importancia práctica

La importancia de la doctrina de la gracia irresistible es grande. Pertenece al mensaje del evangelio. Desde varios puntos de vista, es importante que la iglesia y cada cristiano personalmente se aferren a esta verdad.

1. La gracia irresistible y la salvación por gracia

El mantenimiento de la gracia irresistible es importante para nuestra confesión de la verdad de que la salvación es de gracia. Negar la gracia irresistible, enseñar el libre albedrío, es enseñar que la salvación depende de la voluntad y la obra del hombre. Es enseñar gracia *más* obras en lugar de la sola gracia. Ese no es el evangelio, sino otro evangelio, un evangelio falso, un evangelio que no es evangelio en absoluto.

2. La gracia irresistible y la seguridad de la salvación

La seguridad del creyente depende de la verdad de la gracia irresistible. Si es posible que la gracia de Dios pueda ser resistida, que después de que Dios haya comenzado su obra salvadora en mí, todavía es posible que yo pueda resistirla y perderla, ¿cómo puedo estar seguro de mi salvación? No puedo estarlo. La doctrina del libre albedrío y la enseñanza de la gracia resistible son doctrinas crueles. Ellas despojan al hijo de Dios de la seguridad de la salvación. Entonces él debe vivir en constante duda y temor si alguna vez será salvo. ¡Eso es aterrador! ¡Eso es paralizante! ¡Eso es deprimente!

3. La gracia irresistible y la oración intercesora

Si la gracia de Dios no fuera irresistible, sería insensato orar por la conversión o el arrepentimiento de alguien. Si Dios permanece impotente ante la temible majestad del libre albedrío del hombre, ¿qué sentido tendría orar para que Él convierta a alguien? ¡Qué desesperación para el cristiano casado con un cónyuge incrédulo! ¡Qué desesperación para aquellos padres creyentes que tienen un hijo rebelde! ¡Qué desesperación para esa iglesia que tiene miembros extraviados! Por otro lado, ¡qué esperanza podemos tener cuando entendemos que la gracia de Dios es soberana e irresistible! Cada miembro del pueblo de Dios sabe esto por experiencia.

G. Relación con los otros cuatro puntos

Ciertamente, la verdad de la gracia irresistible establece la verdad de la soberanía de Dios. Si Dios es soberano, y Él lo es, la gracia de Dios debe ser una gracia irresistible. Negar la gracia irresistible es realmente negar la soberanía de Dios. Entonces Dios y la voluntad de Dios dependen del hombre y de la voluntad del hombre. Entonces Cristo es reducido a un mendigo. El Espíritu Santo es un debilucho. Dios es puesto en la posición de Darío, quien deseaba fervientemente salvar a Daniel del foso de los leones, pero no pudo (Dn. 6). Debido a que Dios es Dios, el Dios todopoderoso, Su gracia es una gracia irresistible.

La gracia irresistible es necesaria por la depravación total del hombre. Precisamente porque el hombre es un pecador, indigno de la salvación, su salvación debe ser por gracia. Y puesto que el hombre es tan pecador que no hay en él nada bueno, ninguna capacidad para el bien, ningún deseo ni siquiera para el bien, la gracia de la salvación debe ser una gracia irresistible.

La elección incondicional establece la base para la gracia irresistible. Así como la salvación de Dios de los hombres eternamente no descansó en ningún valor u obras en esos hombres, y fue completamente incondicional, así la salvación de ellos en el tiempo no descansa en ninguno de sus valores u obras. Y esa es exactamente la enseñanza de la gracia irresistible.

La gracia irresistible preserva la verdad de la expiación limitada. Si el libre albedrío y la gracia resistible son verdaderos, sería posible que Cristo muriera en vano. Entonces, aunque Cristo murió por un hombre y quiere salvar a ese hombre, Él estaría frustrado debido a la falta de voluntad del pecador para ser salvo.

La gracia irresistible también garantiza la preservación de los santos. Dado que la gracia de Dios que trae la salvación a un hombre es una gracia soberana y todopoderosa, la gracia de Dios que continúa morando en un hombre es también una gracia soberana y todopoderosa. Así como no puede ser frustrado en sus operaciones iniciales, tampoco puede ser frustrado a la larga. Aquellos que son llevados a la salvación por la gracia irresistible de Dios son, por el poder de esa misma gracia, preservados en la salvación hasta el fin.

Capítulo VI
La perseverancia de los santos

El último de los cinco puntos del calvinismo está representado por la letra *P* de la palabra en ingles *TULIP* y es la doctrina de la perseverancia de los santos. Esta doctrina trata de la cuestión de si aquellos que una vez fueron llevados a la fe y la salvación continuarán en la fe y en esa salvación hasta el final o, en otras palabras, si aquellos que una vez creyeron irán finalmente y con seguridad al cielo.

Algunos que se llaman a sí mismos calvinistas tienen reservas sobre esta doctrina, y algunos la rechazan por completo, aunque pueden aceptar el resto de los cinco puntos. A veces esto se debe a un malentendido de la doctrina, y es nuestra esperanza y oración que nuestra presentación de esta no contribuya a esos malentendidos, sino que aclare lo más posible lo que enseña la Biblia.

A. El nombre

Hay tres nombres diferentes que se utilizan para esta doctrina.

1. La perseverancia de los santos

El nombre usado en los Cánones de Dordt, los cinco puntos originales del calvinismo, es "la perseverancia de los santos". Este nombre, como veremos, enfatiza la *responsabilidad* de cada creyente de continuar o "perseverar" en la fe y la santidad.

2. La preservación de los santos

Muchos calvinistas prefieren hablar de "la preservación de los santos" porque este nombre enfatiza lo mismo que enfatizan los otros puntos, es decir, la soberanía de Dios en la salvación y la verdad de que la salvación es toda por gracia de principio a fin. Este nombre, entonces, enseña la verdad de que Dios "preserva" a todos aquellos a quienes Él ha escogido y redimido y en cuyos corazones Él ha obrado por el poder de Su gracia irresistible.

3. La seguridad eterna

El tercer nombre que se usa para esta doctrina es "seguridad eterna". Esto enfatiza el consuelo que los creyentes reciben de la doctrina: que están seguros en su salvación, no solo a través de esta vida sino en la eternidad.

Este nombre, aunque no es en sí mismo objetable, a menudo es usado por aquellos que creen que "una vez salvo, siempre salvo", sin importar cómo viva una persona o lo que haga. Esa enseñanza, como esperamos mostrar, no es bíblica, y si usamos el nombre de "seguridad eterna" debemos asegurarnos de contradecir esa enseñanza. No podemos creer que la seguridad de la salvación final permita a alguien vivir de forma descuidada e impía.

B. La doctrina

Cualquiera que sea el nombre que se le dé a esta doctrina, enseña que todos aquellos que reciben la salvación nunca más pueden perderla o alejarse de ella. Son "una vez salvos, siempre salvos". Las palabras "perseverancia", "preservación", y "seguridad eterna" enfatizan esto.

1. Santos

Cuando hablamos de la perseverancia o preservación de los *santos*, estamos enseñando la verdad de que aquellos que son salvos perseveran hasta el fin como resultado de la gracia de Dios, no como resultado de sus propias fuerzas u obras, sino siempre en el camino de la santidad real y personal.

El nombre "santos", cuando se aplica a los creyentes (como lo es en casi todas las epístolas de Pablo, como Romanos 1:7, 1 Corintios 1:2, 2 Corintios 1:1, Efesios 1:1, y Filipenses 1:1) es un nombre que se refiere a su santidad. El nombre significa santo. Es muy importante para nuestro estudio que se incluya esta palabra. No creemos sólo en la perseverancia o la preservación, sino en la perseverancia de los *santos*. Es importante, en primer lugar, porque nos recuerda el problema real. La pregunta que plantea esta doctrina no es simplemente si la Biblia enseña o no que una persona una vez salva siempre es salva, sino también lo que la Biblia enseña acerca de los santos. Nuestra definición de santo probablemente determinará si creemos o no en esta doctrina y cómo interpretamos la enseñanza de las escrituras. Si un santo es una persona que se ha hecho a sí misma, es decir, alguien que se ha santificado a sí mismo o que es capaz de ser santo por sus propias fuerzas, entonces, obviamente, si siempre será santo o no, depende también de él, si continuará o no manteniéndose santo.

La Biblia, sin embargo, muestra que los santos son santos solo por la gracia de Dios, que ellos mismos son pecadores y no tienen santidad natural ni poder para ser santos. Es Dios quien los hace santos. Por lo tanto, si los santos son hechos por Dios, su continuidad en la santidad también depende de Él y de Su gracia, y no de ellos mismos.

Por lo tanto, si se define a un santo como alguien que ha sido escogido incondicionalmente desde la eternidad, cuyos pecados han sido totalmente pagados por la sangre de la expiación, y que es regenerado y renovado interiormente por el poder irresistible del Espíritu Santo, entonces es imposible creer en otra cosa que no sea la preservación y perseverancia de ese mismo santo.

2. Preservación

El nombre "preservación de los santos" enfatiza que Dios por Su gracia y en Su bondad, preserva soberanamente y eternamente a aquellos en cuyos corazones Él ha comenzado a obrar y finalmente los lleva a la gloria en Cristo. Por lo tanto, la doctrina es solo una extensión de la doctrina de la gracia irresistible, porque es esa gracia irresistible la que preserva y mantiene a salvo a los santos de Dios y los lleva a la gloria. Negar la preservación es enseñar que la obra de Dios puede quedar en nada y que Su poder puede ser frustrado—que Su gracia no es, después de todo, irresistible.—

3. Perseverancia

Sin embargo, que Dios preserve soberanamente a Sus santos escogidos y redimidos no les quita la responsabilidad de vivir vidas santas y agradecidas. El verdadero calvinismo nunca ha enseñado esto. Dios preserva a Su pueblo en la salvación, pero siempre de tal manera que ellos también perseveren en la santidad. Los Cánones de Dordt utilizan el nombre de "perseverancia de los santos" para dejar lo más claro posible que esta doctrina no da a Sus santos la excusa para ser nada más que santos en su conducta. Son enfáticamente los *santos* quienes son preservados por la gracia de Dios. Aquellos que son impíos, malvados y profanos no tienen, y no pueden tener la esperanza de ser preservados.

4. Caer, mas no apostatar

Por otro lado, esta doctrina no significa que los santos de Dios nunca caigan en el pecado o la tentación. Los mismos nombres que se usan, "preservación" y "perseverancia", implican que el pueblo de Dios está rodeado de peligros y enemigos espirituales y que ellos mismos están siempre expuestos a caer en la tentación y ser vencidos por sus enemigos, el diablo, el mundo malvado, y su propia pecaminosidad. La doctrina significa que, en lo que respecta a Dios, Él nunca les permite alejarse por completo o perder su salvación, sino que siempre los hace volver. En lo que a ellos respecta, significa que ellos, por la gracia de Dios, siempre vuelven al arrepentimiento y comienzan de nuevo la lucha por ser santos. Las parábolas de la oveja perdida y del hijo pródigo son ilustraciones de lo que esta doctrina enseña, la primera parábola enseña especialmente el poder preservador de Dios en y por medio de Jesucristo nuestro Pastor, y la segunda parábola demuestra nuestra perseverancia en el camino del arrepentimiento y la renovación espiritual.

En resumen, entonces, esta doctrina enseña lo siguiente:

a. Los santos son tales por elección, expiación, y gracia soberana.
b. Ellos, por lo tanto, no pueden perderse.
c. Esta seguridad de la salvación eterna no quita la obligación que ellos tienen que vivir como santos en el mundo, en santidad y obediencia.
d. Ellos deben ser preservados y deben perseverar precisamente a causa de su propia debilidad y pecaminosidad y a causa de sus enemigos espirituales, el diablo y el mundo malvado.

C. Pruebas bíblicas

Como siempre, es necesario mostrar que esta doctrina es bíblica, como de hecho lo es, siendo enseñada tanto en el antiguo como en el nuevo testamento.

1. Pasajes que hablan de la preservación

a. Salmos 37:23, 24: "Por Jehová son ordenados los pasos del hombre, Y él aprueba su camino. Cuando el hombre cayere, no quedará postrado, Porque Jehová sostiene su mano".

Este pasaje nos recuerda que es posible que el pueblo de Dios caiga en el pecado y la tentación, pero en contraste con eso también habla de la imposibilidad de que caigan completamente y atribuye esto no solo al poder de Dios, sino también a Su decreto eterno. ("Por Jehová son *ordenados* los pasos del hombre").

b. Salmos 37:28: "Porque Jehová ama la rectitud, Y no desampara a sus santos. Para siempre serán guardados; Mas la descendencia de los impíos será destruida".

El Salmo nuevamente habla tanto de la preservación como del hecho de que son los santos quienes son preservados. También enseña que esto depende de Dios. Los santos son "suyos", y son preservados porque Dios en su fidelidad no los abandona. Él no los abandona, porque *Él* es justo —no porque ellos lo sean.— Su preservación no depende de ellos mismos.

c. Isaías 45:17: "Israel será salvo en Jehová con salvación eterna; no os avergonzaréis ni os afrentaréis, por todos los siglos".

Quizás aún más importante que este pasaje en sí mismo es el contexto, que fundamenta la seguridad de la salvación en el poder de Dios e insiste (v. 19) que decir lo contrario haría que el llamado de Dios fuera impotente y que Él mismo fuera injusto y mentiroso, porque Él entonces estaría prometiendo lo que Él mismo no era capaz de dar.

d. Isaías 49:16: "He aquí que en las palmas de las manos te tengo esculpida; delante de mí están siempre tus muros".

Este versículo no solo conecta la elección y la preservación de la manera más hermosa, hablando como si los nombres del pueblo de Dios estuvieran grabados eternamente en las palmas de Sus manos, sino que también les asegura esto al pueblo de Dios en respuesta a sus temores. Este versículo es una respuesta a la queja de Sión: "Me dejó Jehová, y el SEÑOR se olvidó de mí" (v. 14), una queja que se escucha con frecuencia en tiempos de angustia.

> e. Jeremías 32:40: "Y haré con ellos pacto eterno, que no me volveré atrás de hacerles bien, y pondré mi temor en el corazón de ellos, para que no se aparten de mí".

El mensaje de Jeremías es particularmente importante porque hace de la restauración de Israel después del cautiverio una figura y un tipo de la preservación de la iglesia en todas las épocas, asegurando al pueblo de Dios que el fruto de la gracia será que no se apartarán de Él. Jeremías muestra, por lo tanto, la conexión entre la gracia de Dios que preserva y la perseverancia resultante de los santos.

> f. Lucas 22:31, 32: "Dijo también el Señor: Simón, Simón, he aquí Satanás os ha pedido para zarandearos como a trigo; pero yo he rogado por ti, que tu fe no falte; y tú, una vez vuelto, confirma a tus hermanos".

Cristo no sólo asegura a Pedro, y con él a cada uno de nosotros, que Él orará por Pedro en el tiempo de la tentación, sabiendo ya lo que sucederá, sino que también le dice a Pedro, incluso antes de que el caiga, que se convertirá de nuevo en respuesta a Su oración.

g. Juan 3:16: "Porque de tal manera amó Dios al mundo, que ha dado a su Hijo unigénito, para que todo aquel que en él cree, no se pierda, más tenga vida eterna".

Por extraño que parezca, este versículo, que es citado tan a menudo por aquellos que creen que la salvación y la vida eterna dependen de la elección de la propia voluntad del hombre, en realidad enseña todo lo contrario, es decir, que aquellos que creen *no perecerán*, sino que por la fe tendrán vida eterna. Eso no podría ser cierto a menos que la fe, al igual que la vida eterna, sea el don inmutable de Dios y no la elección cambiante del hombre. Pasajes similares son Juan 3:36 y Juan 5:24.

h. Juan 6:39: "Y esta es la voluntad del Padre, el que me envió: Que de todo lo que me diere, no pierda yo nada, sino que lo resucite en el día postrero".

Jesús muestra la conexión entre la elección y la expiación. Él realmente salva (no los pierde) a aquellos a quienes el Padre le dio, y lo hace de acuerdo con la propia voluntad del Padre. También muestra la conexión entre ambas doctrinas y la preservación. Aquellos a quienes el Padre le dio y a quienes Él no pierde, serán resucitados en el último día. Tenemos, pues, de Jesús mismo, un bellísimo y poderoso recordatorio de que la garantía de la perseverancia y seguridad eterna no es nuestra fidelidad, sino la gracia de Dios en la elección y en la cruz.

i. Juan 10:27-29: "Mis ovejas oyen mi voz, y yo las conozco, y me siguen; y yo les doy vida eterna; y no perecerán jamás, ni nadie las arrebatará de mi mano. Mi Padre que me las dio, es mayor que todos, y nadie las puede arrebatar de la mano de mi Padre".

Este pasaje fundamenta la preservación de los santos en la elección ("Yo los conozco") y en el poder todopoderoso de Dios que no puede ser frustrado ("Mi Padre . . . es mayor que todos"). En el contexto, que habla de Jesús como el pastor de las ovejas, también muestra que estas ovejas son preservadas y deben ser preservadas, porque la sangre del buen pastor fue derramada por ellas. Tampoco podemos pasar por alto el hecho de que a través de todo esto, las ovejas siguen a Jesús. No son preservadas para andar en su propio camino, sino en santidad de vida y obediencia a Jesús.

> j. Juan 17:11: "Y ya no estoy en el mundo; más éstos están en el mundo, y yo voy a ti. Padre santo, a los que me has dado, guárdalos en tu nombre, para que sean uno, así como nosotros".

> k. Juan 17:24: "Padre, aquellos que me has dado, quiero que donde yo estoy, también ellos estén conmigo, para que vean mi gloria que me has dado; porque me has amado desde antes de la fundación del mundo".

A la luz de Lucas 22:32, que muestra que las oraciones de Jesús a favor de Su pueblo son respondidas con seguridad, los versículos anteriores son muy significativos. Jesús no solo está orando para que Su pueblo pueda ser preservado en el mundo (v. 11), sino también para la gloria celestial final. Así vemos que la preservación de los santos es también el resultado de la perfecta intercesión de Cristo, que se revelaría como impotente e ineficaz si se perdieran.

l. Romanos 8:35-39: "¿Quién nos separará del amor de Cristo?¿Tribulación, o angustia, o persecución, o hambre, o desnudez, o peligro, o espada? Como está escrito: Por causa de ti somos muertos todo el tiempo; Somos contados como ovejas de matadero. Antes, en todas estas cosas somos más que vencedores por medio de aquel que nos amó. Por lo cual estoy seguro de que ni la muerte, ni la vida, ni ángeles, ni principados, ni potestades, ni lo presente, ni lo por venir, ni lo alto, ni lo profundo, ni ninguna otra cosa creada nos podrá separar del amor de Dios, que es en Cristo Jesús Señor nuestro".

Pablo asegura a los creyentes tres cosas: primero, que la persecución y otras pruebas similares no harán que se separen de Cristo; segundo, que tampoco los poderes espirituales, incluido el diablo mismo, podrán hacerlo; y tercero, que esto es cierto debido al amor de Dios en Cristo, que se revela en la muerte de Cristo, en Su resurrección e intercesión, y en nuestra justificación ante Dios (vv. 29 - 34). Una vez más se nos enseña que para que los santos se aparten, la cruz y la intercesión de Cristo tendrían que quedar sin efecto y el amor y la gracia de Dios quedarían sin poder.

m. 1 Corintios 1:7-9: "De tal manera que nada os falta en ningún don, esperando la manifestación de nuestro Señor Jesucristo; el cual también os confirmará hasta el fin, para que seáis irreprensibles en el día de nuestro Señor Jesucristo. Fiel es Dios, por el cual fuisteis llamados a la comunión con su Hijo Jesucristo nuestro Señor".

Que seamos confirmados hasta el fin es simplemente una evidencia de la fidelidad de Dios quien nos llamó. No ser confirmados hasta el fin y hasta la inculpabilidad sería infidelidad por parte de Dios, no sólo hacia nosotros, sino hacia Él mismo y Su propia obra, porque Él nos llamó. Nosotros, por supuesto, siempre somos infieles y fallamos, pero la fidelidad de Dios nunca falla.

> n. 2 Corintios 4:8-10: "Que estamos atribulados en todo, mas no angustiados; en apuros, mas no desesperados; perseguidos, mas no desamparados; derribados, pero no destruidos; llevando en el cuerpo siempre por todas partes la muerte de Jesús, para que también la vida de Jesús se manifieste en nuestros cuerpos".

Aquí aprendemos que la perseverancia de los santos no significa que el pueblo de Dios sea preservado de todos los problemas, pruebas y tentaciones, sino que Dios los protege en sus tribulaciones y los hace pasar con seguridad. Nosotros perseveramos a través de muchos peligros.

> o. Filipenses 1:6: "Estando persuadido de esto, que el que comenzó en vosotros la buena obra, la perfeccionará hasta el día de Jesucristo".

Una vez más, la perseverancia de los santos se atribuye a la fidelidad de Dios y a la obra de Dios. El hecho de que la salvación es de gracia al principio significa que es todo de gracia y ciertamente será terminada en todos aquellos en quienes comenzó.

p. 2 Timoteo 2:19: "Pero el fundamento de Dios está firme, teniendo este sello: Conoce el Señor a los que son suyos; y: Apártese de iniquidad todo aquel que invoca el nombre de Cristo".

Esta segura declaración se hace frente a la obra maligna de aquellos que habían estado perturbando a la iglesia e incluso habían "trastornado la fe de algunos". (v. 18). "Sin embargo", esto es, aunque pudiera parecer que algunos malos perdieron la fe y la salvación, el fundamento de Dios permanece firme. Lo que Dios ha obrado no puede ser derrotado ni destruido.

A pesar del fuerte lenguaje utilizado para describir la deserción de algunos, el versículo lleva a dos conclusiones: que aquellos cuya "fe" fue trastornada no tenían fe verdadera, la fe que Dios da; y que aquellos que tenían fe verdadera no podían, ni querían perderla.

Sin embargo, se nos recuerda que el sello que garantizaba que el fundamento y la obra de Dios no pueden perecer es la elección ("Conoce el Señor a los que son suyos"). El otro lado de ese sello, sin embargo, dice: "Apártese de iniquidad todo aquel que invoca el nombre de Cristo". La santificación del corazón y la vida es parte de la preservación. De hecho, es la garantía *en nuestras propias vidas*, la garantía subjetiva y temporal de que Dios ha comenzado Su obra y no la abandonará, así como la elección es la garantía objetiva y eterna.

q. 2 Timoteo 4:18: "Y el Señor me librará de toda obra mala, y me preservará para su reino celestial. A él sea gloria por los siglos de los siglos. Amén".

Nadie se atrevería a decir esto, si su gloria futura dependiera de alguna manera de uno mismo, y nadie podría decirlo si no supiera que Dios en Su fidelidad, preserva a Su pueblo.

r. Hebreos 7:25: "Por lo cual puede también salvar perpetuamente a los que por él se acercan a Dios, viviendo siempre para interceder por ellos".

Esta Palabra de Dios conecta nuestra preservación y la intercesión de Cristo. Recuerde, sin embargo, que no son sólo las oraciones de Cristo las que fallan si alguno de los que una vez fueron salvos se apartan, sino también Su sangre la que falla y se vuelve sin valor, porque es sobre la base de Su sangre que Él intercede por Su pueblo.

s. Hebreos 10:14: "Porque con una sola ofrenda hizo perfectos para siempre a los santificados".

El punto de este versículo es simplemente que es el sacrificio de Cristo el que asegura a cada hijo de Dios, cuando es salvado, de alcanzar la perfección. Tan valioso es Su sacrificio, y tan segura nuestra salvación, que la Palabra habla como si ya estuviéramos perfeccionados.

t. 1 Pedro 1:5: "Que sois guardados por el poder de Dios mediante la fe, para alcanzar la salvación que está preparada para ser manifestada en el tiempo postrero".

Este versículo no solo habla claramente de la preservación ("Que sois guardados por el poder de Dios"), sino que muestra nuevamente que la preservación y la seguridad de la preservación de ninguna manera restan valor o quitan el llamado a creer y hacer las obras de una fe viva. Aquellos que son guardados son guardados a través de una fe viva, y esa es la única manera en que pueden o serán guardados.

u. 1 Pedro 1:23: "Siendo renacidos, no de simiente corruptible, sino de incorruptible, por la palabra de Dios que vive y permanece para siempre".

Pedro habla en este importante versículo de la regeneración y nos dice que la simiente incorruptible por la cual nacemos de nuevo, cualquiera que sea, es incorruptible y permanece para siempre. De hecho, esa semilla viva plantada en nosotros y por la cual renacemos de nuevo es Cristo mismo, Cristo en nosotros, la esperanza de gloria (Col. 1:27).

2. Pasajes que hablan de la perseverancia

Muchos de los pasajes que ya hemos visto muestran la conexión entre la preservación de Dios y nuestra perseverancia y dejan muy claro que Dios no preserva a Su pueblo sin darles también gracia y fuerza para perseverar en la santidad y la obediencia. Sin embargo, esos no son los únicos pasajes que enfatizan nuestro llamado a perseverar. Dado que la doctrina se llama la perseverancia de los santos, es bueno que estos pasajes se añadan a los que ya hemos citado.

a. Génesis 18:19: "Porque yo sé que mandará a sus hijos y a su casa después de sí, que guarden el camino de Jehová, haciendo justicia y juicio, para que haga venir Jehová sobre Abraham lo que ha hablado acerca de él".

Aquí Dios habla de la obediencia de Abraham como la forma en que cumplirá las promesas que le hizo a Abraham. Así, Dios habla también de la certeza de la continuidad de Abraham en la obediencia.

> b. Salmos 119:33: "Enséñame, oh Jehová, el camino de tus estatutos, y lo guardaré hasta el fin".

David no solo expresa en este pasaje su confianza que él perseverará en guardar la ley de Dios hasta el final, sino que también atribuye esto a la gracia de Dios que le enseña los mandamientos. Tenemos aquí, por lo tanto, una hermosa ilustración de la enseñanza de que la perseverancia es por la gracia de Dios y no por obras, pero resulta en una vida de buenas obras.

> c. 1 Juan 3:2, 3: "Amados, ahora somos hijos de Dios, y aún no se ha manifestado lo que hemos de ser; pero sabemos que cuando él se manifieste, seremos semejantes a él, porque le veremos tal como él es. Y todo aquel que tiene esta esperanza en él, se purifica a sí mismo, así como él es puro".

Ningún otro texto en las escrituras habla tan claramente, por un lado, del hecho de que una vez que somos hechos hijos de Dios, tenemos la certeza de que algún día seremos como Cristo y lo veremos a Él tal como Él es; y por otro lado, del hecho de que esta esperanza no engendra descuido y carnalidad, sino más bien santidad y pureza.

d. 1 Juan 5:18: "Sabemos que todo aquel que ha nacido de Dios, no practica el pecado, pues Aquel que fue engendrado por Dios le guarda, y el maligno no le toca".

Juan dice que el diablo ya no puede vencer a aquellos que son regenerados, y los regenerados no pueden cometer el "pecado imperdonable". Ese es el pecado del que Juan está hablando aquí, como queda claro en los versículos 16 y 17, aunque él lo llama "el pecado de muerte". Ciertamente, si el hijo regenerado de Dios no puede cometer el pecado de muerte, no puede apartarse de Dios. Sin embargo, él no es descuidado, sino que se guarda a sí mismo, a pesar de que el mundo entero yace en la maldad.

Los muchos mandatos en las escrituras de continuar y perseverar, de ser santos y continuar en santidad, no implican que el hijo de Dios, redimido por la sangre de Cristo y regenerado por el Espíritu Santo, pueda apartarse de la gracia y la salvación y perderse. Sólo implican que puede caer, incluso caer muy gravemente. Tampoco implican que la doctrina de la perseverancia fomente la vida descuidada, inmoral e impía de los cristianos. De hecho, estos muchos mandatos, en lugar de implicar que un hombre puede caer y perderse, o puede ser y permanecer un "cristiano carnal", son la razón por la cual un hombre no podría y no puede continuar en pecado. Él no puede porque Dios lo prohíbe. Él no puede porque Dios usa mandatos tales como estos para evitar que se desvíe y se vuelva descuidado.

D. Pasajes difíciles

A menudo se citan varios pasajes de las escrituras como si contradijeran la doctrina de la perseverancia de los santos. Antes de examinarlos individualmente, es necesario hacer varios comentarios que se aplican a todos ellos.

Primero, no se puede negar que estos pasajes hablan de personas que se "apartan" y perecen, incluso de que su fe fue "trastornada".

Segundo, no puede ser que la Palabra de Dios se contradiga a sí misma. O la Palabra enseña perseverancia, o no lo hace. Hacemos bien en este punto en recordar que la simple preponderancia de pasajes que hablan de la fidelidad de Dios y del poder de Cristo y del Espíritu Santo como garantías de la salvación continua y eterna indicaría que las escrituras sí enseñan la perseverancia de los santos. Los pasajes que parecen contradecir esto son solo algunos pocos.

Tercero, todos estos pasajes que enseñan una "apostasía de los santos" pueden ser respondidas por un solo pasaje de la escritura, en 1 Juan 2:19:

> "Salieron de nosotros, pero no eran de nosotros; porque si hubiesen sido de nosotros, habrían permanecido con nosotros; pero salieron para que se manifestase que no todos son de nosotros".

1 Juan 2:19 enseña claramente que aquellos que se apartan nunca fueron realmente parte del cuerpo de creyentes o de la fe, aunque por un tiempo haya parecido que lo eran. El hecho mismo de que se apartan, si es que se apartan finalmente y para siempre, es prueba de que nunca tuvieron parte o lugar

en el reino de los cielos y nunca fueron partícipes de la gracia salvadora de Dios en Cristo Jesús. Nunca fueron elegidos, nunca fueron comprados por la sangre, nunca recibieron el Espíritu Santo y la regeneración, nunca fueron justificados o santificados, y nunca tuvieron el don de la santidad. Ellos eran la tierra pedregosa y espinosa y junto al camino en la parábola de Jesús, y la Palabra, sin importar cómo los afectó, nunca tuvo raíz ni fruto.

Con eso en mente, podemos fácilmente reconciliar con la doctrina de la perseverancia aquellos pasajes citados en su contra.

1. 1 Samuel 10:6: "Entonces el Espíritu de Jehová vendrá sobre ti con poder, y profetizarás con ellos, y serás mudado en otro hombre".

Este versículo habla del Rey Saúl recibiendo el Espíritu Santo e incluso dice que él profetizaría y se convertiría en otro hombre. Esto se utiliza a veces para contradecir la perseverancia de los santos a la luz del resto de la triste historia de Saúl, que lo muestra haciéndose más y más malvado y finalmente muriendo en sus pecados. Sin embargo, debemos recordar varias cosas acerca de Saúl:

   a. El Espíritu Santo como el Espíritu de profecía fue dado a veces a aquellos que no fueron salvos. Los mejores ejemplos son Balaam y Caifás. Por lo tanto, el hecho de que Saúl profetizó no prueba que él sea un hijo de Dios.

b. El Espíritu Santo da otros dones además de las bendiciones de la salvación, y Él ciertamente le dio a Saúl el don del coraje y el celo, los cuales eran necesarios para su trabajo como rey (1 Sam. 11:6). Esto es muy probable todo lo que Samuel quiso decir cuando dijo que Saúl se convertiría en otro hombre, ya que Saúl era originalmente demasiado temeroso y cobarde para asumir los deberes del reino (1 Sam. 10:21, 22).

c. No hay ninguna indicación en las escrituras de que Saúl tuviera alguna de las marcas de la regeneración. Él nunca mostró signos de verdadero arrepentimiento, ni siquiera al principio, ni ningún celo por Dios.

d. De hecho, el testimonio de las escrituras nos lleva en la dirección opuesta y parece indicar que Saúl no solo era una persona no regenerada, sino que era conocido como tal en Israel, de modo que esta profecía se convirtió en un proverbio entre el pueblo para cualquier cosa que se hiciera fuera de lugar. (1 Sam. 10:11,12).

2. Gálatas 5:4: "De Cristo os desligasteis, los que por la ley os justificáis; de la gracia habéis caído".

Aquí hay un versículo que en realidad usa las palabras "de la gracia habéis caído". Pablo está hablando aquí a aquellos que querían hacer de la circuncisión una condición para la salvación y para la membrecía de la iglesia cristiana, y él les dice que, si esto es lo que ellos creen, entonces no sólo Cristo se ha vuelto inútil para ellos, sino que ellos han caído de la gracia.

La explicación correcta es muy simple. Pablo no está diciendo que estas personas una vez recibieron la gracia de Dios y ahora la han perdido y están pereciendo, sino que ellos, por su creencia en la salvación a través de las obras de la ley, se han separado de la salvación por gracia y de la cruz de Cristo. Ellos se mantienen firmes en su propia enseñanza como aquellos para quienes la cruz no tiene "ningún efecto" y para quienes la gracia no tiene sentido.

3. 2 Timoteo 2:18: "Que se desviaron de la verdad, diciendo que la resurrección ya se efectuó, y trastornan la fe de algunos".

Pablo se refiere a la fe de algunos siendo "trastornados" por la falsa enseñanza de Himeneo y Fileto en 2 Timoteo 2:18. Hay que recordar dos cosas aquí:

a. En el siguiente versículo, la Palabra de Dios nos asegura que el Señor conoce a los que son Suyos, implicando que la fe de aquellos que son Suyos no puede ser trastornada.

b. Las escrituras sí hablan de una fe que no es una fe verdadera y salvífica (Mt. 13:19-21; Stg. 2:14-20). Es el único tipo de fe que puede ser trastornada, porque la verdadera fe es un don y una obra de Dios. Aquellos, entonces, de quienes las escrituras están hablando en este versículo son aquellos que nunca tuvieron verdadera fe, a quienes el Señor nunca conoció, quienes nunca fueron de la compañía de los verdaderos creyentes, y quienes nunca se apartaron de la iniquidad. Ellos fueron hipócritas.

4. Hebreos 6:4-6: "Porque es imposible que los que una vez fueron iluminados y gustaron del don celestial, y fueron hechos partícipes del Espíritu Santo, y asimismo gustaron de la buena palabra de Dios y los poderes del siglo venidero, y recayeron, sean otra vez renovados para arrepentimiento, crucificando de nuevo para sí mismos al Hijo de Dios y exponiéndole a vituperio".

Ningún pasaje se utiliza tan a menudo como este para enseñar la apostasía de los santos, ya que habla de aquellos que fueron iluminados, gustaron del don celestial, fueron hechos partícipes del Espíritu Santo, gustaron de la buena Palabra de Dios y los poderes del siglo venidero, y que aún así se apartan y no pueden ser renovados para el arrepentimiento.

Debemos recordar que el Espíritu Santo da otros dones y hace otras obras además de la salvación, y que no es imposible para que una persona incrédula vea, al menos intelectualmente y emocionalmente, la bienaventuranza de la salvación hasta el punto de fingir fe y obediencia (Mt. 13:19-21; Hch. 8:9-23; Hch. 26:28). Además, no se puede olvidar que este pasaje, en vez de enseñar que es posible ser salvo una y otra vez, enseña en cambio la imposibilidad de renovarse para el arrepentimiento a las personas descritas. Finalmente, si este pasaje realmente enseña una apostasía de los santos, contradice el contexto, porque en los versículos 9-19 el capítulo enseña la perseverancia de los santos, fundando la esperanza de la perseverancia en la inmutabilidad del propio consejo y juramento de Dios.

Debemos concluir, por lo tanto, que este texto habla de aquellos que están bajo el evangelio y su llamado, se les enseña las escrituras, oyen las promesas, y tal vez incluso responden emocionalmente al evangelio, pero que, sin embargo, están espiritualmente muertos y nunca dan verdadero fruto. Son como la tierra estéril de la que habla Hebreos 6:8. En lugar de enseñar una apostasía de los santos, el pasaje, entonces, habla del terrible juicio que vendrá sobre todos aquellos que oyen el evangelio y se apartan de él, y de su mayor condenación. Se presenta como una advertencia para todos los oyentes de la Palabra.

5. Hebreos 10:26, 27: "Porque si pecáremos voluntariamente después de haber recibido el conocimiento de la verdad, ya no queda más sacrificio por los pecados, sino una horrenda expectación de juicio, y de hervor de fuego que ha de devorar a los adversarios".

Muchos interpretan estos versículos como si enseñaran que es posible que el sacrificio se haga una vez por los pecados de una persona y luego que esa persona por su incredulidad pierda la salvación y quede bajo el juicio de Dios.

Sin embargo, esto no es lo que dice el texto. Debemos notar que el pasaje habla muy cuidadosamente de "aquellos que han recibido el *conocimiento* de la verdad" y no dice que el sacrificio por el pecado fue hecho por ellos. De hecho, la palabra "más" en la versión Reina Valera deja una impresión totalmente equivocada. La idea no es que no haya ningún sacrificio *adicional* por el pecado (además de lo que ya han recibido), sino que ya no *hay ninguna* posibilidad de sacrificio por el pecado para ellos. En otras palabras, el pasaje está hablando de aquellos que cometen lo que a veces se conoce como el "pecado imperdonable", es decir, aquellos que con pleno conocimiento de la verdad la rechazan voluntariamente, y por eso se muestran más allá de cualquier esperanza de salvación.

6. 2 Pedro 2:1: "Pero hubo también falsos profetas entre el pueblo, como habrá entre vosotros falsos maestros, que introducirán encubiertamente herejías destructoras, y aun negarán al Señor que los rescató, atrayendo sobre sí mismos destrucción repentina".

A primera vista, este versículo podría tomarse como contradictorio con la perseverancia de los santos. De hecho, a veces se cita como si dijera que algunos niegan al Señor que los rescató. El pasaje entonces estaría hablando de aquellos que habían sido comprados por la sangre de Cristo y que tal vez incluso habían sido llevados a creer eso, pero ahora lo niegan para su propia condenación y destrucción.

El texto realmente dice lo contrario sobre estas personas. No sólo los llama falsos maestros, sino que dice que ellos trajeron consigo, es decir, a la iglesia, sus condenables herejías. Tampoco es la idea del pasaje que Cristo los compró y ahora lo niegan, sino que su herejía condenable, traída con ellos a la iglesia, es una negación de la sangre de expiación que fue derramada como el único camino de salvación. ¡El pasaje, por lo tanto, no contradice el resto de las escrituras y realmente no habla del tema de la perseverancia en absoluto! Sólo condena cualquier negación de la expiación como una herejía condenable.

E. Objeciones

La principal objeción presentada contra la doctrina de la perseverancia es que conduce al descuido por parte de los cristianos, de modo que no se preocupan tanto por la santidad y la vida cristiana como ellos deberían serlo.

Contra esta objeción están todos los pasajes citados anteriormente que muestran que la doctrina de la perseverancia no es en ningún sentido de la palabra una negación de nuestra responsabilidad de ser piadosos y santos en toda nuestra conducta y palabra, e incluso en nuestros pensamientos y motivos.

Es interesante, sin embargo, que la Biblia misma trate esta objeción en varios lugares. Tanto en Romanos 3:5-8 y como en Romanos 6:1, 2 Pablo trata con la idea de que la gracia anima a pecar. Eso, por supuesto, es un paso más allá de la idea de que la gracia soberana deja a una persona sin ninguna razón para ser santa. En este caso, algunos aparentemente estaban diciendo que las doctrinas de la gracia (incluyendo la perseverancia) eran en sí mismas una razón para pecar, ya que cuanto más peca una persona, más se revela la gracia de Dios.

La Biblia trata muy duramente con esta idea y con aquellos que la enseñaron. Pablo dice en Romanos 3:8 que los que dicen tales cosas hablan calumnias y sufrirán condenación. Su respuesta en Romanos 6:2 es por sí mismo una respuesta suficiente para todos los que puedan pensar esto. "En ninguna manera. Porque los que hemos muerto al pecado, ¿cómo viviremos aún en él?"

En Romanos 6, Pablo pasa a explicar cuál es realmente la respuesta de las escrituras a todas esas objeciones, es decir, que la gracia es una. La misma gracia por la cual somos elegidos, redimidos y preservados, también nos lleva inevitablemente a la santidad al traernos regeneración, santificación, llamado y conversión. Nadie puede tener sólo una parte de la gracia. Él no puede ser escogido y justificado sin ser también santificado y hecho santo. Si él no tiene santidad, la única explicación posible es que él tampoco ha sido elegido y redimido. No puede haber tal cosa como un "cristiano carnal".

F. Negaciones de la perseverancia de los santos

1. Catolicismo romano

Por un lado, la Iglesia católica romana enseña que la gracia de la justificación puede perderse, y no sólo la seguridad de la justificación. Esto, según la enseñanza católica romana, es cierto en la medida en que un hombre que ha perdido esa gracia debe ser justificado nuevamente. De hecho, se pierde la justificación cada vez que se comete un pecado mortal, y se vuelve a justificar a través del sacramento de la penitencia. Esto, por supuesto, va junto con la enseñanza católica romana de la salvación por las buenas obras. Si la salvación es por obras, entonces dejar de hacerlas es perder la salvación. Por lo tanto, la conclusión de Roma con respecto a la perseverancia es que, aunque hay esperanza para ella, no hay certeza absoluta de ella. Esto contradice claramente la enseñanza de la Escritura, que funda la certeza de la perseverancia no en nuestra fidelidad y buenas obras, sino en la gracia y soberanía de Dios.

Por otro lado, sin embargo, la Iglesia católica romana fomenta una falsa seguridad al enseñar una especie de salvación automática simplemente a través de la recepción de los sacramentos de la iglesia. Esto es realmente una negación de la perseverancia de los santos, ya que fomenta el descuido y la maldad y desalienta la batalla diaria contra el pecado.

2. Arminianismo

El arminianismo, la falsa enseñanza contra la cual se formularon originalmente los cinco puntos del calvinismo, enseña y siempre ha enseñado que es posible ser redimido en Cristo y regenerado por el Espíritu y, sin embargo, perderlo todo y perecer eternamente. Junto con esto, el arminianismo enseña que es posible no solo que los creyentes cometan el pecado de muerte, sino también para aquellos que han apostatado sean regenerados una y otra vez.

Esto no solo contradice aquellos pasajes que claramente enseñan la perseverancia de los santos, sino incluso el pasaje que se usa con mayor frecuencia para defender la apostasía de los santos, Hebreos 6:1-6, que establece que no hay renovación para arrepentimiento para aquellos que se apartan. Pero no olvidemos que esta negación de la perseverancia siempre acompaña a una negación de la elección incondicional. Si la elección es de hecho incondicional, entonces garantiza la perseverancia. Si depende de las obras o la fe del hombre, entonces la perseverancia depende también de las obras del hombre y no está garantizada.

Por lo tanto, la diferencia entre el arminianismo y el calvinismo no es solo que uno niega y el otro acepta la doctrina de la perseverancia, sino que cada uno tiene un entendimiento diferente de lo que es un santo. El arminianismo ve a un santo como alguien que es tal por su propia fe y libre albedrío, mientras que el calvinismo ve al santo como alguien hecho así por Dios. Esto, por supuesto, hace toda la diferencia, porque si somos santos por nuestra propia fe y obediencia, entonces nuestra continuidad como santos también depende de nuestra fidelidad y elección. Si somos santos por la gracia de Dios, entonces nuestra perseverancia depende únicamente de la gracia segura, fiel e infalible.

1 Pedro 1:23 es especialmente importante aquí, porque muestra que la regeneración, la primera obra de la gracia de Dios en nosotros, es algo que tiene lugar a través de la plantación de una semilla *incorruptible* y que *permanece para siempre*.

3. Libre albedrío

Esta enseñanza, que el hombre tiene de sí mismo un libre albedrío para elegir a Dios y la salvación, y que la fe es un acto de la propia voluntad del hombre, es en realidad solo una forma de arminianismo. Obviamente, no hay lugar para ninguna doctrina de perseverancia, ya que, si la fe por la cual somos salvos es en verdad un acto de nuestra propia voluntad, entonces si conservamos o no esa fe también depende de nuestra voluntad, la cual puede cambiar y lo hace. Sólo si la salvación depende de la voluntad de Dios, y no la del hombre, habrá total seguridad y esperanza de perseverancia para los santos.

4. Antinomianismo

Este error está en el extremo opuesto del espectro del arminianismo. Enseña que, porque Dios preserva a su pueblo, porque la elección es segura, y porque la sangre de la cruz es eficaz, no hay urgencia en el llamado a la santidad y a las buenas obras y que es posible que un cristiano, elegido y redimido, continúe carnal y profano. Sugiere que un cristiano no necesita e incluso no puede hacer la buena obra de orar y adorar a Dios, y que es un repudio de las doctrinas de la gracia soberana y la perseverancia el leer y predicar la ley de Dios y llamar a los hombres al arrepentimiento, a la fe, a la santidad y a la perseverancia.

El malentendido que conduce a estos errores se ve fácilmente. Es esto: que el llamado al arrepentimiento, a la fe y a la santidad implica que los pecadores por sí mismos tienen la capacidad de atender a ese llamado, ya sea el llamado a la fe o el llamado a perseverar en la fe. Eso no es verdad, porque el llamado del evangelio es poderoso solo para aquellos que reciben el Espíritu, y es escuchado por los demás para su condenación, sin implicar en absoluto que ellos sean capaces de prestarle atención.

Aún más importante es el hecho de que las escrituras contradicen rotundamente este error. La Biblia al enseñar las doctrinas de la gracia soberana, ni alienta ni permite el pecado y el descuido (Rom. 6:1, 2). La doctrina de la perseverancia tampoco lo hace. En 1 Juan 3:3 dice: "Y todo aquel que tiene esta esperanza en él [de perseverar hasta el fin y ver a Cristo] se purifica a sí mismo, así como él es puro".

5. La enseñanza del "cristiano carnal"

Una forma moderna de antinomianismo es la enseñanza de que existe tal cosa como un "cristiano carnal". Esta noción surge del evangelismo arminiano, y de la teología de la salvación de "aceptar a Jesús". En el interés de preservar la apariencia de éxito, que parece tener este tipo de evangelismo con su gran número de conversiones, se ha inventado esta nueva clase de cristianos. La invención es necesaria porque tal evangelismo, en la mayoría de las veces, no da lugar a la piedad ni a la membresía fiel de la iglesia. Negar que tales personas realmente se han convertido sería negar su supuesto éxito. Hebreos 12:14 es claro. Sin santidad nadie verá al Señor.

6. La negación del "señorío" en la salvación

Estrechamente asociada con la enseñanza del "cristiano carnal" está la negación del "señorío" en la salvación. Algunos dicen, equivocadamente, que una persona puede tener a Jesús como Salvador sin tenerlo como Señor. En otras palabras, una persona puede ser salva, pero sin tener a Jesús como el Señor de Su vida. Una persona en cuya vida, Jesús no gobierna, es según tal enseñanza, una persona que continúa viviendo el mismo tipo de vida que él o ella tenía antes de ser salvo, una vida que no muestra frutos de fe, sino que sigue siendo carnal y mundana.

Es imposible entender cómo una persona podría tener a Jesús como Salvador y no como Señor, ya que es un Señor soberano y misericordioso que Él nos salva y nos hace Suyos. Al salvarnos, Él sustituye Su gobierno por el del pecado y Satanás y nos traslada del reino de las tinieblas a Su propio reino. Él no nos deja sin Señor, ya que eso sería dejarnos perecer, sino que se hace nuestro bendito y único potentado.

7. Perfeccionismo

El perfeccionismo va al extremo opuesto y niega por completo la necesidad de la gracia preservadora de Dios y de nuestra perseverancia por esa gracia. Enseña que es posible, deseable e incluso normal que un cristiano viva una vida libre de pecado, o de todo pecado conocido. Obviamente, si el cristiano ha alcanzado tal estado de perfección, no tiene sentido hablar de su preservación o perseverancia.

El pentecostalismo enseña esto al igual que la idea perniciosa de una "vida cristiana victoriosa". Lo mismo ocurre con el evangelio de la "prosperidad", aunque desde un punto de vista un poco diferente. El evangelio de la "prosperidad" enseña que no hay necesidad de perseverancia, porque el cristiano en esta vida debe estar libre de enfermedad, pobreza, sufrimiento y prueba. Los entusiastas del "pensamiento positivo", y todos aquellos que enseñan que la solución a los problemas de la vida es mental o psicológica, también niegan cualquier necesidad de perseverancia.

No solo todo esto es una tontería, contrario a la experiencia de los creyentes; no solo destruye su paz cuando llegan los problemas y las tentaciones; sino que también va en contra de la Palabra de Dios, la cual nos dice en 1 Pedro 4:18 que los justos con dificultad se salvan, y que nos asegura en Romanos 8:17 que sólo si padecemos con Cristo seremos glorificados con Él. Simplemente hay demasiados pasajes que hablan de tentaciones y pruebas para que estas mentiras sean verdaderas. Se contradicen rotundamente con la queja del apóstol Pablo en Romanos 7:19: "Porque no hago el bien que quiero [mostrando así que habla como un hijo regenerado de Dios], sino el mal que no quiero [mostrando así también su regeneración, porque ninguna persona no regenerada puede querer el bien u odiar el mal como Pablo lo hace aquí], eso hago".

G. Importancia práctica

La doctrina de la perseverancia es un tesoro muy valioso de la iglesia y del pueblo de Dios, no solo porque demuestra tan poderosamente la soberanía de Dios en toda la salvación, sino también porque está llena de implicaciones prácticas.

1. La perseverancia y la oración

Debido a que el calvinismo enseña tan firmemente que la preservación y la perseverancia son dos caras de la misma moneda, la doctrina de la perseverancia es otra forma de enfatizar la importancia de la oración en la vida cristiana. Según el calvinismo y las escrituras, no hay esperanza de perseverancia sin oración, porque es a través de la oración que recibimos la gracia para perseverar.

Esta es la enseñanza de los Cánones de Dordt en el Capítulo V, Artículo 4:

"Aunque la debilidad de la carne no puede prevalecer contra el poder de Dios, quien confirma y preserva a los verdaderos creyentes en un estado de gracia, sin embargo, los conversos no siempre están tan influenciados y accionados por el Espíritu de Dios, como para que en algunos casos particulares no se desvíen pecaminosamente de la guía de la gracia divina, como para ser seducidos por, y cumplir con los deseos de la carne; deben, por lo tanto, ser constantes en velar y orar, para que no caigan en tentación. Cuando estas se descuidan, no solo son propensos a caer en pecados grandes y atroces por parte de Satanás, el mundo y la carne, sino que a veces, por el justo permiso de Dios, en realidad caen en estos males. Esto es lo que demuestra la lamentable caída de David, Pedro y otros santos descritos en la Sagrada Escritura".

Las escrituras confirman esto en muchos lugares, especialmente en Mateo 26:41; "Velad y orad, para que no entréis en tentación; el espíritu a la verdad está dispuesto, pero la carne es débil".

2. La perseverancia y la predicación del evangelio

Lo que es verdad de la oración es también verdad de la predicación. Es el otro gran medio que Dios utiliza para preservar y guardar a Su pueblo. Las advertencias, amonestaciones y aliento de Su Palabra están diseñadas exactamente para ese propósito. Esto significa, entonces, que la doctrina de la perseverancia, correctamente entendida, magnifica la importancia de la predicación del evangelio y su necesidad en la vida de los creyentes. En lugar de destruir la predicación viva del evangelio, las doctrinas de la gracia la hacen necesaria y le dan poder, porque la gracia es a través de la predicación.

Que la perseverancia requiere la predicación del evangelio está claro en Juan 10:27, 28: "Mis ovejas *oyen mi voz*, y yo las conozco, y me siguen; y yo les doy vida eterna, y no perecerán jamás, ni nadie las arrebatará de mi mano". Solo a través de la predicación del evangelio escuchamos la voz de Jesús. Esa es nuestra esperanza, que nunca pereceremos.

3. La perseverancia y la santidad

Una vez más las calumnias de aquellos que odian el calvinismo se muestran falsas. Las doctrinas de la gracia no destruyen la santidad ni promueven el descuido y la mundanalidad, como algunos han acusado. Más bien, el llamado a la perseverancia es el llamado a la santidad, y no tiene sentido ni siquiera hablar de perseverancia, si no es en términos de santidad, temor de Dios, piedad cristiana y obediencia fiel.

Creemos que Dios de manera segura e infaliblemente preserva a Su pueblo, pero solo en el camino de su perseverancia en santidad, porque sin santidad nadie verá al Señor (Hb. 12:14).

4. La perseverancia y la paz

También debe ser evidente que sólo la doctrina de la perseverancia puede dar a los cristianos cualquier paz en el mundo. En vista del hecho de que ellos luchan contra principados y potestades y huestes espirituales de maldad, y en vista del hecho de que ellos mismos son pecadores y débiles, saben que no hay esperanza de gloria para ellos aparte de la gracia de Dios. La doctrina de la perseverancia les asegura que Dios es fiel y que Él no abandonará ni se apartará de la obra que ha comenzado en ellos, aunque ellos mismos puedan sentir que esa obra es muy pequeña.

Un buen ejemplo de esto lo encontramos en el cuestionamiento de las personas que luchan por encontrar la seguridad de la salvación. El hecho mismo de que estén preocupados y temerosos es el fruto de la gracia salvadora de Dios obrando en ellos, y se les puede y debe decir que Dios mismo continuará esa obra de gracia y la llevará a su completo fruto.

En la persecución, en el sufrimiento y en la tentación, cada uno del pueblo de Dios, a través de la doctrina de la perseverancia, puede descansar en la fidelidad y la gracia de Dios y saber que nada puede separarlo de Dios y de la vida eterna. Creyendo en la doctrina de la perseverancia de los santos, uno cree en Dios mismo, en Su amor y misericordia y gracia e inmutabilidad y encuentra en ellos esperanza y paz.

H. Relación con los otros cuatro puntos

En conclusión, recordemos que la doctrina de la perseverancia está inseparablemente conectada con los otros cuatro puntos del calvinismo. Los elegidos son preservados, pero son preservados porque Dios los ha escogido y porque Cristo murió por ellos. Necesitan esa gracia preservadora porque en sí mismos son totalmente depravados y no pueden hacer ningún bien, ciertamente no el gran bien de encontrar y obtener la vida eterna. La gracia que Dios les da es poderosa e irresistible, de modo que no sólo sus propios pecados, sino incluso el diablo y todo el mundo malvado, no pueden evitar que sean salvos con una salvación eterna.

Negar la doctrina de la perseverancia es decir que el consejo de Dios puede ser cambiado, que Dios mismo puede cambiar. Es decir que Cristo gimió y sangró y murió en el calvario por nada, que la promesa de Dios puede fallar, y que los dones y el llamamiento de Dios pueden ser revocados, y eso por el mismo hombre débil y pecador. Dios no quiera que así sea. Gracias sean dadas a Él por la obra de la gracia, soberanamente iniciada, soberanamente llevada adelante y soberanamente terminada.

¡Soli Deo Gloria!

Notas

Capítulo I

1. Juan Calvino, *"The Eternal Predestination of God"* ("La Predestinación Eterna de Dios"), en *Calvin´s Calvinism* (El calvinismo de Calvino): Tratados sobre *"The Eternal Predestination of God"* ("La Predestinación Eterna de Dios") and *"The Secret Providence of God"* ("La Predestinación Secreta de Dios"), trad. Henry Cole (Grand Rapids, Mich.: Reformed Free Publishing Associations, [1987]), 43.

2. Juan Calvino, *Institutes of the Christian Religion (Institutos de la Religión Cristiana)*, ed. por John T. McNeill, trad. por Ford Lewis Battles en el vol. 1 de 2 vols., encontrado en el volumen XX de Library of Christian Classics (Philadelphia: The Westminster Press, 1960), Libro I, cap. 1, secc. 1, 35.

3. Ibíd., Libro. 1, cap. 1, secc. 2, 37.

Capítulo III

1. Calvino, *"The Eternal Predestination of God"* ("La Predestinación Eterna de Dios"), 31.

Capítulo IV

1. Recomendamos a nuestros lectores a A.W. Pink *The Sovereignty of God (La Soberanía de Dios)* y el folleto de Homer C. Hoeksema titulado *"God So Loved the World"* ("Dios Amó Tanto al Mundo")*, ambos incluidos en la sección de Lectura Recomendada (Apéndice I).

Capítulo V

1. E. Gordon Rupp, ed. Luther and Erasmus (Lutero y Eras-

mo): *Free Will and Salvation (Libre Albedrio y Salvación)*, en The Library of Christian Classics, vol. 17 (Philadelphia: The Westminster Press, 1969), 47.

2. Citado en Homer C. Hoeksema, *The Voice of Our Fathers (La Voz de Nuestros Padres)* (Grand Rapids, Mich.: Reformed Free Publishing Association, 1980), 106.

Apéndice III

1. Las citas de los credos están tomadas de las siguientes fuentes: *"Las Tres Formas de Unidad: Catecismo de Heidelberg, Confesión Belga, Cánones de Dordt"* (Grand Rapids, Mich.: Comité de Misión de las Iglesias Protestant Reformed Churches in América, 1983); y *The Westminster Confession of Faith; the Larger and Shorter Catechisms, with the Scripture Proofs at Large: together with the Sum of Saving Knowledge (La Confesión de Fe de Westminster; los Catecismos Mayor y Menor, con las Pruebas Bíblicas en General: junto con la Suma del Conocimiento Salvador)*, etc. (Glasgow: Free Presbyterian Publications, 1985).

APÉNDICE I

Lecturas recomendadas

La siguiente lista de libros es recomendada para aquellos que puedan estar interesados en un mayor estudio de las doctrinas de la gracia. La lista no pretende ser exhaustiva, pero sí bastante completa. Algunos de los libros están actualmente en imprenta; otros no. La recomendación de un libro no debe entenderse como la aprobación de todas las ideas expuestas por su autor. Especialmente recomendados son los libros marcados con un asterisco.

Boettner, Loraine. *The Reformed Doctrine of Predestination (La Doctrina Reformada de la Predestinación).* Philadelphia: Presbyterian and Reformed Publishing Co., 1978.

Buis, Harry. *Historic Protestantism and Predestination (El Protestantismo Histórico y la Predestinación).* Philadelphia: Presbyterian and Reformed Publishing Co., 1958.

* Calvino, Juan. Calvin´s Calvinism (El Calvinismo de Calvino): Tratados sobre *"The Eternal Predestination of God" and "The Secret Providence of God."".* ("La Predestinación Eterna de Dios" y "La Providencia Secreta de Dios".) Tr. Por Henry Cole. Grand Rapids, Mich.: Reformed Free Publishing Association, [1987].

Clark, Gordon H. *Biblical Predestination (La Predestinación Bíblica).* Phillipsburg, Nueva Jersey: Presbyterian and Reformed Publishing Co., 1969.

* Coles, Elisha. *God's Sovereignty (La Soberanía de Dios).* Grand Rapids, Michi.: Baker Book House, 1979.

Coppes, Leonard H. *Are Five Points Enough? The Ten Points of*

Calvinism. (¿Son Suficientes Los Cinco Puntos? Los diez puntos del calvinismo). Manassas, Va.: Reformation Educational Foundation, 1980.

Dabney, Robert L. *The Five Points of Calvinism (Los cCinco puntos del calvinismo).* Harrisonburg. Va.: Sprinkle Publications, 1992.

Dakin, A. *Calvinism (Calvinismo).* Philadelphia: The Westminster Press, 1946.

* Engelsma, David J. *Hyper-Calvinism and the Call of the Gospel: An Examination of the "Well-Meant Offer" of the Gospel. (El Hipercalvinismocalvinismo y el Llamado del Evangelio: Un Examen de la "Oferta Bien Intencionada" del Evangelio).* 2ª Rev., Ed. Grand Rapids, Mich.: Reformed Free Publishing Association, 1994.

* Gil, John. *The Cause of God and Truth (La Causa de Dios y la Verdad).* París, Arkansas: Baptist Standard Press, 1992.

Girardeau, John L. *Calvinism and Evangelical Arminianism Compared as to Election, Reprobation, Justification, and Related Doctrines. (El Calvinismo y el Arminianismo Evangélico Comparados en cuanto a la Elección, Reprobación, Justificación y Doctrinas Relacionadas).* Harrisonburg, Va.: Sprinkle Publications, 1984.

Hoeksema, Homer C., *"God So Loved the World . . .".("Tanto Amó Dios al Mundo . . .".)* South Holland, III.: Comité de Evangelismo, South Holland Protestant Reformed Church, 1994.

Hoeksema, Homer C., *"The Voice of Our Fathers [an exposition of the Canons of Dordrecht]. ("La Voz de Nuestros Padres [una exposición de los Cánones de Dordrecht]).* Grand Rapids, Mich.: Reformed Free Publishing Association, 1980.

* Hanko, Herman, Homer C. Hoeksema y Gise J. Van Baren. *The Five Points of Calvinism. (Los Cinco Puntos del Calvinismo).* Grand Rapids, Mich.: Reformed Free Publishing Association, 1976.

Lutero, Martín. *The Bondage of the Will. (La Esclavitud de la Voluntad).* Tr. por J.I. Packer y O.R. Johnston. Westwood, N. J.: Fleming H. Revell Co., 1957.

McNeill, John T. *The History and Character of Calvinism (La Historia y el Carácter del Calvinismo).* Londres: Oxford University Press, 1973.

Ness, Christopher. *An Antidote to Arminiamism. (Un Antídoto contra el Arminamismo).* North Hollywood, Calif.: Puritan Heritage Publications, 1978.

Palmer, Edwin H. *The Five Points of Calvinism. (Los Cinco Puntos del Calvinismo).* Grand Rapids, Mich.: Baker Book House, 1972.

* Parks, William. *Sermons on the Five Points of Calvinism (Sermones sobre los Cinco Puntos del Calvinismo).* Londres: Sovereign Grace Union, 1929.

* Pink, Arthur W. *The Sovereignty of God (La Soberanía de Dios).* Grand Rapids, Mich.: Baker Book House, 1963.

Shedd, William G.T. *Calvinism, Pure and Mixed (Calvinismo, Puro y Mixto.)* Edinburgh: Banner of Truth, 1986.

Spencer, Duane Edward. *TULIP: The Five Points of Calvinism in the Light of Scripture (TULIP: Los Cinco Puntos del Calvinismo a la Luz de las Escrituras).* Grand Rapids, Mich.: Baker Book House, 1979.

* Sproul, R.C. *Chosen by God (Elegidos por Dios).* Wheaton: Tyndale House Publishers Inc., 1986.

* Steele, David N. y Curtis C. Thomas. *The Five Points of Calvinism: Defined, Defended, Documented. (Los Cinco Puntos del Calvinismo: Definidos, Defendidos, Documentados).* Philadelphia: Presbyterian and Reformed Publishing Co., 1963.

Thornwell, James Henly. *Election and Reprobation (Elección y Reprobación).* Jackson, Miss.: Presbyterian Reformation Society,

1961.

Warburton, Ben A. *Calvinism: Its History and Basic Principles, Its Fruits and Its Future, and Its Practical Application to Life. (CalvinismoCalvinismo: Su Historia y Principios Básicos, Sus Frutos y Su Futuro, y Su Aplicación Práctica para la Vida)*. Grand Rapids, Mich.: Wm. B. Eerdmans Publishing Co., 1955.

Zanchius, Jerom. *The Doctrine of Absolute Predestination (La Doctrina de la Predestinación Absoluta)*. Tr. por Augustus M. Toplady. Grand Rapids, Mich.: Baker Book House, 1977.

APÉNDICE II

Arminianismo y calvinismo comparado

ARMINIANISMO (las Cinco F´s) Siglas en ingles	CALVINISMO (TULIP) Siglas en ingles
1. Free Will Libre albedrío	1. T-otal depravity Depravación total
2. Foreseen faith Fe prevista	2. U-nconditional election Elección incondicional
3. For everyone Para todos	3. L-imited atonement Expiación limitada
4. Final decision with man Decisión final con el hombre	4. I-rresistible grace Gracia irresistible
5. Falling away Apostasía	5. P-erseverance of the saints Perseverancia de los santos

APÉNDICE III

Citas de los credos

Dado que las doctrinas cubiertas por los cinco puntos del calvinismo se expresan de manera muy concisa en los credos de la iglesia, especialmente en los credos reformados y presbiterianos, es útil, al intentar comprender las doctrinas, hacer referencia a algunas de estas declaraciones. La mayoría de las citas que se dan a continuación son del Catecismo de Heidelberg, la Confesión Belga y los Cánones de Dordrecht (Dordt), los tres principales credos de aquellas iglesias que tienen el nombre de Reformadas; el resto de las citas son de la Confesión de Fe de Westminster y del Catecismo Mayor de Westminster, que son de la tradición Presbiteriana. Dado que los Cánones de Dordt son los cinco puntos originales del calvinismo, sus declaraciones sobre los cinco puntos son de especial importancia. Como en los capítulos 1-6, ciertas palabras se han puesto en cursiva para llamar la atención del lector sobre las partes clave que ilustran el punto que se está planteando. Algunas de las citas representan solo una parte de la pregunta y la respuesta, o del artículo. Consulte las Notas que siguen directamente al capítulo 6 para conocer las fuentes utilizadas.[1]

A. LA SOBERANÍA DE DIOS

1. CATECISMO DE HEIDELBERG
a. Día del Señor 9

Pregunta y Respuesta 26

P. ¿Qué crees cuando dices: "Creo en Dios el Padre, *To-dopoderoso*, Creador del cielo y de la tierra"?

R. Que el Padre eterno de nuestro Señor Jesucristo (quien de la nada hizo el cielo y la tierra, con todo lo que hay en ellos; quien, asimismo los sostiene y gobierna los mismos por su eterno consejo y providencia) es, por causa de Cristo su Hijo, mi Dios y mi Padre; en quien confío tan enteramente, que no dudo, sino que me proveerá de todo lo necesario para el alma y el cuerpo; y además, que hará que todos los males que me envíe, en este valle de lágrimas, se conviertan en algo provechoso para mí; *porque él puede hacerlo, siendo Dios Todopoderoso, y dispuesto*, siendo un Padre fiel.

(Pruebas bíblicas: Gn. 1; Gn. 2; Sal. 115:3; Mt. 10:29; Hb. 1:3; Jn. 5:17; Jn. 1:12, 16; Rom. 8:15, 16; Gal. 4:5, 6; Ef. 1:5; 1 Jn. 3:11; Sal. 55:22 55:22; Mt. 6:26; Rom. 8:28; Rom. 4:21; Rom. 10:12; Mt. 6:26; Mt. 7:9-11).

b. Día del Señor 10

Pregunta y Respuesta 27

P. ¿Qué entiendes por la providencia de Dios?

R. *El poder omnipotente y omnipresente de Dios*, por lo cual, como si fuera por su mano, sostiene y gobierna el cielo, la tierra y todas las criaturas; de modo que las hierbas y los pastos, la lluvia y la sequía, los años fructíferos y estériles, la comida y la bebida, la salud y la enfermedad, la riqueza y la pobreza, sí, *y todas las cosas vienen, no por casualidad, sino por su mano paternal.*

(Pruebas bíblicas: Hch. 17:25-28; Hb. 1:3; Jer. 5:24; Hch.

14:17; Jn. 9:3; Prv. 22:2; Job 1:21; Mt. 10:29, 30; Ef. 1:11).

c. Día del Señor 10

Pregunta y Respuesta 28

P. ¿Qué ventaja tiene para nosotros saber que Dios ha creado, y que por su providencia aún mantiene todas las cosas?

R. Para que seamos pacientes en la adversidad; agradecidos en la prosperidad; y que en todas las cosas que nos puedan suceder en el futuro, pongamos nuestra firme confianza en nuestro fiel Dios y Padre, para que nada nos separe de su amor; ya que *todas las criaturas están de tal manera en su mano, que sin su voluntad ni siquiera pueden moverse.*

(Pruebas bíblicas: Rom. 5:3; Sal. 39:10; Dt. 8:10; 1 Tes. 5:18; Rom. 5:3-6; Rom. 8:38, 39; Job 1:12:12; Mt. 8:3; Is. 10:15).

d. Día del Señor 19

Pregunta y Respuesta 50

P. ¿Por qué se añade, "y está sentado a la diestra de Dios"?

R. Porque Cristo ascendió al cielo con este fin, para aparecer como cabeza de su iglesia, por quien *el Padre gobierna todas las cosas.*

(Pruebas bíblicas: Ef. 1:20-22; Col. 1:18; Mt. 28:18; Jn. 5:22).

e. Día del Señor 19
   Pregunta y Respuesta 51
   P. ¿De qué nos sirve esta gloria de Cristo, nuestra cabeza, para nosotros?
   R. Primero, que por su Espíritu Santo él derrama bendiciones celestiales sobre nosotros, sus miembros; y luego que *por su poder él nos defiende y nos preserva contra todos los enemigos.*

   (Pruebas bíblicas: Ef. 4:8; Sal. 2:9; Jn. 10:28).

f. Día del Señor 52
   Pregunta y Respuesta 128
   P. ¿Cómo concluyes tu oración?
   R. "Porque tuyo es el reino, y el poder, y la gloria, por todos los siglos"; es decir, todo esto te lo pedimos, porque tú, siendo nuestro Rey y *todopoderoso,* estás dispuesto y eres capaz de darnos todo bien; y todo esto oramos, para que así no nosotros, sino tu santo Nombre, sea glorificado para siempre.

   (Pruebas bíblicas: Mt. 6:13; Rom. 10:12; 2 Ped. 2:9; Jn. 14:13; Sal. 115:1; Fil. 4:20).

2. CONFESIÓN DE FE (BÉLGICA)

a. Artículo 12
   Creemos que el Padre, por el Verbo, es decir, por su Hijo, ha Creado de la nada, el cielo, la tierra y todas las criaturas, *como le pareció bien a él,* dando a cada criatura su ser, figura, forma, y varios oficios para servir a su Creador. Que él también todavía las sostiene y gobierna

por su providencia eterna, y *su infinito poder*, para el servicio de la humanidad, a fin de que el hombre pueda servir a su Dios.

b. Artículo 13

Creemos que el mismo Dios, después de haber creado todas las cosas, no las abandonó, ni las entregó a la fortuna o al azar, sino que *él las dirige y gobierna según su santa voluntad, de tal manera que nada sucede en este mundo sin su ordenación*: no obstante, Dios no es ni el autor ni puede ser acusado de los pecados que se cometen. Porque *su poder y bondad son tan grandes e incomprensibles, que él ordena y ejecuta su obra de la manera más excelente y justa, incluso cuando los demonios y los hombres malvados actúan injustamente.* Y en cuanto a lo que él hace y que sobrepasa nuestro entendimiento humano, no indagaremos curiosamente, más allá de lo que nuestra capacidad admitiría; sino que con la mayor humildad y reverencia adoramos los justos juicios de Dios, los cuales nos son ocultos, contentándonos con ser discípulos de Cristo, para aprender solo las cosas que él nos ha revelado en su Palabra, sin transgredir estos límites. Esta doctrina nos proporciona un indecible consuelo, ya que se nos enseña que nada puede sucedernos por casualidad, sino por la dirección de nuestro Padre celestial lleno de misericordia; quien nos cuida con un cuidado paternal, *manteniendo a todas las criaturas bajo su poder, de modo que ni un solo cabello de nuestra cabeza (pues aún están todos contados), ni un pajarillo, puede caer a la tierra, sin la voluntad de nuestro Padre*, en quien confiamos plenamente; estando persuadidos, que el restringe tanto al diablo y a todos nuestros enemigos, que sin su voluntad y permiso, ellos no pueden hacernos daño. Y por lo tanto rechazamos ese condenable error de los Epicúreos, quienes dicen que Dios no considera nada, sino que deja todas las cosas a la casualidad.

3. CÁNONES DE DORDT

a. Primer Punto de la Doctrina, artículo 7

La elección es el propósito inmutable de Dios, por el cual, antes de la fundación del mundo, el de pura gracia, ha escogido *según el soberano beneplácito de su propia voluntad,* de entre toda la raza humana, que había caído por su propia culpa de su estado original de rectitud al pecado y perdición, a un cierto número de personas para la redención en Cristo, a quien él desde la eternidad constituyo como Mediador y Cabeza de los elegidos, y como fundamento de la salvación.

Este número de elegidos, aunque por naturaleza no son mejores ni más merecedores que otros, sino estando ellos involucrados en una miseria común, Dios ha decretado entregarlos a Cristo, para que sean salvados por él, y llamarlos y atraerlos eficazmente a su comunión por medio de su Palabra y Espíritu, para otorgarles la verdadera fe, la justificación y la santificación; y habiéndolos preservado poderosamente en la comunión de su Hijo, finalmente, para glorificarlos para demostración de su misericordia, y para alabanza de su gloriosa gracia; como está escrito: "Según nos escogió en él antes de la fundación del mundo, para que fuésemos santos y sin mancha delante de él, en amor habiéndonos predestinado para ser adoptados hijos suyos por medio de Jesucristo, según el puro afecto de su voluntad, para alabanza de la gloria de su gracia, con la cual nos hizo aceptos en el Amado" (Ef. 1:4-6). Y en otro lugar: "Y a los que predestinó, a estos también llamó; y a los que llamó, a estos también justificó; y a los que justificó, a estos también glorificó". (Rom. 8:30).

b. Primer Punto de la Doctrina, artículo 11.
Y como Dios mismo es sapientísimo, inmutable, omnisciente y *omnipotente,* así la elección hecha por él no puede ser interrumpida ni cambiada, revocada o anulada; ni tampoco los elegidos pueden ser desechados, ni su número disminuido.

c. Primer Punto de la Doctrina, Artículo 15
Lo que particularmente tiende a ilustrarnos y recomendarnos la eterna e inmerecida gracia de la elección, es el testimonio explícito de la Sagrada Escritura, de que no todos, sino sólo algunos son elegidos, mientras que otros son pasados por alto en el decreto eterno; *a quienes Dios, por su soberano, justísimo, irreprensible e inmutable beneplácito,* ha decretado dejarlos en la miseria común en la que ellos mismos se han sumido voluntariamente, y no concederles la fe salvífica y la gracia de la conversión; sino que, permitiéndoles en su justo juicio seguir sus propios caminos, al final, para la declaración de su justicia, condenarlos y castigarlos para siempre, no solo a causa de su incredulidad, sino también por todos sus demás pecados. Y este es el decreto de la reprobación, que de ninguna manera hace a Dios el autor del pecado (el simple pensamiento de ello es una blasfemia), sino

que lo declara como un terrible, irreprensible y justo juez y vengador del mismo.

d. Segundo Punto de la Doctrina, artículo 8

Porque éste fue el *consejo soberano* y la voluntad llena de gracia y el propósito de Dios Padre, que la eficacia vivificadora y salvífica de la preciosísima muerte de su Hijo se extendiera a todos los elegidos, para otorgarles solamente a ellos el don de la fe que justifica, para llevarlos infaliblemente a la salvación: es decir, fue la voluntad de Dios que Cristo, por la sangre de la cruz, por la cual confirmó el nuevo pacto, redimiera eficazmente de todo pueblo, tribu, nación y lengua, a todos aquellos, y solamente a aquellos, que desde la eternidad fueron escogidos para salvación, y dados a él por el Padre; que les concediera la fe, la cual, junto con todos los otros dones salvíficos del Espíritu Santo, que él compró para ellos con su muerte; debe purificarlos de todo pecado, tanto original como actual, ya sea cometido antes o después de creer; y habiéndolos preservado fielmente hasta el final, debe llevarlos finalmente, libres de toda mancha y defecto al disfrute de la gloria en su propia presencia para siempre.

4. CONFESIÓN DE FE DE WESTMINSTER

a. Capítulo 2, Artículo 2

Dios tiene toda vida, gloria, bondad, bienaventuranza, en y de sí mismo; y es solo en y para sí mismo todo suficiente, sin necesidad de ninguna de las criaturas que él ha hecho, ni derivando gloria alguna de ellas, sino solamente manifestando su propia gloria en, por, para y sobre ellas: él es la única fuente de todo ser, de quién, por medio de quién, y para quien son todas las cosas; y tiene el *dominio más soberano sobre ellos, para hacer por ellos, para ellos o sobre ellos cualquier cosa que a él mismo le plazca.*

(Pruebas bíblicas: Jn. 5:26; Hch. 7:2; Sal. 119:68; 1 Tim. 6:15; Rom. 9:5; Hch. 17:24, 25; Job 22:2, 3; Rom. 11:36; Ap. 4:11; Dn. 4:25, 35; Hb. 4:13; Rom. 11:33, 34; Sal. 147:5, Hch.15:18; Ez. 11:5; Sal. 145:17; Rom. 7:12; Ap. 5:12-14).

b. Capítulo 5, Artículo 1
Dios, el gran Creador de todas las cosas, *sostiene, dirige, dispone y gobierna todas las criaturas*, acciones y cosas, desde la más grande hasta la más pequeña, por su sapientísima y santa providencia, conforme a su infalible presciencia, y el libre e inmutable consejo de su propia voluntad, para la alabanza de la gloria de su sabiduría, poder, justicia, bondad y misericordia.

(Pruebas bíblicas: Hb. 1:3; Dn. 4:34-35; Sal. 135:6; Hch. 17:25, 26, 28; Job 38-41; Mt. 10:29-31; Prv. 15:3; Sal. 104:24; Sal. 145:17; Hch. 15:18; Sal. 94:8-11; Ef. 1:11; Sal. 33:10, 11; Is. 63:14; Ef. 3:10; Rom. 9:17; Gn. 45:7; Sal.145:7).

c. Capítulo 5, Artículo 4.
El omnipotente poder, la inescrutable sabiduría y la infinita bondad de Dios, se manifiestan en su providencia de tal manera, que esta se extiende incluso hasta la primera caída, y a todos los otros pecados de ángeles y hombres, y eso no por un simple permiso, sino también limitándo-

los de manera más sabia y *poderosa*, ordenándolos y gobernándolos de varias maneras en una dispensación multiforme para sus propios fines santos; pero de tal modo, que lo pecaminoso procede sólo de la criatura, y no de Dios; quien, siendo muy santo y justo, no es ni puede ser el autor o aprobador del pecado.

(Pruebas bíblicas: Rom. 11:32-34; 2 Sam. 24:12; 1 Cro. 21:11; 1 Rey. 22:22; 1 Cro. 10: 4, 13, 14; 2 Sam. 16:10; Hch. 2:23; Hch. 4:27, 28; Hch. 14:16; Sal. 76:10;; 2 Rey. 19:28; Gn. 50:20; Is. 10:6, 77, 12:12; Stg. 1:13, 14, 17; 1 Jn. 2:16; Sal. 50:21).

5. CATECISMO MAYOR DE WESTMINSTER

a. *Pregunta y Respuesta 7*

P. ¿Qué es Dios?

R. Dios es Espíritu, en sí y por sí mismo infinito en su ser, gloria, bienaventuranza y perfección; todo suficiente, eterno, inmutable, incomprensible, omnipresente, *todopoderoso*, omnisciente, sapientísimo, santísimo, justísimo, misericordiosísimo y lleno de gracia, tardo para la ira y abundante en bondad y verdad.

(Pruebas bíblicas: Jn. 4:24; Ex. 3:14; Job 11:7-9; Hch. 7:2; 1 Tim. 6:15; Mt. 5:48; Gn. 17:1; Sal. 90:2; Mal. 3:6; Stg. 1:17; 1 Rey. 8:27; Sal. 139:1-13; Ap. 4:8; Hb. 4:13; Sal. 147:5; Rom. 16:27; Is. 6:3; Ap. 15:4; Dt. 32:4; Ex. 34:6).

B. DEPRAVACIÓN TOTAL

1. CATECISMO DE HEIDELBERG
a. Día del Señor 2

Pregunta y Respuesta 5

P. ¿Puedes guardar todas estas cosas [de la ley] perfectamente?

R. De ninguna manera; porque yo soy propenso por naturaleza a odiar a Dios y a mi prójimo.

(Pruebas bíblicas: Rom. 3:10; 1 Jn. 1:8; Rom. 8:7; Tit. 3:3.)

b. Día del Señor 3

Pregunta y Respuesta 7

P. ¿De dónde procede entonces esta *depravación de la naturaleza humana*?

R. De la caída y desobediencia de nuestros primeros padres, Adán y Eva, en el Paraíso; por lo cual nuestra *naturaleza* se ha vuelto tan *corrupta*, que *todos* somos concebidos y nacidos en pecado.

(Pruebas bíblicas: Gn. 3:6; Rom. 5:12, 18, 19; Sal. 51:5; Gn. 5:3).

c. Día del Señor 3

Pregunta y Respuesta 8

P. ¿Estamos entonces tan corruptos que somos *totalmente incapaces de hacer el bien, e inclinados a toda maldad*?

R. De hecho lo somos; a menos que seamos regenerados por el Espíritu de Dios.

(Pruebas bíblicas: Gn. 6:5; Job 15:14, 16; Jn. 3:5; Ef. 2:5).

d. Día del Señor 21
Pregunta y Respuesta 56
P. ¿Qué crees acerca del "perdón de los pecados"?
R. Que Dios, por causa de la satisfacción de Cristo, ya no recordará más mis pecados, *ni de mi naturaleza corrupta,* contra la cual tengo que luchar toda mi vida; sino que generosamente me imputará la justicia de Cristo, para que nunca sea condenado ante el tribunal de Dios.

(Pruebas bíblicas: 1 Jn. 2:2; 2 Cor. 5:19, 21; Jer. 31:34; Sal. 103:3, 4, 10, 11; Rom. 8:1-3; Jn. 3: 18.)

e. Día del Señor 23
Pregunta y Respuesta 60.
P. ¿Cómo eres justo ante Dios?
R. Sólo por una verdadera fe en Jesucristo; de modo, que aunque mi conciencia me acuse de haber quebrantado *gravemente todos los mandamientos* de Dios, y *no guardé ninguno* de ellos, y todavía estoy inclinado a todo mal; no obstante, Dios, sin ningún mérito mío, sino sólo por pura gracia, me concede y me imputa, la perfecta satisfacción, justicia y santidad de Cristo; aun así, como si nunca hubiera tenido, ni cometido ningún pecado: sí, como si hubiera cumplido plenamente toda la obediencia que Cristo ha cumplido por mí; en la medida en que acepto tal beneficio con un corazón creyente.

(Pruebas bíblicas: Rom. 3:22ss; Gal. 2:16; Ef. 2:8-9; Rom. 3:9ss; 7:23; 3:24; Tit. 3:5; Rom. 4:4, 5; 2 Cor. 5:19; 1 Jn. 2:1;

Rom. 3:25; 2 Cor. 5:21; Rom. 3:28; Jn. 3:18).

f. Día del Señor 51

Pregunta y Respuesta 126.

P. ¿Cuál es la quinta petición [del Padre Nuestro]?

R. "Y perdónanos nuestras deudas, como también nosotros perdonamos a nuestros deudores"; es decir, estar
complacidos por amor a la sangre de Cristo, el no impu-
tarnos a nosotros, pobres pecadores nuestras transgresiones, ni *esa depravación que siempre se adhiere a nosotros*;
incluso al sentir esta evidencia de tu gracia en nosotros,
que es nuestra firme resolución de corazón perdonar a
nuestro prójimo.

(Pruebas bíblicas: Mt. 6:12; Sal. 51:1; 1 Jn. 2:1, 2; Mt. 6:14,
15).

2. CONFESIÓN DE FE (BÉLGICA)

a. Artículo 14

Creemos que Dios creó al hombre del polvo de la tierra,
y lo hizo y lo formó a su imagen y semejanza, bueno,
justo y santo, capaz en todas las cosas de querer agradar
a la voluntad de Dios. Pero estando en honor, no lo entendió, ni conoció su excelencia, sino que se sometió voluntariamente al pecado, y por consiguiente a la muerte,
y a la maldición, prestando oído a las palabras del diablo. Porque el mandamiento de vida que había recibido,
lo transgredió; y por el pecado se separó de Dios, que
era su verdadera vida, *habiendo corrompido toda su natura-*
leza; por lo cual se hizo culpable de la muerte corporal y espi-
ritual. Y volviéndose así malvado, perverso y corrupto en to-

dos sus caminos, ha perdido todos sus excelentes dones que había recibido de Dios, y sólo retuvo algunos restos de ellos, que, sin embargo, son suficientes para dejar al hombre sin excusa; porque toda la luz que hay en nosotros se cambia en tinieblas, como nos enseñan las escrituras, cuando dicen: La luz en las tinieblas resplandecen, y las tinieblas no prevalecieron contra ella: donde San Juan llama a los hombres tinieblas. Por lo tanto, nosotros rechazamos todo lo que se enseña repulsivo a esto, concerniente al libre albedrío del hombre, ya que el hombre no es más que un esclavo del pecado; y no tiene nada de sí mismo, a menos que le sea dado del cielo. Porque ¿quién puede presumir de jactarse de que puede hacer algún bien por sí mismo, puesto que Cristo dice: Ninguno puede venir a mí, si el Padre que me envió no le trajere? ¿Quién se gloriará en su propia voluntad, cuando entiende que el ocuparse de la carne es enemistad contra Dios? ¿Quién puede hablar de su conocimiento, puesto que el hombre natural no percibe las cosas que son del espíritu de Dios? En resumen, ¿quién se atreve a sugerir pensamiento alguno, sabiendo que no somos competentes por nosotros mismos para pensar algo como de nosotros mismos, sino que nuestra competencia proviene de Dios? Y por lo tanto, lo que el apóstol dice, debe justamente tenerse como seguro y firme, que Dios es el que en nosotros produce así el querer como el hacer, por su buena voluntad. *Porque no hay voluntad ni entendimiento, conforme a la voluntad y al entendimiento divino*, sino lo que Cristo ha obrado en el hombre; la cual él nos enseña, cuando dice: Separados de mí nada podéis hacer.

b. Artículo 15

Creemos que, por la desobediencia de Adán, el pecado original es extendido a *toda la humanidad*; que es una corrupción de *toda la naturaleza*, y una enfermedad hereditaria, con la que los niños mismos están infectados incluso en el vientre de sus madres, y que produce en el hombre toda clase de pecados, estando en él como la raíz de todos los pecados; y por eso es tan vil y abominable a los ojos de Dios, que es suficiente para condenar a *toda la humanidad*. Tampoco es de ninguna manera abolido o eliminado por el bautismo; ya que el pecado siempre brota de esta fuente lamentable, como el agua de una fuente; sin embargo, no es imputado a los hijos de Dios para condenación, sino que por su gracia y misericordia les es perdonado. No para que deban descansar seguros en el pecado, sino para que un sentido de esta corrupción debe hacer que los creyentes a menudo suspiren, deseando ser librados de este cuerpo de muerte. Por lo que rechazamos el error de los Pelagianos, que afirman que el pecado procede sólo de la imitación.

Los siguientes dos artículos de la Confesión de Fe Belga demuestran la relación entre la doctrina de la depravación total y los otros cuatro puntos, es decir, puesto que los hombres son totalmente depravados, la salvación debe ser, y es, todo de gracia en todas sus partes.

c. Artículo 16

Creemos que *toda la posteridad de Adán*, habiendo *caído así en perdición y ruina*, por el pecado de nuestros primeros padres, Dios entonces se manifestó tal como él es; es decir, misericordioso y justo: Misericordioso, porque él libra y preserva de esta perdición a todos, a quienes él, en su eterno e inmutable consejo de pura bondad, ha elegido en Cristo Jesús nuestro Señor, sin ninguna consideración de sus obras: Justo, en dejar a otros en la caída y perdición en que ellos mismos se han involucrado.

d. Artículo 17

Creemos que nuestro muy misericordioso Dios, en su admirable sabiduría y bondad, viendo que el hombre se había arrojado así mismo a *la muerte temporal y eterna*, y se hizo *completamente miserable*, se complació en buscarlo y consolarlo cuando huía temblando de su presencia, prometiéndole que daría a su Hijo, nacido de mujer, para herir la cabeza de la serpiente, y hacerlo bienaventurado.

3. CÁNONES DE DORDT
a. Primer Punto de la Doctrina, Artículo 1

Como todos los hombres han pecado en Adán, *yacen bajo maldición* y *son merecedores de la muerte eterna*, Dios no habría hecho ninguna injusticia dejándolos a todos que perecieran y entregándolos a la condenación por causa del pecado, según las palabras del apóstol, Romanos 3:19, "para que toda boca se cierre, y todo el mundo quede bajo el juicio de Dios". Y el versículo 23: "por cuanto todos pecaron y están destituidos de la Gloria de Dios". Y Romanos 6:23: "porque la paga del pecado es muerte".

Cabe señalar que cada sección de los Cánones está dividida

en dos partes: una sección positiva en la que se explica cada doctrina y una sección negativa en la que se condenan y rechazan varios errores. Estas secciones son valiosas no solo porque ayudan a definir de manera precisa y clara las verdades en discusión, sino también porque contienen muchos textos de prueba para estas verdades.

b. Primer Punto de la Doctrina, Rechazo de Errores, Error 4
Habiendo sido explicada la verdadera doctrina sobre la elección y la reprobación, el Sínodo rechaza los errores de aquellos que enseñan: Que en la elección para fe se exige de antemano esta condición, es decir, que el hombre utilice correctamente la luz de la naturaleza, sea piadoso, humilde, manso y apto para la vida eterna, como si de estas cosas dependiera de alguna manera la elección. Porque esto tiene el sabor a la enseñanza de Pelagio, y se opone a la doctrina del apóstol, cuando escribe: *"Entre los cuales también todos nosotros vivimos en otro tiempo en los deseos de nuestra carne, haciendo la voluntad de la carne y de los pensamientos, y éramos por naturaleza hijos de ira, lo mismo que los demás.* Pero Dios, que es rico en misericordia, por su gran amor con que nos amó, aun estando nosotros muertos en pecados, nos dio vida juntamente con Cristo (por gracia sois salvos), y juntamente con él nos resucitó, y asimismo nos hizo sentar en los lugares celestiales con Cristo Jesús, para mostrar en los siglos venideros las abundantes riquezas de su gracia en su bondad para con nosotros en Cristo Jesús. Porque por gracia sois salvos por medio de la fe; y esto no de vosotros, pues es don de Dios; no por obras, para que nadie se gloríe" (Ef. 2:3-9).

c. Tercer y Cuarto Punto de la Doctrina, Artículo 1

El hombre fue formado originalmente a la imagen de Dios. Su entendimiento estaba adornado con un conocimiento verdadero y salvador de su Creador, y de las cosas espirituales; su corazón y voluntad eran rectos; todos sus afectos puros; y todo el hombre era santo; pero rebelándose contra Dios por instigación del diablo, y abusando de la libertad de su propia voluntad, perdió estos excelentes dones y por el contrario acarreó en sí mismo *ceguera de mente, horrible oscuridad, vanidad y perversidad de juicio, se volvió malvado, rebelde y obstinado de corazón y voluntad, e impuro en sus afectos.*

d. Tercer y Cuarto Punto de la Doctrina, Artículo 2

El hombre después de la caída engendró hijos a su propia semejanza. *Una estirpe corrupta* produjo una *descendencia corrupta.* Por lo tanto, *toda la posteridad de Adán,* excepto Cristo solamente, ha derivado la corrupción de su padre original, no por imitación, como afirmaron los Pelagianos de antaño, sino por la propagación de una *naturaleza viciosa.*

e. Tercer y Cuarto Punto de la Doctrina, Artículo 3

Por lo tanto, todos los hombres son concebidos en pecado, y son por naturaleza hijos de ira, incapaces del bien salvífico, inclinados al mal, muertos en pecado y en servidumbre a él, y sin la gracia regeneradora del Espíritu Santo, *ellos no pueden ni quieren volver a Dios, para reformar la depravación de su naturaleza, ni para disponerse a la reforma.*

f. Tercer y Cuarto Punto de la Doctrina, Artículo 4

Quedan, sin embargo, en el hombre desde la caída, los destellos de la luz natural, por los cuales retiene algún conocimiento de Dios, de las cosas naturales y de la diferencia entre el bien y el mal, y muestra cierta consideración por la virtud, el buen orden en la sociedad, y para mantener un comportamiento externo ordenado. Pero esta luz de la naturaleza está tan lejos de ser suficiente para llevarlo al conocimiento salvador de Dios y a la verdadera conversión, que *es incapaz de usarla correctamente incluso en las cosas naturales y civiles*. Es más, esta luz, tal como es, el hombre de varias maneras la *contamina completamente*, y la mantiene en injusticia, por lo cual se vuelve inexcusable ante Dios.

g. Tercer y Cuarto Punto de la Doctrina, Rechazo de Errores, Error 1

Habiendo sido explicada la verdadera doctrina, el Sínodo rechaza los errores de aquellos que enseñan: Que no puede decirse correctamente que el pecado original basta por sí mismo para condenar a toda la raza humana, o para merecer el castigo temporal y eterno. Porque éstos contradicen al Apóstol, que declara: "Por tanto, como el pecado entró en el mundo por un hombre, y por el pecado la muerte, *así la muerte pasó a todos los hombres, por cuanto todos pecaron*" (Rom. 5:12). Y: "El juicio vino a causa de un solo pecado para condenación" (Rom. 5:16). Y: "La paga del pecado es muerte" (Rom. 6:23).

h. Tercer y Cuarto Punto de la Doctrina, Rechazo de Errores, Error 2

Habiendo sido explicada la verdadera doctrina, el Sínodo rechaza los errores de aquellos que enseñan: Que los dones espirituales, o las buenas cualidades y virtudes, tales como: la bondad, santidad, justicia, no podían pertenecer a la voluntad del hombre cuando fue creado por primera vez, y que estos, por lo tanto, no podrían haber sido separados de ellos en la caída. Porque esto es contrario a la descripción de la imagen de Dios que el Apóstol da en Ef. 4:24, donde declara que consiste en la justicia y santidad de la verdad, las cuales indudablemente pertenecen a la voluntad.

i. Tercer y Cuarto Punto de la Doctrina, Rechazo de Errores, Error 3

Habiendo sido explicada la verdadera doctrina, el Sínodo rechaza los errores de aquellos que enseñan: Que en la muerte espiritual los dones espirituales no están separados de la voluntad del hombre, ya que la voluntad en sí misma nunca ha sido corrompida, sino sólo obstaculizada por la oscuridad del entendimiento y la irregularidad de los afectos; y que, habiendo sido eliminados estos obstáculos, la voluntad puede entonces poner en operación sus poderes naturales, esto es, que la voluntad por sí misma es capaz de querer y escoger, o no querer y no escoger, toda clase de bien que se le puede presentar. Esto es una innovación y un error, y tiende a elevar los poderes del libre albedrío, contrariamente a la declaración del Profeta: *"Engañoso es el corazón más que todas las cosas, y perverso"* (Jer. 17:9); y del Apóstol: "Entre los cuales (hijos de desobediencia) también todos nosotros vivimos en otro tiempo en los deseos de nuestra carne, haciendo la voluntad de la carne y de los pensamientos" (Ef. 2:3).

j. Tercer y Cuarto Punto de la Doctrina, Rechazo de Errores, Error 4

Habiendo sido explicada la verdadera doctrina, el Sínodo rechaza los errores de aquellos que enseñan: Que el hombre no regenerado no está realmente ni completamente muerto en pecado, ni desprovisto de todos los poderes para el bien espiritual, sino que aún puede tener hambre y sed de justicia y vida, y ofrecer el sacrificio de un espíritu contrito y quebrantado, lo cual agrada a Dios. Porque estos son contrarios al testimonio expreso de la Escritura. *"Estabais muertos en vuestros delitos y pecados"* (Ef. 2:1, 5); y: *"Todo designio de los pensamientos del corazón de ellos era de continuo solamente el mal"* (Gn. 6:5; Gn. 8:21).

Además, tener hambre y sed de justicia después de la liberación de la miseria y después de la vida, y ofrecer a Dios el sacrificio de un espíritu quebrantado, es propio de los regenerados y de los que son llamados bienaventurados (Sal. 51:10, 19; Mt. 5:6).

k. Tercer y Cuarto Punto de Doctrina, Rechazo de Errores, Error 5

Habiendo sido explicada la verdadera doctrina, el Sínodo rechaza los errores de aquellos que enseñan: Que el hombre corrupto y natural puede muy bien usar la gracia común (por la cual ellos entienden la luz de la naturaleza), o los dones que aún le quedan después de la caída, que puede ganar gradualmente por su buen uso una mayor gracia, es decir, la gracia evangélica o salvífica y la salvación misma. Y que de este modo Dios por su parte, se muestra dispuesto a revelar a Cristo a todos los hombres, puesto que aplica a todos de manera suficiente y eficaz los medios necesarios para la conversión. Porque la experiencia de todas las edades y las escrituras testifican que esto es falso. "Ha manifestado sus palabras a Jacob, Sus estatutos y sus juicios a Israel. No ha hecho así con ninguna otra de las naciones; y en cuanto a sus juicios, no los conocieron". (Sal. 147:19, 20). "En las edades pasadas él ha dejado a todas las gentes andar en sus propios caminos" (Hch. 14:16). Y: "Y atravesando ellos (Pablo y sus compañeros) Frigia y la provincia de Galacia, les fue prohibido por el Espíritu Santo hablar la palabra en Asia; y cuando llegaron a Misia, intentaron ir a Bitinia, pero el Espíritu no se lo permitió" (Hch. 16:6, 7).

4. CONFESIÓN DE FE DE WESTMINSTER

a. Capítulo 6, Artículo 1

Nuestros primeros padres, siendo *seducidos* por la sutileza y la tentación de Satanás, pecaron al comer del fruto prohibido. Este pecado de ellos, Dios se complació en permitirlo, según su sabio y santo consejo, habiéndose propuesto ordenarlo para Su propia gloria.

(Pruebas bíblicas: Gn. 3:13; 2 Cor. 11:3; Rom. 11:32.)

b. Capítulo 6, Artículo 2

Por este pecado cayeron de su justicia original, y de la comunión con Dios, y así *quedaron muertos en el pecado, y totalmente contaminados en todas las facultades y partes del alma y del cuerpo.*

(Pruebas bíblicas: Gn. 3:6-8; Ec. 7:29; Rom. 3:23; Gn. 2:17; Ef. 2:1; Tit. 1:15; Gn. 6:5; Jer. 17:9; Rom. 3:10-18.)

c. Capítulo 6, Artículo 3
    Siendo ellos la raíz de toda la humanidad, la culpa de este pecado fue imputada, y la misma *muerte en el pecado*, y la *naturaleza corrupta* transmitida a *toda su posteridad*, descendiendo de ellos por generación ordinaria.

    (Pruebas bíblicas: Gn. 1:27, 28; Gn. 2:16, 17; Hch. 17:26 con Rom. 5:12, 15-19; 1 Cor. 15:21, 22, 45, 49; Sal. 51: 5; Gn. 5:3; Job 14:4; Job 15:14.)

d. Capítulo 6, Artículo 4
    De esta corrupción original, por la cual *estamos totalmente indispuestos, incapacitados y opuestos a todo bien, y totalmente inclinados a todo mal*, proceden todas las transgresiones actuales.

    (Pruebas bíblicas: Rom. 5:6; Rom. 8:7; Rom. 7:18; Col. 1:21; Gn. 6:5; Gn. 8:21; Rom. 3:10-12; Stg. 1 :14, 15; Ef. 2:2, 3; Mt. 15:19.)

e. Capítulo 6, Artículo 5
    Esta *corrupción de la naturaleza*, durante esta vida, permanece en aquellos que son regenerados; y aunque por medio de Cristo sea perdonada y mortificada, sin embargo, tanto ella misma como en todos sus movimientos, son verdadera y propiamente pecado.

    (Pruebas bíblicas: 1 Jn. 1:8, 10; Rom. 7:14, 17, 18, 23; Stg.

3:2; Prv. 20:9; Ec. 7:20; Rom. 7:5, 7, 8, 25; Gal. 5:17.)

f. Capítulo 6, Artículo 6
    Todo pecado, tanto original como actual, siendo una transgresión de la justa ley de Dios, y contrario a ella, por su propia naturaleza, trae culpabilidad sobre el pecador, por lo cual *queda atado a la ira de Dios y a la maldición de la ley, y de esta manera queda sujeto a la muerte, con todas las miserias, espirituales, temporales y eternas.*
    (Pruebas bíblicas: 1 Jn. 3:4; Rom. 2:15; Rom. 3:9, 19; Ef. 2:3; Gal. 3:10; Rom. 6:23; Ef. 4:18; Rom. 8:20; Mt. 25:41; 2 Tes. 1:9.)

g. Capítulo 9, Artículo 3
    El hombre, por su caída en un estado de pecado, ha *perdido por completo toda capacidad de voluntad para cualquier bien espiritual* que acompañe a la salvación; así como un hombre natural, *estando totalmente en contra de ese bien, y muerto en pecado, no es capaz*, por su propia fuerza, de convertirse a sí mismo, o de prepararse a si mismo para ello.

    (Pruebas bíblicas: Rom. 5:6; Rom. 8:7; Jn. 15:5; Rom. 3:10, 12; Ef. 2:1, 5; Col. 2:13; Jn. 6: 44, 65; Ef. 2:2-5; 1 Cor. 2:14; Tit. 3:3-5.)

h. Capítulo 9, Artículo 4
    Cuando Dios convierte a un pecador y lo traslada al estado de gracia, él lo libera de su *esclavitud natural* bajo el pecado; y por su sola gracia lo capacita para querer y hacer libremente lo que es espiritualmente bueno; sin

embargo, por razón de su corrupción que aún le queda, no hace perfectamente, ni sólo, desea lo que es bueno, sino que también desea lo que es malo.

(Pruebas bíblicas: Col. 1:13; Jn. 8:34, 36; Fil. 2:13; Rom. 6:18, 22; Gal. 5:17; Rom. 7:15, 18, 19, 21, 23).

i. Capítulo 9, Artículo 5
La voluntad del hombre es hecha perfecta e inmutable-mente *libre para hacer solo lo bueno únicamente en el estado de gloria.*

(Pruebas bíblicas: Ef. 4:13; Hb. 12:23; 1 Jn. 3:2; Jud. 24.)

j. Capítulo 16, Artículo 7
Las obras hechas por hombres no regenerados, aunque, para el asunto de ellos, pueden ser cosas que Dios orde-na, y de buen uso tanto para ellos como para otros; sin embargo, porque no proceden de un corazón purificado por la fe; ni se hacen de la manera correcta, conforme a la palabra; ni para un fin justo, para la gloria de Dios; por lo tanto, son pecaminosas y *no pueden agradar a Dios,* ni hacen que un hombre sea apto para recibir la gracia de Dios. Y, sin embargo, el descuido de ellos es más pe-caminoso y desagradable para Dios.

(Pruebas bíblicas: 2 Rey. 10:30, 31; 1 Rey. 21:27, 29; Fil. 1:15, 16, 18; Gn. 4:5; Hb. 11:4, 6; 1 Cor. 13:3; Is. 1:12; Mt. 6:2, 5, 16; Hag. 2:14; Tit. 1:15; Am. 5:21, 22; Os. 1:4; Rom. 9:16; Tit. 3:15; Sal. 14:4; Sal. 36:3; Job 21:14, 15; Mt. 25:41-43, 45; Mt. 23:3.)

5. CATECISMO MAYOR DE WESTMINSTER

a. *Pregunta y Respuesta 25*

P. ¿En qué consiste la pecaminosidad de ese estado en el que cayó el hombre?

R. La pecaminosidad de ese estado en el que cayó el hombre consiste en la *culpa del primer pecado de Adán, la falta de la justicia con la que fue creado, y la corrupción de su naturaleza, por la cual está completamente indispuesto, incapacitado, y hecho opuesto a todo lo que es espiritualmente bueno, y totalmente inclinado a todo mal,* y eso continuamente; lo que comúnmente se llama Pecado Original, y de donde proceden todas las transgresiones actuales.

(Pruebas bíblicas: Rom. 5:12, 19; Rom. 3:10-19; Ef. 2:1-3; Rom. 5:6; Rom. 8:7, 8; Gn. 6:5; Stg. 1:14, 15; Mt. 15:19.)

b. *Pregunta y Respuesta 27*

P. ¿Qué miseria trajo la caída a la humanidad?

R. La caída trajo a la humanidad la pérdida de la comunión con Dios, su desagrado y la maldición de Dios; de manera que *somos por naturaleza hijos de ira, esclavos de Satanás,* y justamente sujetos a los castigos en este mundo, y en el venidero.

(Pruebas bíblicas: Gn. 3:8, 10, 24; Ef. 2:2, 3; 2 Tim. 2:26; Gn. 2:17; Lm. 3:39; Rom. 6:23; Mt. 15:41, 46; Jud. 7).

c. *Pregunta y Respuesta 149*

P. ¿Puede algún hombre guardar perfectamente los mandamientos de Dios?

R. *Ningún hombre es capaz,* ni por sí mismo, o ni por nin-

guna gracia recibida en esta vida, guardar perfectamente los mandamientos de Dios; sino que *diariamente* los
quebranta en pensamiento, palabra y obra.

(Pruebas bíblicas: Stg. 3:2; Jn. 15:5; Rom. 8:3; Ec. 7:20; 1
Jn. 1:8, 10; Gal. 5:17; Rom. 7:18,19; Gn. 6:5; Gn. 8:21;
Rom. 3:9-19; Stg. 3:2-13.)

C. ELECCIÓN INCONDICIONAL

1. CATECISMO DE HEIDELBERG
a. Día del Señor 21

Pregunta y Respuesta 54

P. ¿Qué crees acerca de la "santa iglesia católica" de
Cristo?

R. Que el Hijo de Dios desde el principio hasta el fin del
mundo, reúne, defiende y preserva para sí mismo por
su Espíritu y palabra, de toda la raza humana, una iglesia *escogida para vida eterna*, de acuerdo a la fe verdadera;
y que soy y permaneceré para siempre, un miembro vivo de ella.

(Pruebas bíblicas: Jn. 10:11; Gn. 26:4; Rom. 9:24; Ef. 1:10;
Jn. 10:16; Is. 59:21; Dt. 10:14, 15; Hch. 13:48; 1 Cor. 1:8, 9;
Rom. 8:35 en adelante)

2. CONFESIÓN DE FE (BÉLGICA)
a. Artículo 16

Creemos que toda la posteridad de Adán, habiendo caído así en perdición y ruina, por el pecado de nuestros
primeros padres, Dios entonces se manifestó tal como él

es; es decir, misericordioso y justo: Misericordioso, porque él libra y preserva de esta perdición *a todos, a quienes el, en su eterno e inmutable consejo de pura bondad, ha elegido en Cristo Jesús Señor nuestro, sin ninguna consideración de sus obras*: Justo en dejar a otros en la caída y perdición en que ellos mismos se han involucrado.

3. CÁNONES DE DORDT

a. Primer Punto de la Doctrina, Artículo 6

Que algunos reciban el don de la fe por parte de Dios, y otros no lo reciban, procede del *decreto eterno de Dios*, "Dice el Señor, que hace conocer todo esto desde tiempos antiguos" (Hch. 15:18). "Que hace todas las cosas según el designio de su voluntad" (Ef.1:11).

De acuerdo con dicho *decreto*, él con su gracia suaviza los corazones de los elegidos, por obstinados que sean, y los inclina a creer, mientras deja a los no elegidos en su justo juicio a su propia maldad y obstinación. Y aquí se manifiesta especialmente la profunda, misericordiosa y al mismo tiempo la justa discriminación entre los hombres, igualmente envueltos en la ruina; o aquel decreto de elección y reprobación, revelado en la Palabra de Dios, que aunque los hombres de mente perversa, impura e inestable tuercen para su propia destrucción, sin embargo, para las almas santas y piadosas les proporciona un indecible consuelo.

b. Primer Punto de la Doctrina, Artículo 7

La elección es el propósito inmutable de Dios, por el cual, antes de la fundación del mundo, el de pura gracia, ha escogido según el soberano beneplácito de su propia voluntad, de entre toda la raza humana que había caído por su propia culpa de su estado original de rectitud al pecado y perdición, a un cierto número de personas para la redención en Cristo, a quien él desde la eternidad constituyó como Mediador y Cabeza de los elegidos, y como fundamento de la salvación.

Este *número de elegidos*, aunque por naturaleza no son mejores ni más merecedores que otros, sino estando ellos involucrados en una miseria común, *Dios ha decretado entregarlos a Cristo, para que sean salvados por él*, y llamarlos y atraerlos eficazmente a su comunión por medio de su Palabra y Espíritu, para otorgarles la verdadera fe, la justificación y la santificación; y habiéndolos preservado poderosamente en la comunión de su Hijo, finalmente, para glorificarlos para demostración de su misericordia, y para alabanza de su gloriosa gracia; como está escrito: "Según nos escogió en él antes de la fundación del mundo, para que fuésemos santos y sin mancha delante de él, en amor habiéndonos predestinado para ser adoptados hijos suyos por medio de Jesucristo, según el puro afecto de su voluntad, para alabanza de la gloria de su gracia, con la cual nos hizo aceptos en el Amado" (Ef. 1:4-6). Y en otro lugar: "Y a los que predestinó, a éstos también llamó; y a los que llamó, a éstos también justificó; y a los que justificó, a éstos también glorificó" (Rom. 8:30).

c. Primer Punto de la Doctrina, Artículo 9
Esta elección no estaba fundada en la fe prevista, y la obediencia de la fe, la santidad, o cualquier otra buena cualidad o disposición en el hombre, como el prerrequi-

sito, causa o condición de la cual dependía; sino que los hombres son escogidos para la fe y para la obediencia de la fe, la santidad, etc., de modo que la elección es la fuente de todo bien salvífico; de la cual proceden la fe, la santidad y los otros dones de la salvación, y finalmente la vida eterna misma, como sus frutos y efectos, según lo dicho por el apóstol: "Según nos escogió en él (no porque lo fuéramos) antes de la fundación del mundo, (no porque lo fuéramos, sino) para que fuésemos santos y sin mancha delante de él" (Ef. 1:4).

d. Primer Punto de la Doctrina, Artículo 10
El beneplácito de Dios es la única causa de esta elección llena de gracia; lo cual no consiste en que, de todas las cualidades y acciones posibles de los hombres, Dios haya escogido algunas de ellas como una condición de salvación; sino que le plació de entre la masa común de pecadores adoptar a algunas personas en particular como un pueblo para si mismo, como está escrito: "Pues no habían aun nacido, ni habían hecho aún ni bien ni mal", etc., se le dijo (es decir, a Rebeca): "El mayor servirá al menor. Como está escrito: A Jacob amé, más a Esaú aborrecí" (Rom. 9:11-13). "Y creyeron todos los que estaban ordenados para vida eterna" (Hch. 13:48).

e. Primer Punto de la Doctrina, Artículo 11
Y como Dios mismo es sapientísimo, inmutable, omnisciente y omnipotente, así la elección hecha por él no puede ser interrumpida ni cambiada, revocada o anulada; ni tampoco los elegidos pueden ser desechados, ni su número disminuido.

f. Primer Punto de la Doctrina, Artículo 15

Lo que particularmente tiende a ilustrar y recomendar-nos la gracia eterna e inmerecida gracia de la elección, es el testimonio explícito de la Sagrada Escritura, de que no todos, sino *sólo algunos son elegidos*, mientras que otros son pasados por alto en el decreto eterno; a quie-nes Dios, por su soberano, justísimo, irreprensible e in-mutable beneplácito, ha decretado dejarlos en la miseria común en la que ellos mismos se han sumido volunta-riamente, y no concederles la fe salvífica y la gracia de la conversión; sino que, permitiéndoles en su justo juicio seguir sus propios caminos, al final, para la declaración de su justicia, condenarlos y castigarlos para siempre, no solo a causa de su incredulidad, sino también por todos sus demás pecados. Y este es el *decreto de la reprobación*, que de ninguna manera hace a Dios el autor del pecado (el simple pensamiento de ello es una blasfemia), sino que lo declara como un terrible, irreprensible y justo juez y vengador del mismo.

g. Primer Punto de la Doctrina, Rechazo de Errores, Error 1

Habiendo sido explicada la verdadera doctrina sobre la Elección y el Rechazo, el Sínodo rechaza los errores de aquellos que enseñan: Que la voluntad de Dios de salvar a aquellos que creen y perseveren en la fe y en la obe-diencia de la fe, es todo el decreto de la elección para salvación, y que nada más acerca de este decreto ha sido revelado en la Palabra de Dios.

Porque éstos engañan a los simples y abiertamente con-tradicen las escrituras, que declaran que Dios no sólo salvará a los que creerán, sino que también ha escogido desde la eternidad a ciertas personas particulares sobre otras a quienes él , sobre otras, les dará en el tiempo tanto la fe en Cristo como la perseverancia; como está escrito: "He manifestado tu nombre a los hombres que del mundo me diste" (Jn. 17:6). "Y creyeron todos los que estaban ordenados para vida eterna" (Hch. 13:48). Y: "Según nos escogió en él antes de la fundación del mundo, para que fuésemos santos y sin mancha delante de él" (Ef. 1:4).

h. Primer Punto de la Doctrina, Rechazo de Errores, Error 2
    Habiendo sido explicada la verdadera doctrina sobre la Elección y el Rechazo, el Sínodo rechaza los errores de aquellos que enseñan: Que hay varias clases de elección de Dios para vida eterna: una general e indefinida, la otra particular y definida; y que esta última a su vez es incompleta, revocable, no decisiva y condicional, o completa, irrevocable, decisiva y absoluta.
    Asimismo: que hay una elección para fe, y otra para salvación, de modo que la elección puede ser para la fe justificante, sin ser una elección decisiva para la salvación. Porque esto es una fantasía de las mentes de los hombres, inventada sin tener en cuenta las escrituras, por la cual se corrompe la doctrina de la elección, y se rompe esta cadena de oro de nuestra salvación: "Y a los que predestinó, a ésos también llamó; y a los que llamó, a ésos también justificó; y a los que justificó, a estos también glorificó" (Rom. 8:30).

i. Primer Punto de la Doctrina, Rechazo de Errores, Error 3
    Habiendo sido explicada la verdadera doctrina sobre la

Elección y el Rechazo, el Sínodo rechaza los errores de aquellos que enseñan: Que la buena voluntad y el propósito de Dios, del cual la Escritura hace mención en la doctrina de la elección, no consiste en esto, que Dios escogió ciertas personas en lugar de otras, sino en esto, que el eligió entre todas las condiciones posibles (entre las cuales están también las obras de la ley), o entre todo el orden de las cosas, el acto de la fe que por su misma naturaleza es indigno, como también su obediencia incompleta, como una condición de salvación, y que él por su gracia consideraría esto en sí mismo como una obediencia completa y la consideraría como digna de la recompensa de la vida eterna. Porque por este error perjudicial, la complacencia de Dios y los méritos de Cristo quedan sin efecto, y los hombres se alejan con preguntas inútiles de la verdad de la justificación de gracia y de la simplicidad de la Escritura, y esta declaración del Apóstol es acusada como falsa: "Quien nos salvó y llamó con llamamiento santo, no conforme a nuestras obras, sino según el propósito suyo y la gracia que nos fue dada en Cristo Jesús antes de los tiempos de los siglos" (2 Tim. 1:9).

j. Primer Punto de la Doctrina, Rechazo de Errores, Error 4
    Habiendo sido explicada la verdadera doctrina sobre la Elección y la Reprobación, el Sínodo rechaza los errores de aquellos que enseñan: Que en la elección para fe se exige de antemano esta condición, es decir, que el hombre utilice correctamente la luz de la naturaleza, sea piadoso, humilde, manso y apto para la vida eterna, como si de estas cosas dependiera de alguna manera la elec-

ción.

Porque esto tiene el sabor de la enseñanza de Pelagio, y se opone a la doctrina del apóstol, cuando escribe: "Entre los cuales también todos nosotros vivimos en otro tiempo en los deseos de nuestra carne, haciendo la voluntad de la carne y de los pensamientos, y éramos por naturaleza hijos de ira, lo mismo que los demás. Pero Dios, que es rico en misericordia, por su gran amor con que nos amó, aun estando nosotros muertos en pecados, nos dio vida juntamente con Cristo (por gracia sois salvos), y juntamente con él nos resucitó, y asimismo nos hizo sentar en los lugares celestiales con Cristo Jesús, para mostrar en los siglos venideros las abundantes riquezas de su gracia en su bondad para con nosotros en Cristo Jesús. Porque por gracia sois salvos por medio de la fe; y esto no de vosotros, pues es don de Dios; no por obras, para que nadie se gloríe" (Ef. 2:3-9).

k. Primer Punto de la Doctrina, Rechazo de Errores, Error 5
   Habiendo sido explicada la verdadera doctrina sobre la Elección y el Rechazo, el Sínodo rechaza los errores de aquellos que enseñan: Que la elección incompleta y no decisiva de personas particulares para la salvación ocurrió en virtud de previstas la fe, la conversión, la santidad, la piedad, las cuales o que comenzó o continuó durante algún tiempo; pero que la elección completa y decisiva ocurrió debido a la perseverancia prevista hasta el fin en la fe, la conversión, la santidad y la piedad; y que esta es la dignidad misericordiosa y evangélica, por la cual el elegido es más digno que el no elegido; y que, por tanto, la fe, la obediencia de la fe, la santidad, la pie-

dad y la perseverancia no son frutos de la elección inmutable para la gloria, sino condiciones que, siendo requeridas de antemano, estaban previstas para ser cumplidas por los que serán plenamente elegidos, y son causas sin las cuales no se produce la elección inmutable para la gloria.

Esto repugna a toda la Escritura, que constantemente inculca esta y otras declaraciones similares: La elección no es por las obras, sino por el que llama (Rom. 9:11). "Y creyeron todos los que estaban ordenados para vida eterna" (Hch. 13:48). "Según nos escogió en él antes de la fundación del mundo, para que fuésemos santos y sin mancha delante de él" (Ef. 1:4). "No me elegisteis vosotros a mí, sino que yo os elegí a vosotros" (Jn. 15:16). "Y si por gracia, ya no es por obras" (Rom. 11:6). "En esto consiste el amor, no en que nosotros hayamos amado a Dios, sino en que él nos amó a nosotros y envió a su Hijo" (1 Jn. 4:10).

1. Primer Punto de la Doctrina, Rechazo de Errores, Error 6
   Habiendo sido explicada la verdadera doctrina sobre la Elección y la Reprobación, el Sínodo rechaza los errores de aquellos que enseñan: Que no toda elección para salvación es inmutable, sino que algunos de los elegidos, a pesar de cualquier decreto de Dios, pueden todavía perecer y de hecho perecen. Por medio de este grave error hacen que Dios sea cambiante, y destruyen el consuelo que los piadosos obtienen de la firmeza de su elección, y contradicen la Sagrada Escritura, que enseña que los elegidos no pueden ser extraviados (Mt. 24:24); que Cristo no pierde a los que el Padre le dio (Jn. 6:39); y que Dios

también ha glorificado a aquellos a quienes el predestinó, llamó y justificó (Rom. 8:30).

Los siguientes cuatro artículos de los Cánones de Dordt muestran la relación entre la elección incondicional y la expiación limitada, es decir, que Cristo murió por los elegidos.

m. Segundo Punto de la Doctrina, Artículo 8

Porque éste fue *el consejo soberano y la voluntad llena de gracia y el propósito de Dios Padre*, que la eficacia vivificadora y salvífica de la preciosísima muerte de su Hijo se extendiera a todos los elegidos, para otorgarles solamente a ellos el don de la fe que justifica, para llevarlos infaliblemente a la salvación: es decir, fue la voluntad de Dios que Cristo, por la sangre de la cruz, por la cual confirmó el nuevo pacto, redimiera eficazmente de todo pueblo, tribu, nación y lengua, a todos aquellos, y solamente a aquellos, *que desde la eternidad fueron escogidos para salvación*, y dados a él por el Padre; que les concediera la fe, la cual, junto con todos los otros dones salvíficos del Espíritu Santo, que él compró para ellos con su muerte; debe purificarlos de todo pecado, tanto original como actual, ya sea cometido antes o después de creer; y habiéndolos preservado fielmente hasta el final, debe llevarlos finalmente, libres de toda mancha y defecto al disfrute de la gloria en su propia presencia para siempre.

n. Segundo Punto de la Doctrina, Artículo 9

Este *propósito*, que procede del *amor eterno hacia los elegidos*, se ha cumplido poderosamente desde el principio del mundo hasta el día de hoy, y de ahora en adelante, continuará realizándose, a pesar de toda la oposición ineficaz de las puertas del infierno, para que los elegidos, a su debido tiempo, puedan ser reunidos en uno, y para que nunca falte una iglesia compuesta de creyentes, cuyo fundamento esté puesto en la sangre de Cristo, que pueda amar firmemente, y servir fielmente a él como su Salvador, quien como un esposo por su esposa, dio su vida por ellos en la cruz, y que pueda celebrar sus alabanzas aquí y por toda la eternidad.

o. Segundo Punto de la Doctrina, Rechazo de Errores, Error 1
Habiendo sido explicada la verdadera doctrina, el Síno-do rechaza los errores de aquellos que enseñan: Que Dios el Padre ha ordenado a su Hijo a la muerte de cruz sin un decreto cierto y definido para salvar a alguien, de modo que la necesidad, utilidad y el valor de lo que Cristo mereció por su muerte podría haber existido y podría permanecer en todas sus partes completo, perfecto e intacto, incluso si la redención merecida nunca se hubiera aplicado de hecho a ninguna persona. Porque esta doctrina tiende a despreciar la sabiduría del Padre y los méritos de Jesucristo, y es contraria a la Escritura. Porque así dice nuestro Salvador: "Pongo mi vida por las ovejas, y yo las conozco" (Jn. 10:15, 27). Y el profeta Isaías dice acerca del Salvador: "Cuando haya puesto su vida en expiación por el pecado, verá linaje, vivirá por largos días, y la voluntad de Jehová será en su mano prosperada" (Is. 53:10). Finalmente, esto contradice el artículo de la fe, según el cual, creemos en la iglesia cristiana católica.

p. Segundo Punto de la Doctrina, Rechazo de Errores, Error 7

Habiendo sido explicada la verdadera doctrina, el Sínodo rechaza los errores de aquellos que enseñan: Que Cristo ni podía morir, ni necesitaba morir, ni murió por aquellos a quienes Dios amó en grado sumo y eligió para vida eterna, y no murió por estos, ya que estos no necesitan la muerte de Cristo. Pues contradicen al Apóstol, que declara: "El cual me amó y se entregó a sí mismo por mí" (Gal. 2:20). Asimismo: "¿Quién acusará a los escogidos de Dios? Dios es el que justifica. ¿Quién es el que condenará? Cristo es el que murió" (Rom. 8:33, 34), a saber, por ellos; y el Salvador que dice: "Pongo mi vida por las ovejas" (Jn. 10:15). Y: "Este es mi mandamiento: Que os améis unos a otros, como yo os he amado. Nadie tiene mayor amor que este, que uno ponga su vida por sus amigos" (Jn. 15:12, 13).

Los últimos cuatro artículos de los Cánones, citados a continuación, muestran cómo la elección incondicional se cumple y es llevada a cabo por la gracia irresistible y la preservación de los santos.

q. Tercer y Cuarto Punto de la Doctrina, Artículo 10

Pero que otros que son llamados por el evangelio obedezcan el llamado y sean convertidos, no debe ser atribuido al propio ejercicio del libre albedrío, por el cual uno se distingue por encima de los demás, igualmente dotados con la gracia suficiente para la fe y las conversiones, como la orgullosa herejía de Pelagio sostiene; sino que debe atribuirse enteramente a Dios, quien, así

252

cómo *él ha elegido a los suyos desde la eternidad en Cristo*, así les confiere fe y arrepentimiento, los rescata del poder de las tinieblas y los traslada al reino de su propio Hijo, para que puedan proclamar las alabanzas de aquel que los llamó de las tinieblas a su luz admirable; y no se gloríen en sí mismos, sino en el Señor según el testimonio de los apóstoles en diversos lugares.

r. Quinto Punto de la Doctrina, Artículo 6
Pero Dios, que es rico en misericordia, de acuerdo con *su inmutable propósito de elección*, no retira totalmente el Espíritu Santo de su propio pueblo, incluso en sus tristes caídas; ni les permite proceder tan lejos como para perder la gracia de la adopción, y perder el estado de justificación, o cometer el pecado de muerte; ni permite que queden totalmente abandonados y se sumerjan en sí mismos en la destrucción eterna.

s. Quinto Punto de la Doctrina, Artículo 8
De este modo, no es en consecuencia de sus propios méritos o fuerza, sino de la libre misericordia de Dios, que ellos no caen totalmente de la fe y de la gracia, ni continúan y perecen finalmente en sus recaídas; lo cual, con respecto de ellos mismos, no sólo es posible, sino que indudablemente sucedería; pero con respecto a Dios, es absolutamente imposible, ya que *su consejo no puede ser cambiado*, ni fallar su promesa, ni puede ser revocado el llamamiento conforme a su propósito, ni el mérito, la intercesión y la preservación de Cristo pueden ser invalidados, ni el sellamiento del Espíritu Santo puede ser frustrado o anulado.

t. Quinto Punto de la Doctrina, Rechazo de Errores, Error 1
   Habiendo sido explicada la verdadera doctrina, el Sínodo rechaza los errores de aquellos que enseñan: Que la
   perseverancia de los verdaderos creyentes no es un fruto
   de la elección, o un don de Dios, obtenido por la muerte
   de Cristo, sino una condición del nuevo pacto, que
   (como ellos declaran) el hombre antes de su decisiva
   elección y justificación debe cumplir a través de su libre
   albedrío. Pues la Sagrada Escritura testifica que esto es
   fruto de la elección, y que se da a los elegidos en virtud
   de la muerte, la resurrección y la intercesión de Cristo:
   "¿Qué pues? Lo que buscaba Israel, no lo ha alcanzado;
   pero los escogidos sí lo han alcanzado, y los demás fueron endurecidos" (Rom. 11:7). Asimismo: "El que no es-
   catimó ni a su propio Hijo, sino que lo entregó por todos
   nosotros, ¿cómo no nos dará también con él todas las
   cosas? ¿Quién acusará a los escogidos de Dios? Dios es
   el que justifica. ¿Quién es el que condenará? Cristo es el
   que murió; más aún, el que también resucitó, el que además está a la diestra de Dios, el que también intercede
   por nosotros. ¿Quién nos separará del amor de Cristo?" (Rom. 8:32-35).

4. CONFESIÓN DE FE DE WESTMINSTER

a. Capítulo 3, Artículo 6
   Así como Dios ha *designado a los elegidos* para la gloria,
   así también Él, por *el eterno y más libre propósito de su voluntad,* ha preordenado todos los medios para ello. Por
   lo tanto, aquellos que son los elegidos, habiendo caído
   en Adán, son redimidos por Cristo; son eficazmente llamados a la fe en Cristo por su Espíritu obrando a su de-

bido tiempo; son justificados, adoptados, santificados y guardados por su poder a través de la fe para salvación. No hay otros que sean redimidos por Cristo, eficazmente llamados, justificados, adoptados, santificados y salvos, sino *solo los elegidos*.

(Pruebas bíblicas: 1 Ped. 1:2; Ef. 1:4, 5; Ef. 2:10; 2 Tes. 2:13; 1 Tes. 5:9, 10; Tit. 2:14; Rom. 8 :30; Ef. 1:5; 1 Ped. 1:5; Jn. 17:9; Rom. 8:28; Jn. 6:64, 65; Jn. 10:26; Jn. 8:47; 1 Jn. 2:19.)

b. Capítulo 11, Artículo 4

Dios, *desde toda la eternidad, decretó justificar a todos los elegidos*; y Cristo, en la plenitud de los tiempos, murió por sus pecados, y resucitó para su justificación: sin embargo, ellos no son justificados, hasta que el Espíritu Santo, en su debido tiempo, aplique realmente a Cristo sobre ellos.

(Pruebas bíblicas: Gal. 3:8; 1 Ped. 1:2, 19, 20; Rom. 8:30; Gal. 4:4; 1 Tim. 2:6; Rom. 4:25; Col. 1: 21, 22; Gal. 2:16; Tit. 3:4-7.)

5. CATECISMO MAYOR DE WESTMINSTER

a. *Pregunta y Respuesta 12*

P. ¿Que son los decretos de Dios?

R. Los decretos de Dios son los actos sabios, libres y santos del consejo de su voluntad, por los cuales, desde toda la eternidad, *Él, para su propia gloria, ha preordenado inmutablemente todo lo que sucede en el tiempo*, especialmente en lo que concierne a los ángeles y los hombres.

(Pruebas bíblicas: Ef. 1:11; Rom. 11:33; Rom. 9:14, 15, 18; Ef. 1:4; Rom. 9:22, 23; Sal. 33: 11).

b. *Pregunta y Respuesta 13*
P. ¿Qué ha decretado Dios de manera especial con respecto a los ángeles y los hombres?
R. Dios, *por un decreto eterno e inmutable*, por su puro amor, para alabanza de su gracia gloriosa, que es manifestada a su debido tiempo, ha elegido a algunos ángeles para la gloria; y en Cristo ha escogido a algunos hombres para la vida eterna, y al mismo tiempo los medios para ellos del mismo: y así también conforme a su poder soberano, y al inescrutable consejo de su propia voluntad (por el cual Él extiende o retiene su favor como Él quiere), ha pasado por alto y preordenado al resto para deshonra e ira, aplicadas a ellos por sus pecados, para alabanza de la gloria de su justicia.

(Pruebas bíblicas: 1 Tim. 5:21; Ef. 1:4-6; 2 Tes. 2:13, 14; Rom. 9:17, 18, 21, 22; Mt. 11: 25, 26; 2 Tim. 2:20; Jud. 4; 1 Ped. 2:8.)

c. *Pregunta y Respuesta 14*
P. ¿Cómo ejecuta Dios sus decretos?
R. Dios ejecuta sus decretos en las obras de la creación y la providencia, de acuerdo con su infalible conocimiento previo, *y el libre e inmutable consejo de su propia voluntad.*

(Pruebas bíblicas: Ef. 1:11.)

D. EXPIACIÓN LIMITADA

1. CATECISMO DE HEIDELBERG
a. Día del Señor 11

Pregunta y Respuesta 29

P. ¿Por qué el Hijo de Dios es llamado Jesús, es decir, Salvador?

R. Porque él nos salva y nos libra de nuestros pecados; y de la misma manera, porque no debemos buscar, ni podemos encontrar salvación en ningún otro.

(Pruebas bíblicas: Mt. 1:21; Hch. 4:12.)

En la cita anterior tenemos un excelente ejemplo de muchos artículos en todos los credos que usan las palabras "nosotros" y "nos" para describir a aquellos que se benefician de la muerte de Cristo —palabras que son por su propia naturaleza exclusivas y no inclusivas—.

Aunque el siguiente artículo no responde directamente a la pregunta "¿Por quién murió Cristo?" sin embargo, apoya la doctrina de la expiación limitada al insistir en que aquellos por quienes Cristo murió son *completamente* salvos en Él y que la salvación no solo es posible para ellos. De hecho, la cita del Artículo 22 de la Confesión Belga (# 2 a continuación) llama una blasfemia grave a la idea de que Cristo hace que la salvación sea solo "posible".

b. Día del Señor 11

Pregunta y Respuesta 30

P. ¿Creen, pues también en Jesús, el único Salvador, aquellos que buscan su salvación y bienestar en los santos, o en ellos mismos, o en cualquier otra parte?

R. No; porque, aunque ellos se glorían de él de palabra, en los hechos ellos niegan a Jesús el único libertador y Salvador; porque una de estas dos cosas debe ser verdad, o que Jesús no es un *completo Salvador*; o que aquellos que con una fe verdadera reciben a este Salvador, deben encontrar en él todas las cosas necesarias para su *salvación*.

(Pruebas bíblicas: 1 Cor. 1:13, 31; Gal. 5:4; Col. 2:20; Is. 9:6, 7; Col. 1:19, 20.)

c. Día del Señor 21

Pregunta y Respuesta 54

P. ¿Qué crees acerca de la "santa iglesia católica" de Cristo?

R. Que el Hijo de Dios desde el principio hasta el fin del mundo, reúne, defiende y preserva para sí mismo por su Espíritu y palabra, de toda la raza humana, *una iglesia escogida para vida eterna*, de acuerdo a la fe verdadera; y que soy y permaneceré para siempre, un miembro vivo de ella.

(Pruebas bíblicas: Jn. 10:11; Gn. 26:4; Rom. 9:24; Ef. 1:10, Jn. 10:16; Is. 59:21; Dt. 10:14, 15; Hch. 13:48; 1 Cor. 1:8, 9; Rom. 8:35ss.)

2. CONFESIÓN DE FE (BÉLGICA)

a. Artículo 22

Creemos que, para alcanzar el verdadero conocimiento de este gran misterio, el Espíritu Santo enciende en nuestros corazones una fe sincera, la cual abraza a Jesucristo, con todos sus méritos, se apropia de él, y no busca nada más aparte de él. Porque debe seguirse necesariamente, o que todas las cosas que son necesarias para nuestra salvación, no están en Jesucristo, o si todas las cosas están en él, entonces los que poseen a Jesucristo por la fe, *tienen la salvación completa en él.* Por lo tanto, si alguien afirma que Cristo no es suficiente, sino que se requiere algo más aparte de él, sería una blasfemia demasiado grave, pues de ello se seguiría que Cristo no era más que un salvador a medias.

3. CÁNONES DE DORDT

a. Primer Punto de la Doctrina, Artículo 7

La elección es el propósito inmutable de Dios, por el cual, antes de la fundación del mundo, él de pura gracia, ha escogido según el soberano beneplácito de su propia voluntad, de entre toda la raza humana que había caído por su propia culpa de su estado original de rectitud al pecado y perdición, a *un cierto número de personas para la redención en Cristo,* a quien él desde la eternidad constituyó como Mediador y Cabeza de los elegidos, y como fundamento de la salvación.

Este número de elegidos, aunque por naturaleza no son mejores ni más merecedores que otros, sino estando ellos involucrados en una miseria común, *Dios ha decretado entregarlos a Cristo, para que sean salvados por él,* y llamarlos y atraerlos eficazmente a su comunión por medio de su Palabra y Espíritu, para otorgarles la verdadera fe, la justificación y la santificación; y habiéndolos preservado poderosamente en la comunión de su Hijo, finalmente, para glorificarlos para demostración de su misericordia, y para alabanza de su gloriosa gracia; como está escrito: "Según nos escogió en él antes de la fundación del mundo, para que fuésemos santos y sin mancha delante de él, en amor habiéndonos predestinado para ser adoptados hijos suyos por medio de Jesucristo, según el puro afecto de su voluntad, para alabanza de la gloria de su gracia, con la cual nos hizo aceptos en el Amado" (Ef. 1:4-6). Y en otro lugar: "Y a los que predestinó, a estos también llamó; y a los que llamó, a estos también justificó; y a los que justificó, a estos también glorificó" (Rom. 8:30).

b. Segundo Punto de la Doctrina, Artículo 7
Pero todos los que verdaderamente creen, y son librados y salvados del pecado y de la destrucción a través de la muerte de Cristo, son deudores de este beneficio únicamente a la gracia de Dios, dada a ellos en Cristo desde la eternidad, y no a ningún mérito propio.

c. Segundo Punto de la Doctrina, Artículo 8
Porque éste fue el consejo soberano y la voluntad llena de gracia y el propósito de Dios Padre, que la *eficacia vivificadora y salvífica de la preciosísima muerte de su Hijo se extendiera a todos los elegidos*, para otorgarles solamente a ellos el don de la fe que justifica, para llevarlos infaliblemente a la salvación: es decir, fue la voluntad de Dios que Cristo, por la sangre de la cruz, por la cual confirmó el nuevo pacto, redimiera eficazmente de todo pueblo, tribu, nación y lengua, *a todos aquellos, y solamente a aquellos, que desde la eternidad fueron escogidos para salvación, y*

dados a él por el Padre; que les concediera la fe, la cual, junto con todos los otros dones salvíficos del Espíritu Santo, que él compró para ellos con su muerte; debe purificarlos de todo pecado, tanto original como actual, ya sea cometido antes o después de creer; y habiéndolos preservado fielmente hasta el final, debería al fin liberarlos, de toda mancha y defecto para que disfruten de la gloria en su propia presencia para siempre.

d. Segundo Punto de la Doctrina, Rechazo de Errores, Error 1

Habiendo sido explicada la verdadera doctrina, el Sínodo rechaza los errores de aquellos que enseñan: Que Dios el Padre ha ordenado a su Hijo a la muerte de la cruz sin un decreto cierto y definido para salvar a alguien, de modo que la necesidad, utilidad y el valor de lo que Cristo mereció por su muerte podría haber existido y podría permanecer en todas sus partes completo, perfecto e intacto, incluso si la redención merecida nunca se hubiera aplicado de hecho a ninguna persona. Porque esta doctrina tiende a despreciar la sabiduría del Padre y los méritos de Jesucristo, y es contraria a la Escritura. Porque así dice nuestro Salvador: "Pongo mi vida por las ovejas, y yo las conozco" (Jn. 10:15, 27). Y el profeta Isaías dice acerca del Salvador: "Cuando haya puesto su vida en expiación por el pecado, verá linaje, vivirá por largos días, y la voluntad de Jehová será en su mano prosperada" (Is. 53:10). Finalmente, esto contradice el artículo de la fe, según el cual, creemos en la iglesia cristiana católica.

e. Segundo Punto de la Doctrina, Rechazo de Errores, Error 5

Habiendo sido explicada la verdadera doctrina, el Sínodo rechaza los errores de aquellos que enseñan: Que todos los hombres han sido aceptados en el estado de reconciliación y en la gracia del pacto, de modo que nadie es digno de condenación por causa del pecado original, y que nadie será condenado debido a ello, sino que todos están libres de la culpa del pecado original.

Porque esta opinión es repugnante a la Escritura que enseña que somos por naturaleza hijos de ira (Ef. 2:3).

f. Segundo Punto de la Doctrina, Rechazo de Errores, Error 6

Habiendo sido explicada la verdadera doctrina, el Sínodo rechaza los errores de aquellos que enseñan: Quienes usan la diferencia entre merecimiento y apropiación, con el fin de inculcar en la mente de los imprudentes e inexpertos esta enseñanza de que Dios, en lo que a él concierne, ha tenido la intención de aplicar a todos por igual los beneficios obtenidos por la muerte de Cristo; pero que, mientras unos obtienen el perdón del pecado y la vida eterna, y otros no, esta diferencia depende de su libre albedrío, la cual se une a la gracia que es ofrecida sin excepción, y que no depende del don especial de la misericordia, la cual obra poderosamente en ellos, para que ellos, antes que otros, se apropien de esta gracia. Porque éstos, mientras fingen que presentan esta distinción, en un sentido sano, tratan de inculcar en el pueblo el veneno destructivo de los errores Pelagianos.

4. CONFESIÓN DE FE DE WESTMINSTER

a. Capítulo 3, Artículo 6

Así como Dios ha designado a los elegidos para la gloria, así también Él, por el eterno y más libre propósito de su voluntad, ha preordenado todos los medios para ello. Por lo tanto, aquellos que son elegidos, habiendo caído en Adán, son redimidos por Cristo, son eficazmente llamados a la fe en Cristo por su Espíritu obrando a su debido tiempo; son justificados, adoptados, santificados y guardados por su poder a través de la fe para salvación. *No hay otros que sean redimidos por Cristo, eficazmente llamados, justificados, adoptados, santificados y salvos, sino solo los elegidos.*

(Pruebas bíblicas: 1 Ped. 1:2; Ef. 1:4, 5; Ef. 2:10; 2 Tes. 2:13; 1 Tes. 5:9, 10; Tit. 2:14; Rom. 8 :30; Ef. 1:5; 2 Tes. 2:13; 1 Ped. 1:5; Jn. 17:9; Rom. 8:28; Jn. 6:64, 65; Jn. 10:26; Jn. 8:47; 1 Jn. 2:19.)

b. Capítulo 8, Artículo 5

El Señor Jesús, por su perfecta obediencia y sacrificio de sí mismo, el cual por medio del Espíritu eterno ofreció una vez a Dios, ha satisfecho plenamente la justicia de su Padre; y compró, no sólo la reconciliación, sino también una herencia eterna en el reino de los cielos, *para todos aquellos que el Padre le ha dado.*

(Pruebas bíblicas: Rom. 5:19; Hb. 9:14, 16; Hb. 10:14; Ef. 5:2; Rom. 3:25, 26; Dn. 9:24, 26; Col. 1: 19, 20; Ef. 1:11, 14; Jn. 17:2; Hb. 9:12, 15).

c. Capítulo 8, Artículo 8

A todos aquellos para quienes Cristo ha comprado la redención, él cierta y eficazmente la aplica y comunica la misma; haciendo intercesión por ellos; y revelándoles, en y por la palabra, los misterios de la salvación; persuadiéndolos eficazmente por su Espíritu para creer y obedecer; y gobernando sus corazones por su palabra y Espíritu; venciendo a todos sus enemigos por su omnipotente poder y sabiduría, de la manera y medios más acorde con su maravillosa e inescrutable dispensación.

(Pruebas bíblicas: Jn. 6:37, 39; Jn. 10:15, 16; 1 Jn. 2:1, 2; Rom. 8:34; Jn. 15:13, 15; Ef. 1: 7-9; Jn. 17: 6; Jn. 14:16; Hb. 12:2; 2 Cor. 4:13; Rom. 8:9, 14; Rom. 15:18, 19; Jn. 17:17; Sal. 110:1; 1 Cor. 15:25, 26; Mal. 4:2, 3; Col. 2:15).

d. Capítulo 11, Artículo 3

Cristo, por su obediencia y muerte, *pagó completamente* la deuda de *todos aquellos que están así justificados*, e hizo una adecuada, real y completa satisfacción a la justicia de su Padre en favor de ellos. Sin embargo, en cuanto él fue dado por el Padre por ellos, y su obediencia y satisfacción fueron aceptadas en lugar de ellos, y ambas gratuitamente, no por nada en ellos, su justificación es solamente de pura gracia; para que tanto la exacta justicia como la rica gracia de Dios sean glorificadas en la justificación de los pecadores.

(Pruebas bíblicas: Rom. 5:8-10, 19; 1 Tim. 2:5, 6; Hb. 10:10, 14; Dn. 9:24, 26; Is. 53:4- 6, 10-12); Rom. 8:32; 2 Cor. 5:21; Mt. 3:17; Ef. 5:2; Rom. 3:24; Ef. 1:7; Rom. 3:26; Ef. 2:7.)

e. Capítulo 11, Artículo 4

Dios, desde toda la eternidad, decretó *justificar a todos los elegidos*; y Cristo, en la plenitud de los tiempos, *murió por sus pecados*, y resucitó para su justificación: sin embargo, ellos no son justificados, hasta que el Espíritu Santo, en su debido tiempo, aplique realmente a Cristo sobre ellos.

(Pruebas bíblicas: Gal. 3:8; 1 Ped. 1:2, 19, 20; Rom. 8:30; Gal. 4:4; 1 Tim. 2:6; Rom. 4:25; Col. 1: 21, 22; Gal. 2:16; Tit. 3:4-7).

5. CATECISMO MAYOR DE WESTMINSTER

a. *Pregunta y Respuesta 38*

P. ¿Por qué era necesario que el Mediador fuera Dios?

R. Era necesario que el Mediador fuera Dios, para que él pudiera sostener y guardar la naturaleza humana de hundirse bajo la ira infinita de Dios, y el poder de la muerte; dar valor y eficacia a sus sufrimientos, obediencia e intercesión; y para satisfacer la justicia de Dios, procurar su favor, *comprar un pueblo especial*, darles su Espíritu, conquistar a todos sus enemigos, y llevarlos a la salvación eterna.

(Pruebas bíblicas: Hch. 2:24, 25; Rom. 1:4; comp. con Rom. 4:25; Hb. 9:14; Hch. 20:28; Hb. 7:25-28; Rom. 3:24-26; Ef. 1:6; Mt. 3:17; Tit. 2:13, 14; Gal. 4:6; Lc. 1:68, 69, 71, 74; Hb. 5:8, 9; Hb. 9:11-15.)

b. *Pregunta y Respuesta 41*

P. ¿Por qué nuestro Mediador fue llamado Jesús?

R. Nuestro Mediador fue llamado Jesús, porque él salva a *su pueblo* de sus pecados

(Pruebas bíblicas: Mt. 1:21.)

c. *Pregunta y respuesta 44*
P. ¿Cómo realiza Cristo el oficio de sacerdote?
R. Cristo realiza el oficio de sacerdote, ofreciéndose una sola vez a sí mismo como sacrificio sin mancha a Dios, *para ser una reconciliación* por los pecados de *su pueblo*; y en hacer continua intercesión por ellos.

(Pruebas bíblicas: Hb. 9:14, 28; Hb. 2:17; Hb. 7:25).

d. *Pregunta y Respuesta 46*
P. ¿Cuál fue el estado de la humillación de Cristo?
R. El estado de la humillación de Cristo fue aquella baja condición, en la que él *por nosotros*, despojándose de su gloria, tomó sobre sí la forma de siervo, en su concepción y nacimiento, vida, muerte y después de su muerte, hasta su resurrección.

(Pruebas bíblicas: Fil. 2:6-8; Lc. 1:31; 2 Cor. 8:9; Hch. 2:24).

e. *Pregunta y Respuesta 59*
P. ¿Quiénes son hechos partícipes de la redención por medio de Cristo?
R. La redención es ciertamente aplicada y eficazmente comunicada, *a todos aquellos para quienes Cristo la ha comprado*; quienes son en el tiempo capacitados por el Espíritu Santo para creer en Cristo según el evangelio.

(Pruebas bíblicas: Ef. 1:13, 14; Jn. 6:37, 39; Jn. 10:15, 16; Ef. 2:8; 2 Cor. 4:13).

E. GRACIA IRRESISTIBLE

1. CATECISMO DE HEIDELBERG

a. Día del Señor 1

Pregunta y Respuesta 1

P. ¿Cuál es tu único consuelo tanto en la vida como en la muerte?

R. Que yo, con cuerpo y alma, tanto en la vida como en la muerte, no me pertenezco a mí mismo, sino que pertenezco a mi fiel Salvador Jesucristo; quien, con su preciosa sangre, ha satisfecho completamente todos mis pecados, y me ha librado de todo el poder del diablo; y me preserva de tal manera que sin la voluntad de mi Padre celestial, ni siquiera un solo cabello puede caer de mi cabeza; antes bien, todas las cosas deben estar al servicio de mi salvación, y por lo tanto, por su Espíritu Santo, él también me asegura la vida eterna, y *me hace* sinceramente dispuesto y preparado, de ahora en adelante, para vivir para él.

(Pruebas bíblicas: 1 Cor. 6:19, 20; Rom. 14:7-9; 1 Cor. 3:23; 1 Ped. 1:18, 19; 1 Jn. 1:7; 1 Jn. 3:8; Hb. 2:14, 15; Jn. 6:39; Jn. 10:28, 29; Lc. 21:18; Mt. 10:30; Rom. 8:28; 2 Cor. 1:22; 2 Cor. 5:5; Rom. 8:14; Rom. 7:22.)

b. Día del Señor 3

Pregunta y Respuesta 8

P. ¿Estamos entonces tan corruptos que somos totalmen-

te incapaces de hacer el bien, e inclinados a toda maldad?

R. De hecho lo somos; a menos que seamos *regenerados
por el Espíritu de Dios.*

(Pruebas bíblicas: Gn. 6:5; Job 14:4; Job 15:14, 16; Jn. 3:5;
Ef. 2:5.)

c. Día del Señor 20

Pregunta y Respuesta 53

P. ¿Qué crees acerca del Espíritu Santo?

R. Primero, que él es Dios verdadero y co-eterno con el
Padre y el Hijo; segundo, que él también me ha sido dado, para *hacerme,* mediante una fe verdadera, partícipe
de Cristo y de todos sus beneficios, para que él me con-
suele y permanezca conmigo para siempre.

(Pruebas bíblicas: Gn. 1:2; Is. 48:16; 1 Cor. 3:16; Mt. 28:19;
2 Cor. 1:22; Gal. 3:14; 1 Ped. 1:2; Hch. 9:31; Jn. 14:16; 1
Ped. 4:14.)

d. Día del Señor 32

Pregunta y Respuesta 86

P. Entonces, puesto que somos librados de nuestra miseria, *solamente por gracia,* a través de Cristo, *sin ningún
mérito nuestro,* ¿por qué debemos hacer buenas obras?

R. Porque Cristo, habiéndonos redimido y librado por
su sangre, también nos renueva por su Espíritu Santo,
conforme a su propia imagen; para que así podamos dar
testimonio, por toda nuestra conducta, nuestra gratitud
a Dios por sus bendiciones, y para que él sea alabado

por nosotros; también, para que cada uno pueda estar seguro en sí mismo de su fe, por los frutos de este; y que, por nuestra conversación piadosa, otros pueden ser ganados para Cristo.

(Pruebas bíblicas: 1 Cor. 6:19, 20; Rom. 6:13; Rom. 12:1, 2; 1 Ped. 2:5, 9, 10; Mt. 5:16; 1 Ped. 2:12; 2 Ped. 1:10; Gal. 5:6, 24; 1 Ped. 3:1, 2; Mt. 5:16; Rom. 14:19.)

2. CONFESIÓN DE FE (BÉLGICA)

a. Artículo 14

. . . Por lo tanto, nosotros rechazamos todo lo que se enseña repulsivo a esto, concerniente al libre albedrío del hombre, ya que el hombre no es más que un esclavo del pecado; y no tiene nada de sí mismo, a menos que le sea dado del cielo. Porque ¿quién puede presumir de jactarse de que puede hacer algún bien por sí mismo, puesto que Cristo dice: Ninguno puede venir a mí, si el Padre que me envió no le trajere? ¿Quién se gloriará en su propia voluntad, cuando entiende que el ocuparse de la carne es enemistad contra Dios? ¿Quién puede hablar de su conocimiento, puesto que el hombre natural no percibe las cosas que son del espíritu de Dios? En resumen, ¿quién se atreve a sugerir pensamiento alguno, sabiendo que no somos competentes por nosotros mismos para pensar algo como de nosotros mismos, sino que nuestra competencia proviene de Dios? Y por lo tanto, lo que el apóstol dice, debe justamente tenerse como seguro y firme, que Dios es el que en nosotros produce asi el querer como el hacer, por su buena voluntad. *Porque no hay voluntad ni entendimiento, conforme a la voluntad y al entendi-*

miento divino, sino lo que Cristo ha obrado en el hombre; la cual él nos enseña, cuando dice: Separados de mí nada podéis hacer.

b. Artículo 22

Creemos que, para alcanzar el verdadero conocimiento de este gran misterio, *el Espíritu Santo enciende en nuestros corazones una fe sincera*, la cual abraza a Jesucristo, con todos sus méritos, se apropia de él y no busca nada más aparte de él. Porque debe seguirse necesariamente, o que todas las cosas, que son necesarias para nuestra salvación, no están en Jesucristo, o si todas las cosas están en él, entonces los que poseen a Jesucristo por la fe, tienen la salvación completa en él. Por lo tanto, si alguien afirma que Cristo no es suficiente, sino que se requiere algo más aparte de él sería una blasfemia demasiado grave: pues de ello se seguiría que Cristo no era más que un salvador a medias.

c. Artículo 24

Nosotros creemos que *esta fe verdadera, siendo obrada en el hombre por el oír la Palabra de Dios y la operación del Espíritu Santo*, lo regenera y lo hace un hombre nuevo, llevándolo a vivir una vida nueva y liberándolo de la esclavitud del pecado. Por lo tanto, está tan lejos de ser verdad que esta fe que justifica haga a los hombres negligentes en vivir una vida piadosa y santa, sino que al contrario, sin ella nunca harían nada por amor a Dios, sino sólo por amor propio o por temor a la condenación. Por lo tanto, es imposible que esta santa fe pueda quedar sin fruto en el hombre; porque no hablamos de una fe vana, sino de una fe tal, que en la Escritura se le llama una fe que obra por el amor, que mueve al hombre a la práctica de aquellas obras, que Dios ha mandado en su Palabra. Las cuales, en cuanto proceden de la buena raíz de la fe, son buenas y agradables a la vista de Dios, por cuanto todas ellas son santificadas por su gracia; sin embargo, no pueden ser tenidas en cuenta para nuestra justificación. Porque es por la fe en Cristo que somos justificados, incluso antes de que hagamos buenas obras; de lo contrario, no podrían ser buenas obras, como tampoco puede ser bueno el fruto de un árbol, antes de que el árbol mismo sea bueno. Por lo tanto, hacemos buenas obras, pero no para merecerlas (porque ¿qué podemos merecer?); si, aun por las mismas buenas obras que hacemos, estamos en deuda con Dios, y no él con nosotros, puesto que es él que en vosotros produce así el querer como el hacer, por su buena voluntad. Prestemos, pues, atención a lo que está escrito: cuando hubiereis hecho todas las cosas que os han sido ordenados, decid: siervos inútiles somos; pues lo que debíamos hacer, hicimos. Mientras tanto, no negamos que Dios recompensa nuestras buenas obras, pero es por su gracia que él corona sus dádivas. Además, aunque hagamos buenas obras, no encontramos en ellas nuestra salvación; porque ninguna obra hacemos sino la contaminada por nuestra carne, y también punible; y aunque podríamos realizar tales obras, todavía el recuerdo de un solo pecado es suficiente para que Dios las rechace. Así pues, estaríamos siempre en la duda, zarandeados de un lado a otro sin seguridad alguna, y nuestras pobres conciencias estarían siempre torturadas, si no se fundaran sobre los méritos de la pasión y muerte de nuestro Salvador.

3. CANONES DE DORDT

Los siguientes tres artículos del primer capítulo de los Cánones muestran la relación entre la gracia irresistible y la elección incondicional, porque una elección que es verdaderamente incondicional exige una gracia tan poderosa.

a. Primer Punto de la Doctrina, Artículo 6

Que algunos reciban el don de la fe por parte de Dios, y otros no lo reciban, procede del decreto eterno de Dios, "Dice el Señor, que hace conocer todo esto desde tiempos antiguos" (Hch. 15:18). "Del que hace todas las cosas según el designio de su voluntad" (Ef. 1:11). De acuerdo con dicho decreto, *él con su gracia suaviza los corazones de los elegidos, por obstinados que sean, y los inclina a creer*, mientras deja a los no elegidos en su justo juicio a su propia maldad y obstinación. Y aquí se manifiesta especialmente la profunda, misericordiosa y al mismo tiempo la justa discriminación entre los hombres, igualmente envueltos en la ruina; o aquel decreto de elección y reprobación, revelado en la Palabra de Dios, que, aunque los hombres de mente perversa, impura e inestable tuercen para su propia destrucción, sin embargo, para las almas santas y piadosas les proporciona un indecible consuelo.

b. Primer Punto de la Doctrina, Artículo 7

La elección es el propósito inmutable de Dios, por el cual, antes de la fundación del mundo, él de pura gracia, ha escogido según el soberano beneplácito de su propia voluntad, de entre toda la raza humana que había caído por su propia culpa, de su estado original de rectitud al pecado y perdición, a un cierto número de personas para la redención en Cristo, a quien él desde la eternidad constituyó como Mediador y Cabeza de los elegidos, y como fundamento de la salvación.

Este número de elegidos, aunque por naturaleza no son mejores ni más merecedores que otros, sino estando ellos involucrados en una miseria común, Dios ha decretado entregarlos a Cristo, para que sean salvados por él, *y llamarlos y atraerlos eficazmente a su comunión por medio de su Palabra y Espíritu, para otorgarles la verdadera fe, la justificación y la santificación*; y habiéndolos preservado poderosamente en la comunión de su Hijo, finalmente, para glorificarlos para demostración de su misericordia, y para alabanza de su gloriosa gracia; como está escrito: "Según nos escogió en él antes de la fundación del mundo, para que fuésemos santos y sin mancha delante de él, en amor habiéndonos predestinado para ser adoptados hijos suyos por medio de Jesucristo, según el puro afecto de su voluntad, para alabanza de la gloria de su gracia, con la cual nos hizo aceptos en el Amado" (Ef. 1:4-6). Y en otro lugar: "Y a los que predestinó, a éstos también llamó; y a los que llamó, a éstos también justificó; y a los que justificó, a éstos también glorificó" (Rom. 8:30).

c. Primer Punto de la Doctrina, Artículo 8

No hay varios decretos de elección, sino uno y el mismo decreto con respecto a todos aquellos que han de ser salvos, tanto bajo el antiguo y el nuevo Testamento: ya que la Escritura declara que el beneplácito, propósito y consejo de la voluntad divina es uno, según el cual él nos ha escogido desde la eternidad, *tanto para gracia y gloria, para salvación y camino de salvación, el cual él ha ordenado para que andemos en ella.*

Los artículos 7, 8, 9 y el rechazo de Errores 6, todos del segundo punto de la doctrina de los Cánones, muestran cómo la expiación de Cristo, limitada a los elegidos, se hace poderosa e infalible por la gracia irresistible de Dios.

d. Segundo Punto de la Doctrina, Artículo 7

Pero todos los que verdaderamente creen, y son librados y salvados del pecado y de la destrucción a través de la muerte de Cristo, son deudores de este beneficio *únicamente a la gracia de Dios,* dada a ellos en Cristo desde la eternidad, y no a ningún mérito propio.

e. Segundo Punto de la Doctrina, Artículo 8

Porque éste fue el consejo soberano y la voluntad llena de gracia y el propósito de Dios Padre, que la eficacia vivificadora y salvífica de la preciosísima muerte de su Hijo se extendiera a todos los elegidos, para otorgarles solamente a ellos el don de la fe que justifica, para llevarlos *infaliblemente* a la salvación: es decir, fue la voluntad de Dios que Cristo, por la sangre de la cruz, por la cual confirmó el nuevo pacto, *redimiera eficazmente* de todo pueblo, tribu, nación y lengua, a todos aquellos, y solamente a aquellos, que desde la eternidad fueron escogidos para salvación, y dados a él por el Padre; que les *concediera la fe*, la cual, junto con todos los otros dones salvíficos del Espíritu Santo, que él compró para ellos con su muerte; debe purificarlos de todo pecado, tanto original como actual, ya sea cometido antes o después de creer; y habiéndolos preservado fielmente hasta el final, debería al fin liberarlos, de toda mancha y defecto para que disfruten de la gloria en su propia presencia para siempre.

f. Segundo Punto de la Doctrina, Artículo 9

Este propósito, que procede del amor eterno hacia los elegidos, se ha *cumplido poderosamente* desde el principio del mundo hasta el día de hoy, y de ahora en adelante, continuará realizándose, a pesar de toda la oposición ineficaz de las puertas del infierno, para que los elegidos, a su debido tiempo, puedan ser reunidos en uno, y para que nunca falte una iglesia compuesta de creyentes, cuyo fundamento está puesto en la sangre de Cristo, que pueda amar firmemente, y servir fielmente a él como su Salvador, quien como un esposo por su esposa, dio su vida por ellos en la cruz, y que pueda celebrar sus alabanzas aquí y por toda la eternidad.

g. Segundo Punto de la Doctrina, Rechazo de Errores, Error 6.

Habiendo sido explicada la verdadera doctrina, el Sínodo rechaza los errores de aquellos que enseñan: Quienes usan la diferencia entre merecimiento y apropiación, con el fin de inculcar en la mente de los imprudentes e inexpertos esta enseñanza de que Dios, en lo que a él concierne, ha tenido la intención de aplicar a todos por igual los beneficios obtenidos por la muerte de Cristo;

pero que, mientras unos obtienen el perdón del pecado y la vida eterna, y otros no, esta diferencia depende de su libre albedrío, la cual se une a la gracia que es ofrecida sin excepción, y que no depende del don especial de la misericordia, la cual obra poderosamente en ellos, para que ellos, antes que otros, se apropien de esta gracia. Porque éstos, mientras fingen que presentan esta distinción, en un sentido sano, tratan de inculcar en el pueblo el veneno destructivo de los errores Pelagianos

h. Tercer y Cuarto Punto de la Doctrina, Artículo 10

Pero que otros que son llamados por el evangelio obedezcan el llamado y sean convertidos, no debe ser atribuido al propio ejercicio del libre albedrío, por el cual uno se distingue por encima de los demás, igualmente dotados con la gracia suficiente para la fe y las conversiones, como la orgullosa herejía de Pelagio sostiene; sino que *debe atribuirse enteramente a Dios*, quien, así cómo ha elegido a los suyos desde la eternidad en Cristo, así les *confiere* fe y arrepentimiento, los rescata del poder de las tinieblas y los traslada al reino de su propio Hijo, para que puedan proclamar las alabanzas de aquel que los llamó de las tinieblas a su luz admirable; y no se glorien en sí mismos, sino en el Señor según el testimonio de los apóstoles en diversos lugares.

i. Tercer y Cuarto Punto de la Doctrina, Artículo 11

Pero cuando Dios cumple su buena voluntad en los elegidos, u obra en ellos la verdadera conversión, él no sólo hace que el evangelio sea predicado externamente a ellos, sino que ilumina *poderosamente* sus mentes por su

Espíritu Santo, para que ellos puedan entender y discernir correctamente las cosas del Espíritu de Dios; sino que, por la *eficacia* del mismo Espíritu regenerador, penetra los rincones más íntimos del hombre; él abre el corazón cerrado, y ablanda el corazón endurecido, y circuncida lo que estaba incircunciso, infunde nuevas cualidades en la voluntad, la cual, aunque hasta ahora muerta, él la vivifica; de ser mala, desobediente y obstinada, él la vuelve buena, obediente y flexible; la acciona y la fortalece, para que, como un buen árbol, pueda producir los frutos de las buenas acciones.

j. Tercer y Cuarto Punto de la Doctrina, Artículo 12

Y esta es la regeneración tan altamente ensalzada en la Escritura, y denominada una nueva creación: una resurrección de entre los muertos, una vivificación, que Dios obra en nosotros sin nuestra ayuda. Pero esto de ninguna manera se efectúa solamente por la predicación externa del evangelio, por una persuasión moral, o un modo tal de operación, que después que Dios ha realizado su parte, todavía queda en el poder del hombre ser regenerado o no, ser convertido, o continuar inconverso; sino que es evidentemente una obra sobrenatural, muy *poderosa*, y al mismo tiempo muy deleitable, asombrosa, misteriosa e inefable; no inferior en eficacia a la creación, o a la resurrección de entre los muertos, como declara la Escritura inspirada por el autor de esta obra; *de modo que todos aquellos en cuyo corazón Dios obra de esta manera maravillosa, son ciertamente, infaliblemente y eficazmente regenerados, y realmente creen.* Con lo cual la voluntad así renovada, no sólo es accionada e influenciada por Dios, sino que, como consecuencia de esta influencia, se vuelve ella misma activa. Por lo tanto, también se dice con razón, que el hombre mismo cree y se arrepiente, en virtud de esa gracia recibida.

k. Tercer y Cuarto Punto de la Doctrina, Artículo 13
La manera de esta operación no puede ser plenamente comprendida por los creyentes en esta vida. No obstante, lo cual, ellos quedan satisfechos con saber y experimentar que por esta gracia de Dios son *capacitados* para creer con el corazón y amar a su Salvador

l. Tercer y Cuarto Punto de la Doctrina, Artículo 14
La fe, por lo tanto, debe ser considerada como el don de Dios, no por ser ofrecida por Dios al hombre para ser aceptada o rechazada por él a su gusto; sino porque en realidad le es conferida, exhalada e infundida en él; o incluso no porque Dios otorga el poder o la capacidad de creer, y luego espera que el hombre, por el ejercicio de su propia voluntad, consienta en los términos de la salvación, y crea realmente en Cristo; sino porque el que obra en el hombre tanto el querer como el hacer, y ciertamente todas las cosas en todos, produce tanto la voluntad de creer como también el acto de creer.

m. Tercer y Cuarto Punto de la Doctrina, Artículo 16
Pero así como el hombre por la caída no dejó de ser una criatura, dotada de entendimiento y voluntad, ni el pecado que impregnó a toda la raza humana lo privó de la naturaleza humana, sino que trajo sobre él depravación y muerte espiritual; así también esta gracia de la regene-

ración no trata a los hombres como cepos y bloques insensatos, ni les quita la voluntad y sus propiedades, ni la
violenta; sino que *espiritualmente la vivifica, . sana, corrige,
y al mismo tiempo la doblega dulcemente y poderosamente*; de
tal manera que donde antes imperaba la rebelión carnal
y la resistencia, comienza a reinar una pronta y sincera
obediencia espiritual; en la cual consiste la restauración
verdadera y espiritual, y libertad de nuestra voluntad.

Por tanto, a menos que el admirable autor de toda buena obra obrara en nosotros, el hombre no podría tener
ninguna esperanza de recuperarse de su caída por su
propia voluntad, por cuya violación, en un estado de
inocencia, él se sumió a sí mismo en la ruina.

n. Tercer y Cuarto Punto de la Doctrina, Artículo 17

Así como la operación todopoderosa de Dios, mediante
la cual él prolonga y sostiene esta nuestra vida natural,
no excluye, sino que requiere el uso de medios, por los
cuales Dios de su infinita misericordia y bondad ha escogido ejercer su influencia, así también la operación
sobrenatural de Dios antes mencionada, por lo cual somos regenerados, de ninguna manera excluye o rechaza
el uso del evangelio, que Dios en su gran sabiduría ha
puesto como semilla de la regeneración y alimento del
alma. Por tanto, como los apóstoles y maestros que los
sucedieron, instruyeron piadosamente al pueblo acerca
de esta gracia de Dios, para su gloria y la humillación de
todo orgullo, y mientras tanto, sin embargo, no descuidaron guardarlos por los sagrados preceptos del evangelio en el ejercicio de la Palabra, los sacramentos y la
disciplina; así que incluso hasta el día de hoy, esté lejos

de los instructores o instruidos para presumir de tentar a Dios en la iglesia separando lo que él de su buena voluntad ha unido más íntimamente. Porque la gracia es conferida por medios o amonestaciones; y cuanto más prontamente cumplimos con nuestro deber, más eminente es generalmente esta bendición de Dios obrando en nosotros, y más directamente avanza su obra; a quien solamente toda la gloria, tanto de los medios como de su fruto salvífico y de su eficacia se debe para siempre. Amén.

o. Tercer y Cuarto Punto de la Doctrina, Rechazo de Errores, Error 6

Habiendo sido explicada la verdadera doctrina, el Sínodo rechaza los errores de aquellos que enseñan: Que en la verdadera conversión del hombre Dios no puede infundir nuevas cualidades, poderes o dones en la voluntad, y que, por lo tanto, la fe a través de la cual nosotros somos primero convertidos, y por la cual somos llamados creyentes, no es una cualidad o don infundido por Dios, sino solo un acto del hombre, y que no puede decirse que sea un don, excepto con respecto al poder de alcanzar esta fe. Porque al hacerlo contradicen las sagradas escrituras, que declaran que Dios infunde nuevas cualidades de fe, de obediencia y de la conciencia de su amor en nuestros corazones: "Daré mi ley en su mente, y la escribiré en su corazón" (Jer. 31:33). Y: "Derramaré aguas sobre el sequedal, y ríos sobre la tierra árida; mi Espíritu derramaré sobre tu generación" (Is. 44:3). Y: "El amor de Dios ha sido derramado en nuestros corazones por el Espíritu Santo que nos fue dado" (Rom. 5:5). Esto es también repugnante a la práctica continua de la Iglesia, la cual ora por boca del Profeta así: "Conviérteme, y seré convertido" (Jer. 31:18).

p. Tercer y Cuarto Punto de la Doctrina, Rechazo de Errores, Error 7

Habiendo sido explicada la verdadera doctrina, el Sínodo rechaza los errores de aquellos que enseñan: Que la gracia por la cual somos convertidos a Dios es sólo un suave consejo, o (como otros lo explican), que esta es la manera más noble de obrar en la conversión del hombre, y que esta manera de obrar, que consiste en aconsejar, está muy en armonía con la naturaleza del hombre; y que no hay ninguna razón por que esta sola gracia aconsejadora no deba ser suficiente para hacer al hombre natural un hombre espiritual; de hecho, que Dios no produce el consentimiento de la voluntad excepto a través de esta manera de aconsejar; y que el poder del obrar divino, por el cual supera el obrar de Satanás, consiste en esto, que Dios promete lo eterno, mientras que Satanás promete sólo bienes temporales. Pero esto es totalmente pelagiano y contrario a toda la escritura la cual, además de esto, enseña aún otra manera mucho más poderosa y divina del obrar del Espíritu Santo en la conversión del hombre, como en Ezequiel: "Os daré corazón nuevo, y pondré espíritu nuevo dentro de vosotros; y quitaré de vuestra carne el corazón de piedra, y os daré un corazón de carne" (Ez. 36:26).

q. Tercer y Cuarto Punto de la Doctrina, Rechazo de Errores, Error 8

Habiendo sido explicada la verdadera doctrina, el Sínodo rechaza los errores de aquellos que enseñan: Que Dios en la regeneración del hombre no usa tales poderes de su omnipotencia como para doblegar poderosa e infaliblemente la voluntad del hombre a la fe y a la conversión; sino que, habiendo sido cumplidas todas las obras de gracia, que Dios emplea para convertir al hombre, el hombre puede aún resistir a Dios y al Espíritu Santo, cuando Dios intenta la regeneración del hombre y la voluntad para regenerarlo, y que en verdad, el hombre a menudo se resiste de tal manera que impide por completo su regeneración, y que, por lo tanto, permanece en el poder del hombre el ser regenerado o no. Porque esto es nada menos que la negación de toda la eficacia de la gracia de Dios en nuestra conversión, y el sometimiento de la obra del Dios Todopoderoso a la voluntad del hombre, lo cual es contrario a los Apóstoles, que enseñan: "Los que creemos, según la operación del poder de su fuerza" (Ef. 1:19). Y: "Para que nuestro Dios os tenga por dignos de su llamamiento, y cumpla todo propósito de bondad y toda obra de fe con su poder" (2 Tes. 1:112). Y: "Como todas las cosas que pertenecen a la vida y a la piedad nos han sido dadas por su divino poder" (2 Ped. 1:32.

r. Tercer y Cuarto Punto de la Doctrina, Rechazo de Errores, Error 9
    Habiendo sido explicada la verdadera doctrina, el Sínodo rechaza los errores de aquellos que enseñan: Que la gracia y el libre albedrío son causas parciales, que juntas obran el inicio de la conversión, y que la gracia, para

obrar, no precede al obrar de la voluntad; es decir, que Dios no ayuda eficientemente a la voluntad del hombre para la conversión hasta que la voluntad del hombre se mueve y determina hacer esto. Pues la Iglesia antigua ha condenado hace mucho tiempo esta doctrina de los Pelagianos, de acuerdo a las palabras del Apóstol: "Así que no depende del que quiere, ni del que corre, sino de Dios que tiene misericordia" (Rom. 9:16). Del mismo modo: "¿Quién te distingue? ¿O qué tienes que no hayas recibido?" (1 Cor. 4:7) Y: "Porque Dios es el que en vosotros produce así el querer como el hacer, por su buena voluntad" (Fil. 2:13).

4. CONFESIÓN DE FE DE WESTMINSTER
a. Capítulo 3, Artículo 6

Así como Dios ha designado a los elegidos para la gloria, así también Él, por el eterno y más libre propósito de su voluntad, ha preordenado todos los medios para ello. Por lo tanto, aquellos que son elegidos, habiendo caído en Adán, son redimidos por Cristo; son *eficazmente* llamados a la fe en Cristo por su Espíritu obrando a su debido tiempo; son justificados, adoptados, santificados y guardados *por su poder* a través de la fe para salvación. No hay otros que sean redimidos por Cristo, eficazmente llamados, justificados, adoptados, santificados y salvos, sino solo los elegidos.

Pruebas bíblicas: 1 Ped. 1:2; Ef. 1:4, 5; Ef. 2:10; 2 Tes. 2:13; 1 Tes. 5:9, 10; Tit. 2:14; Rom. 8:30; Ef. 1:5; 2 Tes. 2:13; 1 Ped. 1:5; Jn. 17:9; Rom. 8:28; Jn. 6:64, 65; Jn. 10:26; Jn. 8:47; 1 Jn. 2:19.)

b. Capítulo 8, Artículo 8.

A todos aquellos para quienes Cristo ha comprado la redención, *él cierta y eficazmente la aplica y comunica la misma*; haciendo intercesión por ellos; y revelándoles, en y por la palabra, los misterios de la salvación; persuadiéndolos *eficazmente* por su Espíritu para creer y obedecer; y gobernando sus corazones por Su palabra y Espíritu; venciendo a todos sus enemigos por su omnipotente poder y sabiduría, de la manera y medios más acorde con su maravillosa e inescrutable dispensación.

(Pruebas bíblicas: Jn. 6:37, 39; Jn. 10:15, 16; 1 Jn. 2:1, 2; Rom. 8:34; Jn. 15:13, 15; Ef. 1:7-9; Jn. 17: 6; Jn. 14:16; Hb. 12:2; 2 Cor. 4:13; Rom. 8:9, 14; Rom. 15:18, 19; Jn. 17:17; Sal. 110:1; 1 Cor. 15:25, 26; Mal. 4:2, 3; Col. 2:15.)

c. Capítulo 9, Artículo 3

El hombre, por su caída en un estado de pecado, ha perdido por completo toda capacidad de voluntad para cualquier bien espiritual que acompañe a la salvación; así como un hombre natural, estando totalmente en contra de ese bien, y muerto en pecado, no es capaz, por su propia fuerza, de convertirse a sí mismo, o de prepararse a si mismo para ello.

(Pruebas bíblicas: Rom. 5:6; Rom. 8:7; Jn. 15:5; Rom. 3:10, 12; Ef. 2:1, 5; Col. 2:13; Jn. 6:44, 65; Ef. 2:2-5; 1 Cor. 2:14; Tit. 3:3-5.)

d. Capítulo 9, Artículo 4

Cuando Dios convierte a un pecador y lo traslada al

estado de gracia, él lo libera de su esclavitud natural bajo el pecado; y *por su sola gracia* lo capacita para querer y hacer libremente lo que es espiritualmente bueno; sin embargo, por razón de su corrupción que aún le queda, no lo hace perfectamente ni sólo desea lo que es bueno, sino que también desea lo que es malo.

(Pruebas bíblicas: Col. 1:13; Jn. 8:34, 36; Fil. 2:13; Rom. 6:18, 22; Gal. 5:17; Rom. 7:15, 18, 19, 21, 23.)

e. Capítulo 9, Artículo 5
La voluntad del hombre es hecha perfecta e inmutablemente libre para hacer solo lo bueno únicamente en el estado de gloria.

(Pruebas bíblicas: Ef. 4:13; Hb. 12:23; 1 Jn. 3:2; Jud. 24.)

5. CATECISMO MAYOR DE WESTMINSTER
a. *Pregunta y Respuesta 59*
P. ¿Quiénes son hechos partícipes de la redención por medio de Cristo?
R. La redención *es ciertamente aplicada y eficazmente comunicada,* a todos aquellos para quienes Cristo la ha comprado; quienes son *en el tiempo capacitados por el Espíritu Santo para creer en Cristo* según el evangelio.

(Pruebas bíblicas: Ef. 1:13, 14; Jn. 6:37, 39; Jn. 10:15, 16; Ef. 2:8; 2 Cor. 4:13).

F. LA PERSEVERANCIA DE LOS SANTOS

1. CATECISMO DE HEIDELBERG
a. Día del Señor 1
Pregunta y Respuesta 1

P. ¿Cuál es tu único consuelo tanto en la vida como en la muerte?

R. Que yo, con cuerpo y alma, tanto en la vida como en la muerte, no me pertenezco a mí mismo, sino que pertenezco a mi fiel Salvador Jesucristo; quien, con su preciosa sangre, ha satisfecho completamente todos mis pecados, y me ha librado de todo el poder del diablo; y *me preserva* de tal manera que sin la voluntad de mi Padre celestial, ni siquiera un solo cabello puede caer de mi cabeza; antes bien, todas las cosas deben estar al servicio de mi salvación, y por lo tanto, por su Espíritu Santo, él también *me asegura la vida eterna*, y me hace sinceramente dispuesto y preparado, de ahora en adelante, para vivir para él.

(Pruebas bíblicas: 1 Cor. 6:19, 20; Rom. 14:7-9; 1 Cor. 3:23; 1 Ped. 1:18, 19; 1 Jn. 1:7; 1 Jn. 3: 8; Hb. 2:14, 15; Jn. 6:39; Jn. 10:28, 29; Lc. 21:18; Mt. 10:30; Rom. 8:28; 2 Cor. 1:22; 2 Cor. 5:5; Rom. 8:14; Rom. 7:22.)

b. Día del Señor 12
Pregunta y Respuesta 31

P. ¿Por qué él es llamado Cristo, es decir, el ungido?

R. Porque él es ordenado por Dios el Padre, y ungido con el Espíritu Santo, para s er nuestro principal Profeta y Maestro, quien nos ha revelado plenamente el secreto consejo y voluntad de Dios con respecto a nuestra redención; y para ser nuestro único Sumo Sacerdote, quien por medio del único sacrificio de su cuerpo, nos ha redimido, e intercede continuamente ante el Padre por nosotros; y también para ser nuestro Rey eterno, quien nos gobierna por su palabra y su Espíritu, y quien nos defiende y *preserva* en (el disfrute de) esa salvación, que él ha comprado para nosotros.

(Pruebas bíblicas: Hb. 1:9; Dt. 18:18; Hch. 3:22; Jn. 1:18; Jn. 15:15; Mt. 11:27; Sal. 110:4; Hb. 7:21; Hb. 10:14; Rom. 8:34; Ef. 2:6; Lc. 1:33; Mt. 28:18; Jn. 10:28.)

c. Día del Señor 18

Pregunta y Respuesta 49

P. ¿De qué nos beneficia la ascensión de Cristo al cielo?

R. Primero, que él es nuestro abogado en la presencia de su Padre en el cielo; segundo, que tenemos nuestra carne en el cielo como *garantía segura* de que él, como cabeza, nos tomará también para sí mismo, a nosotros, sus miembros; tercero, que nos envía su Espíritu como arras, por cuyo poder "buscamos las cosas de arriba, donde está Cristo sentado a la diestra de Dios, y no en las de la tierra.

(Pruebas bíblicas: Hb. 9:24; 1 Jn. 2:2; Rom. 8:34; Jn. 14:2; Ef. 2:6; Jn. 14:16; 2 Cor. 1:22; 2 Cor. 5:5; Col. 3:1; Fil. 3:20.)

d. Día del Señor 19

Pregunta y Respuesta 51

P. ¿En que aprovecha esta gloria de Cristo [su exaltación], nuestra cabeza, para a nosotros?

R. Primero, que por su Espíritu Santo él derrama bendiciones celestiales sobre nosotros sus miembros; y luego que por su poder él *nos defiende y nos preserva* contra todos los enemigos.

(Pruebas bíblicas: Ef. 4:8; Sal. 2:9; Jn. 10:28).

e. Día del Señor 21
    Pregunta y Respuesta 54
    P. ¿Qué crees acerca de la "santa iglesia católica" de Cristo?
    R. Que el Hijo de Dios desde el principio hasta el fin del mundo, reúne, defiende y *preserva* para sí mismo por su Espíritu y palabra, de toda la raza humana, una iglesia escogida *para vida eterna*, de acuerdo a la fe verdadera; y que soy y *permaneceré para siempre*, un miembro vivo de ella.

    (Pruebas bíblicas: Jn. 10:11; Gn. 26:4; Rom. 9:24; Ef. 1:10; Jn. 10:16; Is. 59:21; Dt. 10:14, 15; Hch. 13:48; 1 Cor. 1:8, 9; Rom. 8:35 en adelante)

f. Día del Señor 22
    Pregunta y Respuesta 58
    P. ¿Qué consuelo le tomas de al artículo de la "vida eterna"?
    R. Que, puesto que ahora siento en mi corazón el principio del gozo eterno, después de esta vida *heredaré la salvación perfecta*, que "ojo no vio, ni oído oyó, Ni han subido en corazón de hombre" para considerarla, y eso,

para alabar a Dios por ella para siempre.

(Pruebas bíblicas: 2 Cor. 5:2, 3, 6; Rom. 14:17; Sal. 10:11; 1 Cor. 2:9).

g. Día del Señor 52

Pregunta y Respuesta 127

P. ¿Cuál es la sexta petición (de la Oración del Señor)?

A. "Y no nos metas en tentación, más líbranos del mal"; es decir, ya que somos tan débiles en nosotros mismos, que no podemos resistir ni un momento; y además de esto, puesto que nuestros enemigos mortales, el diablo, el mundo y nuestra propia carne, no cesan de atacarnos; *por lo tanto, nos preservas* y fortaleces por el poder de tu Espíritu Santo, para que no seamos vencidos en esta guerra espiritual, sino que constantemente y enérgicamente podamos resistir a nuestros enemigos, hasta que al fin obtengamos una victoria completa.

(Pruebas bíblicas: Mt. 6:13; Rom. 8:26; Sal. 103:14; 1 Ped. 5:8; Ef. 6:12; Jn. 15:19; Rom. 7:23; Gal. 5:17; Mt. 26:41; Mr. 13:33; 1 Tes. 3:13; 1 Tes. 5:23.)

2. CONFESIÓN DE FE (BÉLGICA)

a. Artículo 27

Creemos y profesamos, una Iglesia católica o universal, que es una congregación santa, de verdaderos creyentes cristianos, todos esperando su salvación en Jesucristo, siendo lavados por su sangre, santificados y *sellados* por el Espíritu Santo. Esta Iglesia ha existido desde el principio del mundo, y lo será hasta el fin del mismo; lo cual es evidente a partir de esto, que Cristo es un Rey eterno, el cual, sin súbditos, no puede ser. Y esta santa Iglesia es *preservada* o sostenida por Dios, contra la ira del mundo entero; aunque a veces (por un tiempo) parece muy pequeña, y a los ojos de los hombres, reducida a nada: como durante el peligroso reinado de Acab, el Señor le reservó siete mil hombres, que no habían doblado sus rodillas ante Baal. Además, esta santa Iglesia no está confinada, ligada atada o limitada a cierto lugar o a ciertas personas, sino que está extendida y dispersa por todo el mundo; y, sin embargo, está junta y unida con el corazón y la voluntad, por el poder de la fe, en un solo y mismo espíritu.

3. CÁNONES DE DORDT

a. Primer Punto de la Doctrina, Artículo 7

. . . Este número de elegidos, aunque por naturaleza no son mejores ni más merecedores que otros, sino estando ellos involucrados en una miseria común, Dios ha decretado entregarlos a Cristo, para que sean salvados por él, y llamarlos y atraerlos eficazmente a su comunión por medio de su Palabra y Espíritu, para otorgarles la verdadera fe, la justificación y la santificación; y habiéndolos *preservado poderosamente* en la comunión de su Hijo, finalmente, para glorificarlos para demostración de su misericordia, y para alabanza de su gloriosa gracia; como está escrito: "Según nos escogió en él antes de la fundación del mundo, para que fuésemos santos y sin mancha delante de él, en amor habiéndonos predestinado para ser adoptados hijos suyos por medio de Jesucristo, según el puro afecto de su voluntad, para alabanza de la gloria de su gracia, con la cual nos hizo aceptos en el Amado" (Ef. 1:4-6). Y en otro lugar: "Y a los que predestinó, a estos también llamó; y a los que llamó, a estos también justificó; y a los que justificó, a estos también glorificó" (Rom. 8:30).

b. Primer Punto de la Doctrina, Artículo 11
Y como Dios mismo es sapientísimo, inmutable, omnisciente y omnipotente, así la elección hecha por él no puede ser interrumpida ni cambiada, revocada o anulada; *ni tampoco los elegidos pueden ser desechados, ni su número disminuido.*

c. Primer Punto de la Doctrina, Rechazo de Errores, Error 6
Habiendo sido explicada la verdadera doctrina sobre la Elección y la Reprobación, el Sínodo rechaza los errores de aquellos que enseñan: Que no toda elección para salvación es inmutable, sino que algunos de los elegidos, a pesar de cualquier decreto de Dios, pueden todavía perecer y de hecho perecen. Por medio de este grave error hacen que Dios sea cambiante, y destruyen el consuelo que los piadosos obtienen de la firmeza de su elección, y contradicen la Sagrada Escritura, que enseña que los elegidos no pueden ser extraviados (Mt. 24:24); que Cristo no pierde a los que el Padre le dio (Jn. 6:39); y que Dios también ha glorificado a aquellos a quienes el predestinó, llamó y justificó (Rom. 8: 30).

Estos artículos de los Cánones son especialmente valiosos porque demuestran la conexión entre la elección incondicional y la perseverancia de los santos, así como el siguiente artículo muestra la conexión entre la perseverancia y la expiación limitada.

    d. Segundo Punto de la Doctrina, Artículo 8

Porque éste fue el consejo soberano y la voluntad llena de gracia y el propósito de Dios Padre, que la eficacia vivificadora y salvífica de la preciosísima muerte de su Hijo se extendiera a todos los elegidos, para otorgarles solamente a ellos el don de la fe que justifica, para llevarlos infaliblemente a la salvación: es decir, fue la voluntad de Dios que Cristo, por la sangre de la cruz, por la cual confirmó el nuevo pacto, redimiera eficazmente de todo pueblo, tribu, nación y lengua, a todos aquellos, y solamente a aquellos, que desde la eternidad fueron escogidos para salvación, y dados a él por el Padre; que les concediera la fe, la cual, junto con todos los otros dones salvíficos del Espíritu Santo, que él compró para ellos con su muerte; debe purificarlos de todo pecado, tanto original como actual, ya sea cometido antes o después de creer; y habiéndolos *preservado fielmente hasta el final*, debería al fin liberarlos, de toda mancha y defecto para que disfruten de la gloria en su propia presencia para siempre.

Los artículos restantes son del Quinto Punto de la Doctrina, el capítulo sobre la perseverancia de los santos.

    e. Quinto Punto de la Doctrina, Artículo 3

Por razón de estos restos de pecado que mora en ellos, y las tentaciones del pecado y del mundo, aquellos que son convertidos no podrían perseverar en un estado de gracia, si se les deja a sus propias fuerzas. Pero fiel es Dios, quien, habiendo conferido gracia, *misericordiosamente los confirma y poderosamente los preserva* en ella, incluso hasta el final.

f. Quinto Punto de la Doctrina, Artículo 6
    Pero Dios, que es rico en misericordia, de acuerdo con su inmutable propósito de elección, no retira totalmente el Espíritu Santo de su propio pueblo, incluso en sus tristes caídas; ni les permite proceder tan lejos como para perder la gracia de la adopción, y perder el estado de justificación, o cometer el pecado de muerte; ni permite que queden totalmente abandonados y se sumerjan en sí mismos en la destrucción eterna.

g. Quinto Punto de la Doctrina, Artículo 7
    Porque, en primer lugar, en estas caídas él preserva en ellos la semilla incorruptible de la regeneración para que no perezcan o se pierdan completamente; y nuevamente, por su Palabra y Espíritu, los renueva segura y eficazmente al arrepentimiento, a un sincero y piadoso dolor por sus pecados, para que puedan buscar y obtener la remisión en la sangre del Mediador, para que puedan experimentar de nuevo el favor de un Dios reconciliado, a través de la fe adorar sus misericordias, y de ahora en adelante se ocupen más diligentemente en su propia salvación con temor y temblor.

h. Quinto Punto de la Doctrina, Artículo 8
    De este modo, no es en consecuencia de sus propios méritos o fuerza, sino de la libre misericordia de Dios, que

ellos no caen totalmente de la fe y de la gracia, ni continúan y perecen finalmente en sus recaídas; lo cual, con respecto a ellos mismos, no sólo es posible, sino que indudablemente sucedería; pero con respecto a Dios, es absolutamente imposible, ya que su consejo no puede ser cambiado, ni su promesa fallar, ni puede ser revocado el llamamiento conforme a su propósito, ni el mérito, la intercesión y la preservación de Cristo pueden ser invalidados, ni el sellamiento del Espíritu Santo puede ser frustrado o anulado.

i. Quinto Punto de la Doctrina, Rechazo de Errores, Error 3

Habiendo sido explicada la verdadera doctrina, el Sínodo rechaza los errores de aquellos que enseñan: Que los verdaderos creyentes y regenerados no sólo pueden caer de la fe justificadora y asimismo de la gracia y la salvación completamente y hasta el final, sino que a menudo caen de esta y se pierden para siempre. Porque esta concepción hace impotente la gracia, la justificación, la regeneración y la protección permanente por Cristo, contrariamente a las palabras expresadas por el apóstol Pablo: "Que siendo aún pecadores, Cristo murió por nosotros. Pues mucho más, estando ya justificados en su sangre, por él seremos salvos de la ira" (Rom. 5:8, 9). Y contrariamente al Apóstol Juan: "Todo aquel que es nacido de Dios, no practica el pecado, porque la simiente de Dios permanece en él; y no puede pecar, porque es nacido de Dios" (1 Jn. 3:9). Y también contrario a las palabras de Jesucristo: "Y yo les doy vida eterna; y no perecerán jamás, ni nadie las arrebatará de mi mano. Mi Padre que

me las dio, es mayor que todos, y nadie las puede arrebatar de la mano de mi Padre" (Jn. 10:28, 29).

4. CONFESIÓN DE FE DE WESTMINSTER

a. Capítulo 17, Artículo 1

Aquellos a quienes Dios ha aceptado en su Amado, eficazmente llamados y santificados por su Espíritu, *no
pueden caer ni total ni definitivamente del estado de gracia;
sino que ciertamente perseverarán en ella hasta el final, y serán eternamente salvos.*

(Pruebas bíblicas: Fil. 1:6; 2 Ped. 1:10; Jn. 10:28, 29; 1 Jn.
3:9; 1 Ped. 1:5, 9.)

b. Capítulo 17, Artículo 2.

Esta *perseverancia de los santos* no depende de su propio
libre albedrío, sino de la inmutabilidad del decreto de la
elección, que fluye del amor gratuito e inmutable de
Dios el Padre; de la eficacia del mérito y la intercesión
de Jesucristo; de la permanencia del Espíritu y la simiente de Dios dentro de ellos; y de la naturaleza del pacto
de gracia: de todo lo cual surge también la certeza e infalibilidad de la misma.

(Pruebas bíblicas: 2 Tim. 2:18, 19; Jer. 31:3; Hb. 10:10, 14;
Hb. 13:20, 21; Hb. 9:12, 13-15; Rom. 8:33-39; Jn. 17:11, 24;
Lc. 22:32; Hb. 7:25; Jn. 14:16, 17; 1 Jn. 2:27; 1 Jn. 3:9; Jer.
32:40; Jn. 10:28; 2 Tes. 3:3; 1 Jn. 2:19.)

5. CATECISMO MAYOR DE WESTMINSTER

a. *Pregunta y Respuesta 79*

P. ¿No pueden los verdaderos creyentes, a causa de sus imperfecciones, y las muchas tentaciones y pecados en los que se les ven envueltos, caer del estado de gracia?

R. Los verdaderos creyentes, por razón del amor inmutable de Dios y de Su decreto y pacto para dar a ellos la perseverancia, de su unión inseparable con Cristo, de su continua intercesión por ellos, y del Espíritu y simiente de Dios que mora en ellos, *no puede ni total ni finalmente caer del estado de gracia, sino que son guardados por el poder de Dios mediante la fe para salvación.*

(Pruebas bíblicas: Jer. 31:3; 2 Tim. 2:19; Hb. 13:20, 21; 2 Sam. 23:5; 1 Cor. 1:8, 9; Hb. 7:25; Lc. 22:32; 1 Jn. 3:9; 1 Jn. 2:27; Jer. 32:40; Jn. 10:28; 1 Ped. 1:5.)

b. *Pregunta y Respuesta 80*

P. ¿Pueden los verdaderos creyentes estar infaliblemente seguros de que están en el estado de gracia, y que en ella *perseverarán* para salvación?

R. Los que verdaderamente creen en Cristo y se esfuerzan por andar en toda buena conciencia ante él, pueden, sin una revelación extraordinaria, por la fe basada en la verdad de las promesas de Dios, y por el Espíritu que les habilita para que disciernan en sí mismos aquellas gracias a las cuales son hechas las promesas de vida, y dándoles testimonio con sus espíritus de que son hijos de Dios, puedan estar *infaliblemente seguros de que están en el estado de gracia, y que perseveraran en ella para salvación.*

(Pruebas bíblicas: 1 Jn. 2:3; 1 Cor. 2; 12; 1 Jn. 3:14, 18, 19, 21, 24; 1 Jn. 4:13, 16; Hb. 6:11, 12; Rom. 8:16; 1 Jn. 5:13.)

Índice de citas de los credos

Catecismo de Heidelberg

Día 1, P y R 1 . . . . 267, 286
Día 2, P y R 5 225
Día 3, P y R 7 225
Día 3, P y R 8 . . . . 225, 267
Día 9, P y R 26 215
Día 10, P y R 27 216
Día 10, P y R 28 217
Día 11, P y R 29 257
Día 11, P y R 30 257
Día 12, P y R 31 286
Día 18, P y R 49 287
Día 19, P y R 50 217
Día 19, P y R 51 . . . . 218, 287
Día 20, P y R 53 268
Día 21, P y R 54 . . . . 241, 258, 288
Día 21, P y R 56 226
Día 22, P y R 58 288
Día 23, P y R 60 226
Día 32, P y R 86 268
Día 51, P y R 126 227
Día 52, P y R 127 289
Día 52, P y R 128 218

Confesión de Fe (Bélgica)

Art. 12 218
Art. 13 219
Art. 14 . . . . 227, 269
Art. 15 229
Art. 16 . . . . 229, 241
Art. 17 230
Art. 22 . . . . 258, 270
Art. 24 270
Art. 27 289

Cánones de Dordrecht

I, Art. 1 230

Cánones de Dordrecht (*cont.*)

I, Art. 6 . . . . 242, 272
I, Art. 7 . . . . 220, 242, 259
. . . . 272, 290
I, Art. 8 273
I, Art. 9 243
I, Art. 10 244
I, Art. 11 . . . . 221, 244, 291
I, Art. 15 . . . . 69, 221, 245
I, Rech. de Errores, 1 245
I, Rech. de Errores, 2 246
I, Rech. de Errores, 3 246
I, Rech. de Errores, 4 . . . . 231, 247
I, Rech. de Errores, 5 248
I, Rech. de Errores, 6 . . . . 249, 291
II, Art. 7 . . . . 260, 274
II, Art. 8 . . . . 222, 250, 260,
. . . . 274, 292
II, Art. 9 . . . . 250, 275
II, Rech. de Errores, 1 . . . 251, 261
II, Rech. de Errores, 3 135
II, Rech. de Errores, 5 262
II, Rech. de Errores, 6 . . . 262, 275
II, Rech. de Errores, 7 252
III/IV, Art. 1 231
III/IV, Art. 2 . . . . 47, 232
III/IV, Art. 3 232
III/IV, Art. 4 232
III/IV, Art. 10 . . . . 252, 276
III/IV, Art. 11 276
III/IV, Art. 12 277
III/IV, Art. 13 278
III/IV, Art. 14 278
III/IV, Art. 16 278
III/IV, Art. 17 . . . . . . 108, 162, 279
III/IV, Rech. de Errores, 1 233
III/IV, Rech. de Errores, 2 233

Cánones de Dordrecht (*cont.*)

III/IV, Rech. de Errores, 3 234
III/IV, Rech. de Errores, 4 235
III/IV, Rech. de Errores, 5 . 136, 235
III/IV, Rech. de Errores, 6 280
III/IV, Rech. de Errores, 7 281
III/IV, Rech. de Errores, 8 281
III/IV, Rech. de Errores, 9 282
V, Art. 3 292
V, Art. 4 202
V, Art. 6 . . . . 253, 293
V, Art. 7 293
V, Art. 8 . . . . 253, 293
V, Rech. de Errores, 1 254
V, Rech. de Errores, 3 294

Confesión de Fe de Westminster

Cap. 2, Art. 2 222
Cap. 3, Art. 6 . . . . 254, 263, 283
Cap. 5, Art. 1 223
Cap. 5, Art. 4 223
Cap. 6, Art. 1 236
Cap. 6, Art. 2 236
Cap. 6, Art. 3 237
Cap. 6, Art. 4 237
Cap. 6, Art. 5 237
Cap. 6, Art. 6 238
Cap. 8, Art. 5 263
Cap. 8, Art. 8 . . . . 264, 284

Confesión de Fe de Westminster
(*Cont.*)

Cap. 9, Art. 3 . . . . 238, 284
Cap. 9, Art. 4 . . . . 238, 284
Cap. 9, Art. 5 . . . . 239, 285
Cap. 11, Art. 3 264
Cap. 11, Art. 4 . . . . 255, 265
Cap. 16, Art. 7 239
Cap. 17, Art. 1 295
Cap. 17, Art. 2 295

Catecismo Menor de Westminster

P y R 1 2

Catecismo Mayor de Westminster

P y R 7 224
P y R 12 255
P y R 13 256
P y R 14 256
P y R 25 240
P y R 27 240
P y R 38 265
P y R 41 265
P y R 44 266
P y R 46 266
P y R 59 . . . . 266, 285
P y R 79 296
P y R 80 296
P y R 149 240

Índice de referencias bíblicas
en capítulos 1 - 6

Génesis

1, 2	9
1 – 3	23
2:17	35, 42
3:5	25, 165
4:1	94
5:3	46
6:5	38
7	9
8:21	38
18:19	185
45:7, 8	14
50:20	13

Éxodo

8 – 12	9
14	9
16	9

Números

26:55, 56	11

Deuteronomio

7:6	26, 77, 81
7:6,7	94
7:7	84
14:2	94
30:19	49
30:6	153

Josué

10	9
24:15, 20	49
24:19	50

1 Samuel

10:6	189
10:11, 12	190
10:21, 22	190
11:6	190

2 Samuel

16:10	14

1 Reyes

3:8	77, 81
12:26 – 30	51

2 Reyes

10:28, 30	50

2 Crónicas

19:2	64, 107

Job

1:21	13
2:10	13
14:4	47
15:14 – 16	39

Job (*cont.*)
42:2 5

Salmos
2:4 25
5:5 104
11:5 104
14:1 - 3 39
29:11 52
37:23, 24 176
37: 28 177
51:5 47
58:3 47
103:19 9
105:6 . . . . 77, 81
110:3 161
115:3 . . . . 5, 157
119:33 186
119:165 52
132:13 . . . . 78, 81
135:6, 7 10

Proverbios
3:33 104
4:23 41
16:4 90
16:9 11
16:33 11
21:1 11
21:4 59
23:13, 14 63

Isaías
5 128
6:9, 10 105
14:24, 27 6

Isaías (*cont.*)
37:21 – 38 99
37:26 99
37:28, 29 100
41:8 . . . . .78, 81
42:8 8
43:20 81
45:4 78
45:7 15
45:17 177
45:19 177
46:9, 10 . . . . 6, 150, 157
49:14 178
49:16 177
53:8 121
53:11 118
55:11 153
66:2, 3 59
66:3 54

Jeremías
4:22 . . . ., 40
10:23 12
13:23 40
17:9 . . . . 37, 53
17:9, 10 40
32:40 178

Ezequiel
18:25 – 30 20
36:26, 27 153
37 156

Daniel
2:21 26
4:30 7

Daniel (*cont.*)

4:34, 35 6

4:35 . . . . 146, 150, 157

6 168

Amós

3:2 94

3:6 15

Malaquías

2:11 – 13 59

Mateo

1:21 . . . . 18, 117

4:23 126

5:11 126

10:1. 126

10:29, 30 10

11:25, 26 . . . . 16, 92, 105

11:26 .75

13:19 – 21 . . . . 191, 192

15 9

20:28 118

22:14 . . . . 70, 78

22:37, 38 51

23:25 – 28 51

23:37 158

24:31 78

26:28 118

26:41 202

Marcos

13:20 78

Lucas

1:52 26

Lucas (*cont.*)

1:68 121

5:32 53

8 9

10:20 95

11:42 126

18:7 78

18:9. 53

19:10 123

22:22 . . . . 15, 22

22:31, 32 178

22:32 180

Juan

1:13 . . . . 84, 155

1:29 127

3 155

3:3 .155

3:3, 5 41

3:16 . . . . 127, 179

3:27 152

3:36 179

4: 42 127

5 161

5:1 – 9 148

5:14 148

5:21, 24 155

5:24 179

5:28, 29 156

6:37 154

6:37 – 39 119

6:39 . . . . .154, 179

6:44 41

6:44, 45 154

6:65 152

10:14, 15 120

Juan (*cont.*)

10:26. 90
10:26 – 28 120
10:27 – 28 203
10:27 – 29 179
10:28 130
12:37 – 40 42
13:18 78
15:16 . .71, 73, 74, 78, 81, 85, 86,
. 103
17:3 2
17:9 . . . . .79, 127
17:11 180
17:24 180

Hechos

2:23 . . . . 16, 20, 22, 93,100
2:23, 24 20
2:40 51
4:28 69
5:31 . . . . 86, 152
7:51 159
8:9 – 23 192
10:12 126
11:18 152
13:17 81
13:47 101
13:48 . . . . 83, 87, 101
16:14 . . . . 16, 152
16:31 51
18:27 . . . . 88, 152
20:24 147
20:28 121
25:26 129
26:28 192

Romanos

1:7, 1 173
1:16 166
1:19, 20 52
1:20, 21 54
1:28 – 32 42
2:14, 15 51
3:5 – 8 195
3:8 195
3:9 52
3:9 – 19 43
3:10 – 12 103
3:24 150
3:27 109
3:28 151
4:16 150
4:17 3
5:1 124
5:8 – 10 123
5:12 . . . . 35, 48
5:18 125
6 195
6:1, 2 . . . . 195, 199
6:2. 195
6:13 156
6:16 – 19 44
7:8 126
7:19 201
8:7, 8 44
8:10 156
8:17 201
8:28 30
8:28 – 30 . . . . 79, 81
8:29 . . . . 71, 92
8:29, 30 . . . . .68, 84, 154

Romanos (*cont.*)

8:29 – 34 181
8:30 72
8:33 79
8:35 – 39 181
8:38, 39 31
9:10 – 13 95
9:10 – 18 20
9:11 . . . . 73, 85
9:11 – 13 . . . . .71, 79, 82, 91
9:14 97
9:15 97
9:16 . . . . 58, 85, 150
9:18 17
9:19 . . . . 98, 145
9:19, 20 21
9:20, 21 99
9:21 – 23 91
9:22, 23 96
9:23 79
11:5 . . . . 70, 73, 79, 85
11:5, 6 147
11:6 151
11:7 79
11:15 156
11:36 110
13 27
13:1 – 7 26
14:23 . . . . 51, 54

1 Corintios

1:2 173
1:7 – 9 181
1:21 18
1:26 26

1 Corintios (*cont.*)

1:27 – 29 85
2:7 69
4:7 152
10:31 . . . . 51, 54
11:3 27
15:10 . . . . .147, 151
15:22 . . . . .35, 125

2 Corintios

1:1 173
1:3, 4 52
2:14 – 16 106
4:8 182
4:8 – 10 182
5:14, 15 125
5:17 155
5:19 127
6:14 64
6:14 – 17 . . . . .64, 107

Gálatas

2:16 147
3:13 122
3:22 45
4:9 94
5:4 . . . . 151, 190
6:15 155

Efesios

1:1 173
1:3 – 5 79
1:4 . . . 70, 71, 72, 74, 75, 83, 87,
. . . . 89
1:4, 5 . . . . 75. 82

Efesios (*cont.*)
1:5 . . . . 69, 72, 75, 84, 89
1:11 . . . . 7, 69, 71, 80
1:19, 20 155
2:1 . . . . 35, 156
2:1, 5 . . . . 45, 46, 155
2:4, 5 18
2:5 156
2:8 . . . . 73, 85, 88, 147, 151
2:8, 9 151
2:8 – 10 51
2:10 . . . . 74, 87, 155
4:24 155
5:11 64
5:22, 24 27

Filipenses
1:1 173
1:6 . . . . 31, 112, 182
1:29 . . . . 88, 152
2:12, 13 89
2:13 . . . . 50, 152, 161
4:3 95

Colosenses
1:27 185
2:7 54
2:13 . . . . 46, 155, 156
3:1 156
3:10 155
3:12 . . . . .70, 80
3:18 27

1 Tesalonicenses
1:4 80
5:9 . . . . 80, 91

2 Tesalonicenses
2:13 . . . . 80, 83, 84

1 Timoteo
2:1 126
2:4 – 6 . . . . .125, 126
4:10 . . . . 128, 130
5:8 . . . . 129, 130
6:15 8

2 Timoteo
1:9 . . . . . . 18, 83, 85, 88, 90, 151
1:12 18
2:10 . . . . 80, 84
2:18 . . . . 183, 191
2:19 183
2:25 153
4:18 183

Tito
1:1 . . . . 70, 80
2:11 . . . . 125, 126
2:13, 14 . . . . 122, 126
3:3 46
3:5 . . . . 148, 151, 155

Hebreos
5:9 90
6:1 – 6 197
6:4 – 6 192
6:8 193
7:25 184
9:28 118
10:14 184
10:26, 27 193
12:14 . . . . 200, 204

Hebreo (*cont.*)
6:9-19 192

Santiago
1:13, 14 20
2:14 – 20 191

1 Pedro
1:2 . . . . 80, 92
1:3 155
1:5 .184
1:15 126
1:23 . . . . 185, 198
2:8 91
2:9 . . . . 70, 81
2:24 124
4:18 201
5:13 81

2 Pedro
1:10 . . . . 70, 81
2:1 . . . . .128, 130, 194
2:9, 10 . . . . .129, 130
3:9 . . . . .125, 126

1 Juan
2:2 . . . . 127, 128
2:19 188
2:29 155
3:2, 3 186
3:3 199
3:9 155
4:7 155
4:8 96
4:14 127
5:1, 4, 18 155
5:16, 17 187
5:18 187

Judas
4 92

Apocalipsis
11:16, 17 8
13:8 . . . . 82, 92, 95
13:18 25
17:8 . . . . 72, 82, 83, 95
17:14 81
21:19 126